Das Antlitz der Mayas

W0377748

Gertrude Duby-Blom

Das Antlitz der Mayas

Text von
Sigi Höhle & Ossi Urchs

Athenäum

Die Maya-Sprachen sind keine geschriebenen Sprachen. Die in diesem Buch verwendete, international gebräuchliche Schreibweise indianischer Namen und Begriffe ist eine rein phonetische Umschrift; sie ist dem Spanischen angeglichen, soweit es dort entsprechende Laute gibt. Besondere Laute der Maya-Sprachen sind zum Beispiel „x“, das dem deutschen „sch“ entspricht; das „ä“ klingt wie das schwedische „å“; ein Apostroph innerhalb eines Wortes weist auf einen sogenannten Kehlkopfverschlußlaut hin.

Abbildung auf dem Schutzumschlag:

Männer aus Santiago reiten zu einer Fiesta

Abbildung auf der vorherigen Seite:

Tzeltal-Indianer vor der Kirche von San Andrés im Hochland von Chiapas

CIP-Kurztitelaufnahme der Deutschen Bibliothek

Duby-Blom, Gertrude:
Das Antlitz der Mayas / Gertrude Duby-Blom. Text von Sigi Höhle u. Ossi Urchs. – Königstein/Ts. : Athenäum, 1982.
ISBN 3–7610–8239–8

NE: Höhle, Sigi:; Urchs, Ossi:

Deutsche Erstausgabe
© 1982 Athenäum Verlag GmbH, Königstein/Ts.
Alle Rechte vorbehalten
Ohne ausdrückliche Genehmigung des Verlags ist es auch nicht gestattet, das Buch oder Teile daraus auf fotomechanischem Wege (Fotokopie, Mikrokopie) zu vervielfältigen.
Fotos: Gertrude Duby-Blom
Umschlaggestaltung und Layout: Bine Cordes, München
Gesamtherstellung: Friedrich Pustet, Regensburg
Printed in Germany
ISBN 3-7610-8239-8

Als Kind, im Berner Oberland, spielte ich mit meinen gleichaltrigen Kameraden am liebsten Indianer. Wir waren begeistert von den Gestalten, die wir aus den phantasievollen Erzählungen Karl Mays kannten. Oft spielten wir an einem kleinen Bach am Waldrand, bis eines Tages ein Bauer mit einem Stock erschien und uns furchtbar anbrüllte, weil wir den Bach zu einem See aufgestaut hatten. Der arme Teufel hatte nun kein Wasser mehr.

In jener Zeit muß in mir der Wunsch erwacht sein, die Indianer näher kennenzulernen. Viele Jahre später, mitten im Krieg, wurde dieser Wunsch zum Entschluß. Auf einem der letzten Schiffe, mit denen Emigranten Europa verlassen konnten, las ich das Buch „Mexique, terre indienne" von Jacques Soustelle. Nach dieser Lektüre stand mein Ziel fest: Mexiko. Doch zuerst reiste ich nach New York, um für die Transporte der von Hitler verfolgten Gegner des Nationalsozialismus, denen Mexiko seine Türen weit geöffnet hatte, Geld zu sammeln. Für mich war Europa nun Vergangenheit.

Von meinen Reisen in den Süden Mexikos, in die Provinz Chiapas, wo ich zum erstenmal den Maya-Indianern begegnete, mit denen mich seither eine tiefe Freundschaft verbindet, erzählen Sigi Höhle und Ossi Urchs in einem Kapitel dieses Buchs.

Neununddreißig Jahre lang lebe ich nun schon in Chiapas. In dieser Zeit hat sich hier viel geändert – zum Guten wie zum Schlechten.

Die Lacandonen, die Bewohner des Dschungels, können in ihrem großen Wald heute nicht mehr wie früher von einem Ort zum anderen ziehen, weil in den sechziger Jahren zahlreiche landarme Hochlandindianer dorthin umsiedelten. Zwischen diesen, die sich oft wie Conquistadoren benahmen, und den ursprünglichen Bewohnern der Selva, kam es bald zu zahlreichen Konflikten. Es wurde schließlich sogar notwendig, die Gebiete der Lacandonen durch Besitzdokumente zu schützen. Während der Präsidentschaft von Luís Echeverría wurden ihnen 614000 Hektar Land zugesprochen. Das scheint viel zu sein, doch konnte es den Verlust des ganzen Waldgebiets, das diesen Indianern einmal allein gehört hatte, nur teilweise wiedergutmachen.

Vierhundert Lacandonen leben heute im Gebiet der „Zona Lacandona", ohne durch ihre Lebensweise etwas von der ursprünglichen Landschaft zu zerstören. Anders die neuen Siedler, die durch intensive Landwirtschaft und Viehzucht unweigerlich immer größere Gebiete des Tropenwaldes vernichten. Allein die Lacandonen sind sich bewußt, was die Vernichtung des Waldes für sie bedeuten wird.

Die Gruppe im nördlichen Teil der Selva lebt heute in zwei Siedlungen: Metzabok und Nahá. Die Angehörigen der Südgruppe wohnen in Lacanhá Chansayab. Nur zwei Familien befinden sich noch außerhalb des „Reservats"; sie werden sich aber wahrscheinlich bald der einen oder anderen Siedlung anschließen.

Die Veränderungen, die das Zusammenleben der Lacandonen in den dorfähnlichen Siedlungen inzwischen hervorgerufen hat, sind tiefgreifend. Obwohl sie ihnen nicht von „oben“ diktiert wurden, waren sie nach dem Eindringen Tausender neuer Siedler, die immer mehr Platz für sich beanspruchten, unvermeidlich. Durch die neue, ungewohnte Lebensart entstehen Zank und Reibereien. Am schwierigsten ist es für die Nordgruppe, deren Mitglieder früher noch isolierter voneinander gelebt haben als die der Südgruppe. Es gab bei ihnen weder Häuptlinge noch Priester, nur das Familienoberhaupt besaß Autorität. Auf Grund seines starken Charakters, seiner Kenntnis der Traditionen und der Mythen hat Chan K'in Viejo, dem wir auf vielen Seiten dieses Buchs begegnen, in Nahá heute noch Prestige und Einfluß. Wenn mein guter und weiser Freund stirbt, ist der Tod der traditionellen Lacandonen-Kultur nahe.

Auch der Regenwald selbst hat in den letzten Jahren brutale Eingriffe und Veränderungen erlebt. Überall, wo Flüsse die Möglichkeit boten, Baumstämme zum Rio Usumacinta und weiter zum Meer zu befördern, wurden die Edelhölzer des Tropenwaldes ausgebeutet. Aus diesen Gebieten sind Zedern, Mahagoni und andere Edelhölzer vollkommen verschwunden, und mit dem fortschreitenden Straßenbau werden inzwischen neue Gegenden für die Abholzung erschlossen. So trägt die Straße leider mehr zur Zerstörung des Waldes als zum Vorteil seiner Bewohner bei. Seit viele Kolonien ebenso wie die Siedlungen der Lacandonen über die Straße zu erreichen sind, besitzen die Gruppen jeweils drei oder vier Autos. Für viele junge Lacandonen wurde das Automobil zum neuen Gott, sagte mir in einem traurigen Gespräch Chan K'in, der Weise.

Mit einigen Ausnahmen beteiligen sich die jungen Lacandonen nicht mehr an den eindrucksvollen Zeremonien in den Tempeln ihrer zahlreichen Götter. Sie haben nicht mehr die Muße dazu. Unser „consumismo“, die Ideologie der Konsumgesellschaft, der sie in Palenque und San Cristóbal, in Tuxtla Gutierrez und in Mexico City ausgesetzt sind, verführt sie zu sinnlosen Geldausgaben, die ihnen das „derecho del monte“ ermöglicht. Dieses „Recht auf den Wald“ überläßt den Lacandonen die Entscheidung, ob die Edelhölzer in ihren Gebieten geschlagen werden sollen oder nicht.

Die wenigen traditionellen Lacandonen werden nicht mehr lange die Kraft haben, dem Zugriff unserer sogenannten Zivilisation zu widerstehen. Und wenn der alte Chan K'in stirbt, wird mit ihm auch der letzte Rest dieser Maya-Kultur begraben werden.

Die Südgruppe, die schon vor längerer Zeit durch verschiedene Ursachen einen großen Teil ihrer Tradition verloren hat, wurde das leichte Opfer eines baptistischen Missionars aus den Vereinigten Staaten. Und die Gruppe in Metzabok wurde durch einen yukatekischen Missionar der „Adventisten des Siebten Tages“ zu dessen Religion bekehrt. Allein die Gruppe von Nahá besitzt noch die alte Religion – solange Chan K'in lebt. Allerdings wird auch in Nahá die große Zeremonie zur Erneuerung der Göttertöpfe kaum noch begangen. Diese Zeremonie, an der früher alle Männer, junge und alte, teilnahmen, verlangte von ihnen fünf bis sechs Wochen der Klausur im Götterhaus, während der sie sich von den Frauen fernzuhalten hatten und eine bestimmte Diät befolgen mußten; kurz, sie verlangte, sich ganz dem alten Glauben zu ergeben. Ich bezweifle, daß die Göttertöpfe, die schon vollständig mit schwarzem Ruß gefüllt sind, jemals wieder erneuert werden. Aber insgeheim hoffe ich doch, mein Pessimismus möge nicht gerechtfertigt sein.

Am Anfang meines Aufenthaltes habe ich vieles in Mexiko idealisiert. Inzwischen haben sich Mexiko und auch meine „Patria chica", mein kleines Vaterland Chiapas, verändert. Ich habe gelernt, jede Medaille von zwei Seiten zu sehen und auch die schlechtere zu verstehen und zu tolerieren. Deswegen liebe ich Mexiko nicht weniger. Schon gar nicht, seit ich anfing, gerade die schlechten Seiten aus ihren geschichtlichen und ökonomischen Zusammenhängen zu begreifen.

Auch meine neuen Freunde, die Lacandonen, habe ich einmal idealisiert. Heute weiß ich, daß sie immer noch nach Werten leben, die sie nicht verlieren sollten und von denen wir lernen können. Trotzdem sind sie – wie jede menschliche Gruppe – geschmiedet aus Gutem und Bösem, Schönem und Häßlichem, Intelligentem und Dummem.

Trotz aller Veränderungen in der Selva ist meine Liebe zu den Lacandonen nicht gestorben. Ihre Freuden und Probleme waren auch meine – und so wurden sie ein Teil meines Lebens. Mein Haus Na Bolom ist auch ihr Haus. Früher benötigten sie viele Tage, um Na Bolom zu Fuß zu erreichen, heute kommen sie in kürzester Zeit mit ihren Autos. Hier versuche ich nun, vielleicht mit wenig Erfolg, auf sie einzuwirken, daß sie vom Guten ihrer Kultur nicht alles vergessen und genauer auswählen, was sie von uns lernen und übernehmen können.

Gerne denke ich an die Zeit zurück, als die Reise von Mexico City nach San Cristóbal drei Tage dauerte, als es in der kleinen Stadt noch keinen Autoverkehr gab. Ich liebte das Geklapper der Pferdehufe am frühen Morgen auf den Steinen der Straße. Der Lärm der stinkenden Autos heute klingt weit weniger harmonisch.

Aber jetzt können weit mehr Menschen als früher unser immer noch schönes Kolonialstädtchen und sogar den Tropenwald mit seinen klaren Flüssen und Seen besuchen. Das ist etwas Positives, wenn wir unermüdlich dafür kämpfen, daß diese Schönheiten und Reichtümer erhalten bleiben. Wir können nur hoffen, daß die bei den Lacandonen und anderen Völkern noch vorhandenen Kulturwerte nicht vollends verschwinden. Es wäre traurig, wenn die ganze Menschheit zu einer kompakten, gleichförmigen Einheit würde. Allerdings können wir lernen, miteinander und mit weniger zu leben, gegen die Überindustrialisierung zu kämpfen und so zu leben, daß wir durch die brutale Ausbeutung der Natur unseren wunderbaren Planeten nicht zerstören.

Na Bolom, im Juli 1982 — Gertrude Duby-Blom

Blick auf Ciapas

„Die Wahren Menschen lebten lange an den Ufern des großen Sees, im Herzen des Waldes. Die weißen Fremden nannten die Menschen unseres Volkes später Lacandonen. Und auch dem See gaben sie diesen Namen: Laguna Lacandón.

An seinem Ufer hatten die Menschen eine Stadt gebaut. Viele Häuser gab es dort und ein Zentrum, das auch von den Göttern besucht wurde. Dort sprachen die weisen Männer und der Hohepriester mit den Göttern. Sie fragten, wann die Menschen den Mais säen und wann sie jagen sollten. Die Götter sandten ihnen dann Zeichen, und die weisen Männer erklärten den Menschen, was sie zu tun hatten. Wenn der Regen kam und der Mais wuchs, dankten die Wahren Menschen den Göttern, und später gaben sie ihnen von der Ernte zu essen. Sie gaben den Göttern auch von der Beute der Jagd und von den Fischzügen auf dem See. Sie gaben Früchte, Zucker und Tabak, damit die Götter freundlich blieben.

So waren die Götter in ihrem Haus und auf der Insel des Sees. Und die Wahren Menschen lebten an seinen Ufern. Andere wohnten in der Stadt Peta und noch tiefer im Wald, in Mop. Von dort kam auch die Kunde von der Ankunft der Fremden. Sie waren den großen Fluß Usumacinta entlang nach Süden gezogen. Es waren sehr viele, und sie trugen schwere Kleider aus Stein. Die Haut ihrer Gesichter war weiß.

Die Wahren Menschen gingen an den See. Dort baten sie die Götter auf der Insel um Schutz vor den Steinmenschen. Als diese lange Zeit nicht mehr gesehen wurden, kamen immer weniger zum Opfer an den See. Immer weniger sangen zu den Göttern von ihrer Furcht.

Und da, eines Tages, kamen die Fremden in den Steinkleidern zurück. Die Menschen schleuderten Speere und schossen mit Pfeilen, doch selbst das Holz der Jaguarpfeile zerbarst an der steinernen Haut. Die Fremden warfen mit Feuer und Donner um sich. Zuerst wurde die Siedlung Totilpeque zerstört. Dann verbrannten sie die Häuser am See und töteten viele Menschen. Schließlich vernichteten sie auch den Tempel. Viele Menschen unseres Volkes mußten sterben. Doch einige konnten fliehen und gingen immer tiefer in den Wald. Sie teilten sich in kleine Gruppen auf, die von weisen Männern geführt wurden. So konnten sie sich besser verstecken und besser kämpfen. Seit dieser Zeit leben die Wahren Menschen verstreut im Wald, und sie kehren nur nach Sak Luum am großen See zurück, um den Göttern zu danken und zu opfern."

Mit den letzten Worten beugt sich Pancho K'in, der weise Patriarch der Lacandonen am Jatatéfluß, aus der Hängematte vor. Er schaut seine Zuhörer fest und ernst an, einen nach dem anderen. Jeder soll verstehen,

K' in K'ek'en, ein Lacandón-Indianer aus Nahá

wie wichtig die Opfer an der Lagune sind. In seinen schwarzen Augen ist nicht nur der Schein des lodernden Feuers zu sehen. Auch Wut und Selbstbewußtsein sprechen aus dem Gesicht des alten Mannes.

Pancho K'in ist seit beinahe vierzig Jahren tot. Die Erinnerung an den letzten Hohepriester im Süden des Lacandonenwaldes droht bei seinen Nachfahren in Lacanhá Chansayab langsam zu verblassen. Aber an der kleinen Lagune von Nahá lebt noch ein alter Mann, der wie Pancho K'in die Götter der Mayas kennt, ihnen nach den überlieferten Riten opfert und seine Kinder nach ihren Regeln erzieht: Chan K'in Viejo, das weise Oberhaupt der Hach Winik, der Wahren Menschen, wie sie sich noch heute – nicht ohne Stolz – nennen.

Chiapas – Land der Mayas

Der Lacandone, dessen Gesicht ein lebendiges Abbild der Stelen von Palenque oder der Fresken von Bonampak ist; der Zuckerarbeiter in der Hochebene von Comitán; die Frau aus San Juan Chamula, die auf dem Markt Bohnen und Tomaten verkauft; die Töpferin aus Amatenango de Valle; der Bauer aus Tenejapa, der an steilen Hängen seinen Mais pflanzt – sie alle haben mit den Hunderttausenden anderer Indianer in Chiapas eines gemeinsam: Ihre Vorfahren waren die klassischen Mayas.

Nach einer groben Schätzung leben noch heute etwa zwei Millionen Mayas, die dreißig verschiedene Sprachen und Dialekte sprechen. Die zumindest zahlenmäßig bedeutendste indianische Gruppe in Chiapas bilden die Tzotzilen, die sich die Berge und Täler des Hochlands mit den Tzeltalen und Tojolabalen teilen. Weiter im Süden, bis hin zur Pazifikküste leben die Chuj-Indianer und die kleineren Stämme der Mame und Kakchiquel. Auch jenseits der Grenzen von Chiapas haben die Nachkommen der legendären Erbauer von Yaxchilan und Tikal die Eroberung durch die Spanier überstanden: auf der mexikanischen Halbinsel Yucatán, in der ehemaligen britischen Kolonie Belize, in Honduras und Guatemala. Im gesamten historischen Ausdehnungsgebiet der Mayas künden nicht nur die viel besuchten und beachteten Bauwerke, sondern vor allem seine Bewohner von einer präkolumbianischen Kultur, die die spanischen Konquistadoren zu vernichten suchten, die aber in und mit den Menschen weiterlebte.

Besonders lebendig und vielfältig präsentiert sich diese Kultur in Chiapas, dem südlichsten Bundesstaat Mexikos. Die unterschiedlichsten Menschen und Kulturen finden sich hier genauso in unmittelbarer Nachbarschaft wie die verschiedensten Landschaften und Klimazonen, die beinahe das gesamte Spektrum des zentralamerikanischen Subkontinents widerspiegeln.

Die Einwohner von Chiapas unterscheiden „tierra fría", „tierra templada" und „tierra caliente", die kalte, die gemäßigte und die warme

Traditionelle Würdenträger aus Mitonic

Zone. Nur ein schmaler Streifen an der pazifischen Küste liegt auf Meereshöhe. Direkt dahinter ragen die schroffen Bergrücken der Sierra Madre in den blauen Himmel. Ihr höchster Punkt ist mit über viertausend Metern der Vulkan Tacaná, von dessen Gipfel man über die weite Hochebene von Comitán blickt. In diesem fruchtbaren Gebiet wachsen Zuckerrohr, Zitrusfrüchte, Erdbeeren und alle Sorten von südlichem Gemüse. Nach San Cristóbal Las Casas hin erheben sich wieder die Berge, von deren roter Erde sich das frische Grün der Pinienwälder abhebt. Hier pflanzen die Bauern vor allem Mais, Bohnen und Kürbis, die seit Jahrtausenden die Grundpfeiler der indianischen Nahrung bilden. Wer das Hochland mit seinen heißen Tagen und kalten Nächten nach Norden hin verläßt, gelangt in den großen Regenwald der Selva Lacandona. In diesem tropischen Klima gedeiht der mächtige Mahagonibaum, da blühen vielfarbige Orchideen, es gibt Orangen und Bananen, dort wächst die Ceiba, der Baum, der nach einer indianischen Legende Spender allen Lebens ist, weiße Seerosen schaukeln auf dem tiefblauen Wasser der Teiche und Lagunen, eine schier unerschöpfliche und bisland kaum erforschte Flora bildet den grünen Teppich auf den Hügeln der Selva.

In dieser südlichsten Provinz des Landes findet man alles, was Mexiko an Reichtümern und Schönheiten zu bieten hat. Chiapas ist ein relativ junges Mitglied der Vereinigten Mexikanischen Staaten. Bis 1822 gehörte es zu dem spanischen Vizekönigtum von Guatemala und Chiapas. Die Mexikaner selbst haben dem südlichsten Teil ihres Landes lange Zeit wenig Beachtung geschenkt. Erst Anfang dieses Jahrhunderts kamen nach den Spaniern die ersten Fremden. Anthropologen begannen die Lebensgewohnheiten der Indianer zu erforschen. Archäologen versuchten dem Dschungel die Schätze und Geheimnisse der Mayas zu entreißen. Caobafäller drangen auf der Suche nach dem kostbaren Mahagoni in die Selva Lacandona ein. Nach und mit ihnen kamen während des Ersten Weltkriegs die Chiclesucher, die den Grundstoff des Kaugummis, den schon die Mayas in klassischer Zeit kannten, aus dem Saft der Chico Zapote-Bäume gewannen. Den Abenteurern und Geschäftemachern folgten – wieder einmal – die Missionare aller christlichen Schattierungen. Erst in den sechziger Jahren finden auch mexikanische Touristen den Weg nach Chiapas, und bald setzt ein Strom von Reisenden aus aller Herren Länder ein.

Die meisten dieser Touristen fahren in den Süden Mexikos, nach Chiapas, um die berühmten Ruinen von Palenque zu besichtigen. Einige gönnen sich auch das exklusive Erlebnis eines Fluges über den Dschungel zu den Tempelanlagen von Yaxchilan und Bonampak. Und sie alle stehen staunend vor den großartigen in Stein gehauenen Zeugnissen einer der am weitesten entwickelten frühen Hochkulturen der Menschheit: den Bauwerken der klassischen Mayas.

Über die Ursprünge dieser Kultur sind sich Archäologen und Historiker bis heute unsicher. Zwar gab es noch zur Zeit der spanischen Eroberung ganze Bibliotheken von Dokumenten, die in Hieroglyphenschrift von der Geschichte, Religion und Kultur der Mayas berichteten, doch die meisten fielen dem christlichen Missionierungswahn zum Opfer. Der spanische Bischof Diego de Landa ließ in einem einzigen Autodafé alle sogenannten Codices, derer er habhaft werden konnte, als „Teufelswerk“ verbrennen. Um seine barbarische Tat zu rechtfertigen, schrieb er 1566 ein Buch über die „Relación de las Cosas de Yucatán“, in

„Templo de Gertrudis" in Yaxchilan

dem er einige zu jener Zeit noch gebräuchliche Namens- und Kalenderglyphen abbildete und übersetzte. Zusammen mit den drei einzigen Codices, die später noch aufgefunden wurden, versetzte dieses Buch die Archäologen wenigstens in die Lage, die Jahreszahlen des Maya-Kalenders, die an vielen der vom Urwald überwucherten Tempel gefunden wurden, zu entziffern.

Diese Kalenderglyphen bezeichnen jeweils den seit dem mythischen Ursprungsdatum Baktun 13, dem Jahr 3113 vor Christus, vergangenen Zeitraum. So gelang es, ein Relief im „Tempel der Inschriften" von Palenque als Darstellung des Jahres 633 unserer Zeitrechnung zu übersetzen.

Zu dieser Zeit befand sich die Maya-Kultur auf dem Höhepunkt ihrer klassischen Periode, die ungefähr bis zum Jahr 900 andauerte. Seit der Erbauung der ersten großen Maya-Tempel waren schon über achthundert Jahre vergangen, und Palenque, Yaxchilan und Bonampak erlebten ihre Blütezeit.

Es waren keine Städte, so wie wir sie kennen, sondern Zentren des religiösen und politischen Lebens einer Region. Die meisten Menschen lebten in kleinen Dörfern und Siedlungen, während die Stadt selbst nur die Götter und ihre Priester, die Gelehrten und den Halach Winik, den Gott-König, beherbergte. Diese herrschende Kaste allein prägte die

Maya-Kultur, verhalf ihr zu viel bestaunten Leistungen auf den Gebieten der Kunst und der Architektur, der Astronomie und der Mathematik. Da diese aber ausschließlich ihren esoterischen Interessen dienten, blieben andererseits die technischen Errungenschaften der Mayas merkwürdig dürftig. Sie kannten nicht einmal das Rad und den Pflug. Die Bauern auf dem Land bearbeiteten die dünne, fruchtbare Schicht des Urwaldbodens damals schon nach dem noch heute üblichen sogenannten Milpasystem: Sie bebauten immer nur einen Teil des dem Dschungel durch Brandrodung entrissenen Landes mit Mais, Bohnen und anderem Gemüse; um die Erde nicht auszulaugen, verlegten sie die Felder bei der nächsten Aussaat auf einen anderen Teil der Rodung, der zuvor noch einmal von Pflanzen und Unkraut befreit worden war. Da sie zu dieser Arbeit außer dem noch heute üblichen Grabstock kaum andere technische Hilfsmittel hatten und sie zudem noch einen großen Teil der Ernte als Tribut an die Städte abgeben mußten, nahm die Sorge für den Lebensunterhalt ihre ganze Zeit und Kraft in Anspruch. In unmittelbarer Nähe der größten Zentren verwendeten die Bauern auch andere Anbaumethoden, wie Terrassierung und Überschwemmung der Felder.

Die einfachen Menschen des Volkes hatten nur eine geringe Ahnung von den feinsinnigen Ritualen zu Ehren ihrer Götter. Sie kannten weder die komplizierten Zeichen der Tempelinschriften, noch verstanden sie die Astronomie wie die Gelehrten als Interpretation der von den Göttern gelenkten Bewegungen der Welt. Das Treiben der Priester unter der Anleitung des Hohepriesters Ahau Can und des Halach Winik auf den schwindelerregenden Höhen der Pyramiden muß ihnen vorgekommen sein wie das Walten der Götter selbst. Es ist nicht einmal unwahrscheinlich, daß viele – wie die Lacandonen noch heute – die majestätischen Tempel für Schöpfungen dieser Götter hielten.

Und sicherlich bestaunten die Menschen schon damals das kunstvolle Relief des beblätterten Kreuzes zu Ehren des Maisgottes und die Statuen der Wächter in Palenque oder die ausdrucksstarken Fresken von Bonampak. Dort fanden sie die seltene Gelegenheit, den Prunk der Adligen in ihren Umhängen aus Jaguarfellen zu bewundern, wie sie, behängt mit Armbändern, Halsketten und Ohrringen aus Jade und gekrönt von einem Kopfputz aus wertvollen heiligen Quetzalfedern, die Darbietungen der von einem Orchester begleiteten Tänzer in phantastischen Kostümen genossen.

Nur über die Darstellung der Soldaten, die ihre Gefangenen dem Priester zur Opferung vorführen, werden sich die damaligen Betrachter weniger gewundert haben als moderne Wissenschaftler, da sie selbst nicht selten zu Milizdiensten herangezogen wurden. In der Neuzeit dagegen galten die Mayas bis zur Entdeckung von Bonampak durch Carlos Frey im Jahre 1946 als künstlerisches und friedfertiges, beinahe sanftes Volk. Doch die Fresken zeigen eindeutig, daß auch sie kriegerische Raubzüge unternahmen und sogar Menschenopfer kannten.

Allerdings betrieben sie das rituelle Herausreißen des Herzens weitaus seltener als verschiedene Formen der Selbstkasteiung. So ist auf einem Relief in Yaxchilan ein vornehmer Maya dargestellt, der sich selbst mit einem Dorn die Zunge durchbohrt und sein Blut in einer Opferschale sammelt.

Nur die Opfer von Weihrauch aus dem heiligen Copalharz, von Mais, Fleisch und Menschenblut konnten die Götter gnädig stimmen und Unheil von den Menschen fernhalten. So begleiteten die Götter einen Menschen von der Geburt bis zum Tod in jeder Lebenssituation. In jeder Frage wurden sie durch Opfer und Gebete um Zustimmung und Beistand ersucht.

Was dabei im einzelnen geschah, läßt sich heute allenfalls noch vermuten. Wie die Zeremonien und Rituale in den prächtigen Tempeln von Palenque und Yaxchilan wirklich abgelaufen sind, weiß niemand genau zu sagen. Denn aus Gründen, die ebenso geheimnisvoll sind wie vieles in ihrer Geschichte und Kultur, verließen die Mayas um 900 ihre großen Tempelstädte. Als ungefähr sechshundert Jahre später die ersten spanischen Eroberer in die Urwälder von Chiapas vordrangen, fanden sie in den wenigen Zentren, die sie überhaupt zu Gesicht bekamen, nichts als verfallene Bauten, vom Dschungel schon wieder überwucherte Ruinen.

Im Jahre 1524 kam Hernán Cortés nach der blutigen Zerschlagung und Eroberung des Aztekenreiches auf seinem berüchtigten Honduras-Feldzug erstmals in die Selva Lacandona. Obwohl er keinen einzigen von ihnen zu Gesicht bekam, hörte er doch von den legendären Lacantun-Kriegern, die schon damals als unbezwingbar galten. Nach ihm kamen immer wieder spanische Abenteurer und ehemalige Söldner, die sich großspurig „Conquistadores“, Eroberer, nannten, in diesen Dschungel. Unter ihnen war im Jahre 1558 auch Pedro Ramírez de Quiñones, der die erste und gleichzeitig letzte große Schlacht gegen die Lacandonen gewann. An der Laguna Lacandón, die oft auch Miramar genannt wurde, zerstörte er ihre größte Stadt. Seine Söldner gingen dabei so gründlich vor, daß Archäologen bis heute ebenso vergeblich nach den Spuren der Stadt wie nach ihrem vergessenen Namen suchen. Nach Ramírez kamen weitere Soldaten und Missionare, um die Lacandonen endgültig zu unterwerfen. Viele ergaben sich der Gewalt, darunter sogar einige Hohepriester wie Bolon und Cabual. Obwohl die Spanier sie in Wehrsiedlungen konzentrierten, gelang es nicht, sie vom Christentum zu überzeugen. Die Mehrzahl war ohnehin aus ihren zerstörten und verbrannten Dörfern geflohen. Seitdem haben die Lacandonen im Dschungel keine Zentren mehr errichtet. In kleinen Gruppen, die oft nur aus einer Familie bestanden, leisteten sie den Spaniern heftigen und blutigen Widerstand, bis diese sich 1790, endgültig gescheitert, aus dem Urwald zurückzogen. Der auch nach der Zerstörung ihrer letzten großen Städte Peta und Mop ungebrochene

Das alte Dorfbild von San Juan Chamula

Widerstand der Lacandonen gegen die spanischen Invasoren machte ihren Namen über den Dschungel hinaus bekannt und gefürchtet.

Die Städte, die es heute in Chiapas gibt, werden, anders als die Dörfer, nicht von den Mayas, sondern von den Ladinos geprägt, von den Mexikanern also, die sich als Weiße fühlen, auch wenn sie selber Mestizen sind und eine braune Haut haben. Tuxtla Gutierrez, seit 1892 die Hauptstadt der Provinz, ist eine triste Ansammlung grauer Betonhäuser. In San Cristóbal Las Casas dagegen, der früheren Metropole, die nicht zu Unrecht „Perle des Hochlandes“ genannt wird, findet man die ganze Pracht und Schönheit des spanischen Kolonialstils. Weißgekalkte Mauern leuchten im klaren Licht des Hochgebirges. Schwere Türen aus Eichenholz schützen die nach außen hin eher unscheinbaren Häuser vor ungebetenen Besuchern. Aber innen entfaltet sich in den mit

Blumen und Pflanzen geschmückten Patios, die von einem Säulengang eingerahmt werden, der ganze Charme kolonialen Lebensstils. Die einstöckigen Bauten werden von zahlreichen Kirchtürmen überragt. Der schönste und höchste unter ihnen erhebt sich über dem mit Fresken aus rötlich schimmerndem Gips geschmückten Portal des Exkonvents Santo Domingo.

San Juan Chamula – eine indianische Gemeinde

Nur wenige Kilometer von San Cristóbal Las Casas entfernt leben die Tzotzilen von San Juan Chamula. Die kämpferischen Chamulas haben nicht nur die Ladinos aus ihrem Gebiet vertrieben, sie haben auch bis heute die alte indianische Dorf- und Verwaltungsstruktur erhalten. Obwohl San Juan Chamula früher mehr Einwohner als San Cristóbal hatte und heute mit 40000 Menschen die größte indianische Gemeinde ist, beruhen die Formen und Regeln des Zusammenlebens weiterhin auf der indianischen Tradition. Die örtliche Regierung besteht aus etwa fünfzig Männern, denen ein Präsident vorsteht. Sie alle übernehmen ihr Amt, ohne dafür bezahlt zu werden, nur der Präsident erhält während seiner Amtszeit eine Lizenz zum Verkauf von Alkohol, damit er seine Ausgaben decken kann. Für den Indianer ist der Dienst an seiner Gemeinde eine selbstverständliche Pflicht. Die sechs obersten Führer verlassen für ein Jahr ihr Haus und ihr Land, das dann von anderen bestellt wird, und ziehen zur Ausübung ihres Amtes in das Zentrum von San Juan Chamula. Die anderen Würdenträger legen nur sonntags oder zu bestimmten Gelegenheiten den oft langen Weg zum Mittelpunkt des Dorfes zurück. Sie stellen die Polizisten und die Vertreter der einzelnen Parajes, der weit auseinanderliegenden Gemeindeviertel. Jeden Sonntag trifft sich der Rat der Gemeinde auf dem großen Platz vor der weißgekalkten Kirche. Die Männer, die sich der Würde und der Bedeutung ihres Amtes bewußt sind, bieten ein farbenprächtiges Bild. Sie sind in weiße Baumwollhosen und -hemden gekleidet. Darüber tragen sie den schweren, von ihren Frauen gewebten schwarzen Chamarro, einen Poncho aus Schafwolle. Ihre Hüte sind noch keine industrielle Massenware, wie man sie bei den jüngeren Chamulas oft findet, sondern sorgfältig aus Palmblättern geflochten und mit vielen bunten Bändern verziert. Man erkennt sie auch an ihren schwarzbraunen Stäben aus dem Holz einer Palme, die dem Hirtenstab ihres Schutzpatrons San Juan – Johannes des Täufers – nachempfunden sind. Die glänzenden Silberknäufe tragen die Namen San Sebastian, San Pedro oder San Juan und verraten so, aus welchem Barrio die einzelnen Würdenträger stammen.

Jeder, der eine Klage vorzubringen hat, kann am Sonntag den Gemeinderat anrufen. Sei es, daß einer seinen Nachbarn der Hexerei verdächtigt, oder sei es, daß eine Frau sich über ihren Mann beschwert, weil er sie verprügelt hat. Die Chamulas scheuen sich auch nicht, Touristen, die gegen ihre Regeln verstoßen haben, eine saftige Geldstrafe aufzuerlegen oder sie gar ins bereitstehende Gefängnis zu werfen. Diese Männer des Rates sind die Vertreter eines alten indianischen Selbstbewußtseins, das im Zuge der mexikanischen Revolution, der Verfassung von 1917 und der von Präsident Lazaro Cárdenas durchgeführten Landreform in den dreißiger Jahren auch eine rechtliche und materielle Basis bekommen hat. Ihre obersten Führer stehen zwar in Verbindung mit den mexikanischen Behörden, entscheiden jedoch politisch und juristisch meistens allein über die Vorkommnisse in ihrer Gemeinde. Nur ganz schwere Fälle, etwa Morde, müssen sie der offiziellen Rechtsprechung des Staates überstellen.

Der Sonntag ist nicht nur der Tag der Gerichtsbarkeit. Er ist auch Markttag, und schon frühmorgens kommen die Frauen aus den Tälern und von den Bergen, um ihre Waren, hauptsächlich Obst und Gemüse, anzubieten. Vor dem Cabildo, dem Gemeindehaus, patrouillieren die jungen Mayores, die Polizisten. Es ist das erste Amt, das sie übernehmen, die unterste Stufe der Hierarchie. Stolz hängen sie sich einen schwarzen Stab an einem Lederriemen um die Schultern und machen oft ein betont ernstes Gesicht, damit ihnen auch der nötige Respekt zuteil wird. Vor den blau und grün gestrichenen Holzbuden, den Läden, in denen Posh, der von den Indianern aus Zucker selbstgebrannte Rum, Coca-Cola, Süßigkeiten und Dinge des täglichen Bedarfs verkauft werden, geht es lustiger zu, da wird laut geredet und viel getrunken. Direkt gegenüber liegt die Kirche. Manchmal, wenn eine kleine Prozession aus dem bunt gestrichenen Portal heraustritt, schallt ihr monotoner Gesang leise zu den Trinkenden hinüber. Wie ihre weltlichen Angelegenheiten nehmen die Chamulas auch ihre kirchlichen Belange selbst in die Hand. Sie haben nicht nur die Ladinos vertrieben, sondern auch dem katholischen Priester ein für allemal klargemacht, daß er in ihrer Kirche nichts zu suchen hat. Die religiösen Rituale, die Festtage der einzelnen Heiligen, Weihnachten, Carnaval und Ostern werden von den Chamulas selbst organisiert. Jeder wichtige Heilige wird von seinen Capitanes, Alfereces und Mayordomos betreut. Der höchste Posten, der des Passion, hat eine Amtszeit von zwei Jahren und kostet den neuen Würdenträger etwa 20000 Pesos. Obwohl das Geld wie in allen indianischen Gemeinden auch in San Juan Chamula knapp ist, gibt es für dieses Amt eine offizielle Liste, in die sich einmal im Jahr die Anwärter eintragen können; die Wartezeit beträgt im Augenblick etwa fünfzehn Jahre. Die Pesos, die für Kerzen, Blumen, Weihrauch, Posh und großartige Festmähler ausgegeben werden, kommen der Gemeinde zugute. Denn wenn den Heiligen richtig geopfert wird, dann sind sie ihrer Gemeinde gnädig gestimmt und wehren Unheil von ihr ab. Die Heiligen, deren hölzerne Figuren in der Kirche stehen, tragen zwar noch christliche Namen, aber die sind wie die helle Farbschicht über dem dunklen Holz der Gesichter nur ein dünner Firnis des Katholizismus über dem alten Maya-Glauben.

Missionare – fremde Eindringlinge

Obwohl es auch in der Selva Lacandona seit den ersten Expeditionen spanischer Eroberer nicht an Missionierungsversuchen gefehlt hat, scheiterten diese Unternehmen immer wieder an der für jeden Fremden schier undurchdringlichen grünen Wand des Dschungels. Welcher Eindringling wagt schon, einem unbekannten, verschlungenen Urwaldpfad zu folgen, der plötzlich in einer sumpfigen Senke verschwindet, nur um sich auf der anderen Seite an einem riesigen Mahagonibaum in drei noch kleinere Wege aufzuteilen, von denen einer schon bald im Dickicht einer verlassenen Milpa endet, während ein anderer nur zu einem Fluß führt, an dem es weder eine Brücke noch eine Furt gibt. In diesem Labyrinth waren lange Zeit alle Expeditionen zum Scheitern verurteilt, die nicht einen indianischen Führer gewannen oder hohe Verluste an Menschen, Tieren und Material aus der mit indianischem Gold gefüllten Kriegskasse ausgleichen konnten. Und selbst als erfolgreich vermerkte Expeditionen spanischer Söldner und Missionare beschränkten ihr Operationsgebiet auf einen relativ kleinen Teil der Selva, während unbekannte Gegenden so schnell wie möglich durchquert oder gänzlich gemieden wurden. Der Regenwald bot den Lacandonen und ihrer alten Religion ein natürliches Versteck, in dem sie sich bis in die jüngste Zeit ohne christlichen Einfluß erhalten konnte.

So hatten die Lacandonen, die im nördlichen Teil der Selva am See von Naha und in der Gegend von Jetjá lebten, wahrscheinlich bis zum Anfang unseres Jahrhunderts überhaupt keinen Kontakt zur Außenwelt. Als um die Jahrhundertwende die ersten Mahagonifäller bei Jetjá auftauchten, denen schnell auch die ersten Anthropologen folgten, wurden diese Fremden offen und freundlich aufgenommen. Bereitwillig begann die Lacandonen, Mais, Gemüse und Früchte gegen Baumwolle, Salz und Macheten zu tauschen. Ohne Scheu führten sie die Besucher durch den Wald und erzählten von ihren alten Bräuchen und Legenden. Diese Indianer waren offensichtlich bis dahin nie in gewaltsame Auseinandersetzungen mit Fremden verwickelt gewesen.

Je mehr Menschen jedoch in diesen Jahren in den Dschungel eindrangen, um so verschlossener wurden auch die Lacandonen. Einmal mit den Vorzügen von stählernen Macheten und von Gewehren, aber auch von fertigen Baumwollstoffen und Kochtöpfen bekannt, wollten sie zwar nicht ganz auf den Handel verzichten, aber im übrigen zogen sie sich zurück. Ihre Informationen und Erzählungen wurden spärlicher, sobald sie sich bedrängt und von den Eindringlingen in die Enge getrieben fühlten. Und als schließlich die ersten Missionare nach Nahá kamen, wiesen die Lacandonen deren offene und plumpe Versuche, sie für einen anderen Gott zu gewinnen, zwar höflich, aber eindeutig und entschieden zurück.

Anders als an den großen Seen im Süden hat es bei diesen Lacandonen nie gemeinsame Siedlungen oder gar Städte gegeben. Sie leben in kleinen Gruppen von selten mehr als drei Familien zusammen. Der große Abstand zwischen den Hütten der einzelnen Familien zeugt von ihrem extremen Individualismus. Sollte es einmal zum Streit unter ihnen kommen, dann fordert der älteste Mann der Gruppe die für schuldig Befundenen auf fortzugehen. Wenn diese Familie sich weigert, wird der ganze restliche Clan seine Hütten einreißen und an einen anderen Ort ziehen. Und wenn ein alter, weiser Mann bei einem solchen Streit einen anderen auffordert: „Denk darüber nach, ob du richtig gehandelt hast!“, gilt das als eine grobe Einmischung, die nur bei einem besonders schweren Fehltritt zu rechtfertigen ist. Dieser weise Mann, den die Lacandonen T'o'ohil nennen, ist derjenige, der die meisten Sterne und alten Mythen kennt, der am besten zu den Göttern sprechen kann. Trotzdem wird er nur, wenn er ausdrücklich gebeten wird, einem anderen helfen, mit den Göttern zu sprechen, oder das gar an seiner Stelle tun.

Was für eine Ungehörigkeit muß für diese Menschen der weiße Missionar begangen haben, der unaufgefordert in ihr Götterhaus kam und auch noch erklärte, daß ihre alten Götter schlecht, daß sie für alles Übel, für Krankheiten ebenso wie für schlechte Ernten, verantwortlich seien! Sein Gott dagegen, den er Jesucristo nannte, sei gut, und sie alle sollten nur noch zu dem neuen Gott beten. Trotzdem beherrschten sie ihre beleidigten Gefühle und sprachen höflich mit dem Fremden, dessen Unverschämtheit offensichtlich nur von seinem Unwissen übertroffen wurde. Dieser Jesucristo ist also ein Gottessohn. Bay – na schön. Und er hat eine weiße Haut? Er ist also ein Fremder. Er ist in einem Land im Osten, weit weg von hier, geboren, und er versteht doch unsere Sprache? Dann kann er nur der Sohn von Akyantho', dem Gott der Fremden, sein! Wir haben ihn zwar nicht gekannt, aber da du von ihm erzählt hast, werden wir Akyantho' bitten, seinen Sohn von uns zu grüßen. Aber wir wären dumm, wenn wir dem Sohn mehr Respekt zeigten als seinem Vater, der noch dazu der Bruder des höchsten, unseres wahren Gottes Hachakyum ist. Was du uns rätst, ist nicht gut, denk noch einmal darüber nach!

Während die Nordgruppen, die bis Anfang des Jahrhunderts keinen Kontakt zu den Weißen hatten, diesen offen und arglos entgegentraten, wissen die Lacandonen vom Rio Jataté und aus der Gegend von Lacanhá spätestens seit der Schlacht an der Laguna Lacandón, was sie von den weißen Besuchern der Selva zu halten haben. Trotzdem obsiegte selbst nach diesem Massaker bei einigen ihre vertrauende Freundlichkeit über

Santa Marta, San Miguelito und Santa Magdalena bei einem Besuch in San Andrés

Angst und Wut. So entschloß sich der Hohepriester Chan Aghoal, den spanischen Pater Pedro Lorenzio zu empfangen und mit ihm über den Glauben und das Leben der Lacandonen zu sprechen. Andere, die sich der Gewaltherrschaft ergaben, lernten in den Wehrdörfern von den Spaniern eine fremdartige, schmutzige und in ihren Augen ganz und gar unzivilisierte Lebensweise kennen, die sie mit Abscheu und Verachtung beobachteten. Als christliche Missionare in der von ihnen so genannten Stadt „Nuestra Señora Dolores de los Lacandones" nicht nur den

Tempel zerstörten, sondern auch versuchten, die Indianer im Namen eines neuen, unbekannten Gottes zu taufen, entschlossen sich immer mehr zur Flucht. Auch sie führten fortan ein genauso unbekanntes wie unbequemes Leben in umherziehenden kleinen Gruppen, die von alten Häuptlingen, Weisen oder Hohepriestern geleitet wurden. Sie zogen oft für viele Jahre die großen Flüsse Usumacinta, Lacantún, Jataté, Perlas und El Cedro entlang durch den Wald, bis sie sich vor weiteren Angriffen sicher glaubten. Auch während dieser Zeit wachten die Priester und Weisen über die Einhaltung der alten Formen, sprachen mit den Göttern und sangen von ihren Nöten, ihrer Furcht und ihrer Dankbarkeit. Und wenn ein alter Priester einen jungen Mann für stark und intelligent genug hielt, seine Gruppe zu führen, so gab er sein Wissen an ihn weiter, erklärte ihm die Gesänge und die Sterne und lehrte ihn die Opferriten und die Mythen. So erhielt sich auch in den kriegerischen Gruppen der südlichen Selva Lacandona die alte Maya-Religion bis in unser Jahrhundert hinein.

Erst als in den dreißiger und vierziger Jahren zwei Anführer und Priester der wichtigsten Siedlungen starben, ohne ihr Wissen weitergegeben zu haben, war auch die Stunde des jahrtausendealten Glaubens gekommen. Warum die alten Männer nicht vor ihrem Tod junge Nachfolger ausgewählt und unterwiesen hatten, kann heute niemand mehr sagen. Glaubten sie nicht mehr an deren Durchsetzungskraft gegenüber der plötzlich mit ungeahnter Wucht über die Selva hereinbrechenden Invasion von mexikanischen Siedlern, Mahagonifällern, Händlern und Chiclesuchern? Der alte Häuptling von Lacanhá, K'ayum Ceron, der selbst einmal ein gefürchteter Krieger war, hat noch erlebt, wie Männer seines Dorfes ihre Jagdbeute gegen Schnaps eintauschten, wie Chicleros sich junge Lacandonen-Frauen nahmen, wie Händler ganze Maisernten für Schmuck oder ein Gewehr ohne Munition erhielten. Hat er das bevorstehende Ende des nur noch wenige hundert Menschen zählenden Volkes der Lacandonen gesehen, bevor er seine Augen schloß?

Jedenfalls hinterließ der Tod der alten Anführer ein religiöses Vakuum bei ihren orientierungslos gewordenen Gruppen. Es gab zwar noch einige Männer und Frauen, die den alten Glauben kannten. Aber ihr Wissen war einfach nicht groß genug, um den aggressiven Argumenten einiger von einem mehr als seltsamen Verständnis der christlichen Nächstenliebe bewegter Missionare entgegentreten zu können. In bekannt dreister Manier erklärten sie die Maya-Götter zu den Hauptschuldigen an der Misere der Lacandonen. Zuerst einmal, so folgerten sie, müßten die Unglück bringenden Idole verschwinden, und dann würden sie jedem helfen, der sich taufen ließ und sich zu dem neuen, weißen Gott Jesucristo bekannte. Als dann die versprochene Hilfe des Missionars in Form von Maislieferungen, Kleidern, Baumaterial und Konservendosen seinen neuen Gefolgsleuten tatsächlich zuteil wurde,

Na K'in, eine Frau des Lacandonen K' in Obregón aus Lacanhá mit ihren Kindern

erklärten auch die Zweifelnden: Die alten Götter sind schlecht, sie sind an allem schuld!

Diese ganz unterschiedlichen Reaktionen auf die christlichen Missionierungsversuche im Norden und im Süden lassen sich jedoch nicht einfach der miserablen Situation der Südgruppe in jener Zeit zuschreiben. Es sind vielmehr die wesentlichen kulturellen Unterschiede, die eine plausible Erklärung liefern: Die unbedingte Selbstverantwortlichkeit und der ausgeprägte Individualismus der Lacandonen aus dem nördlichen Teil der Selva verurteilen jeden „Heilsbringer" von vornherein zum Scheitern. Selbst ein weiser, alter T'o'ohil, der ein Leben lang sein Wissen und seine Autorität unter Beweis gestellt hat, erfährt in Nahá keinen Gehorsam, sondern Respekt und Dankbarkeit für seine Hilfe. Und so kann auch ein Missionar bestenfalls erleben, daß man ihm zuhört und über seine Worte nachdenkt, und dann wird jeder tun, was er für richtig hält. Ganz anders ist das in Lacanhá: K'ayum Ceron war dort nur der letzte in einer langen Reihe von Häuptlingen und Hohepriestern, von denen einige wahre Tyrannen gewesen sein sollen, die von ihren Untertanen Gehorsam verlangten. Die Menschen in Lacanhá waren es gewohnt, daß einer für sie mit den Göttern sprach und ihnen sagte, was sie zu tun hatten, und daß sie seinen Anweisungen gehorchten. Wenn schon keiner von ihnen dieser eine sein konnte, so waren sie in einer extremen Situation sogar bereit, einem Fremden zu folgen, der für seine Hilfe verlangte, daß sie sich seinem eigenen Glauben unterwarfen.

Vorbereitung einer Opferzeremonie im Haus der Götter von Nahá

Nicht nur die Unterschiede in der äußeren Erscheinung und in der Sprache verraten die ganz verschiedenen Kulturen der zwei Maya-Gruppen, die nur wenig mehr miteinander verbindet als der ihnen vom Fremden gegebene Name „Lacandón“.
Dieser Name leitet sich wahrscheinlich von einem Begriff des yukatekischen Maya her: Ah Acantun, was soviel bedeutet wie „die, die Steine aufstellen“. In herabsetzender Absicht wollten die benachbarten christianisierten Mayas aus Tabasco und Quintana Roo wohl darauf hinweisen, daß die „wilden Indianer“ im Urwald tatsächlich noch in den Ruinen der Tempel zu den alten Göttern beteten, daß sie also wie die Alten seien, die für die Götter Steine aufstellten. Doch das geringe Verständnis der Spanier für die nicht unkomplizierte Sprache der Mayas machte aus Ah Acantun wohl schließlich das einfachere Lacandón. Will man es mit diesem Namen genau nehmen, so sind heute eigentlich nur noch die Mayas aus Nahá wirklich Lacandonen.

Doch wie lange noch? Auch in dieser selbstbewußten Enklave inmitten einer sogar im Urwald mehr und mehr technisierten und mexikanisierten Umwelt verliert die Religion an Bedeutung, haben die Götter nicht mehr genug Platz. Die Selva wird immer kleiner, während immer mehr Menschen sie besiedeln. Seit den vierziger Jahren ist dieses größte Regenwaldgebiet nördlich des Amazonas um mehr als ein Drittel seiner Fläche geschrumpft. In einst unberührten Gebieten des Waldes entstehen heute Kolonien und neue Viehweiden. Wo einst ein schmaler Urwaldpfad überhaupt nur in der Trockenzeit zu finden war, fahren heute Lastwagen zu Holzsammelstellen und neuen Ölbohrtürmen. Auf dieser Straße kommen auch nach Nahá immer mehr Händler und Touristen. Ist die Straße in der Regenzeit einmal wirklich nicht passierbar, landen sie auf dem kleinen Flugplatz in der Nähe des Dorfes. Kaum ein Tag vergeht noch ohne fremde Besuche, kaum ein Tag also, der ungestörte Ruhe für religiöse Zeremonien bietet. Was weder spanischen Söldnern noch christlichen Missionaren gelang, scheint im Zeichen unserer modernen Industriegesellschaft möglich: die endgültige Zerstörung der viertausendjährigen Maya-Kultur. Wenn jeden Tag mehr Radios und Flugzeuge in den Dschungel kommen, wenn neue Straßen den Urwald öffnen, wen wundert es da noch, wenn sich der siebzehnjährige K'in Garcia aus Nahá mehr für die neuen Autos als für die alten Götter begeistert?

Von den Bergen in den Regenwald – Wandlungen im Leben der Hochlandindianer

Auch wenn die Heiligen in den Bergen von Chiapas Regen schicken, ungünstige Winde und Unwetter fernhalten, das Land gibt längst nicht mehr genug her, um alle zu ernähren. Viele Tzeltalen verließen schon vor Jahrzehnten das heimatliche Hochland, um in den Wäldern der Selva neue Äcker zu finden. Heute sind es neben Tzeltalen vor allem Tzotzilen, die in den Dschungel ziehen. Die Siedler aus der kalten Zone stehen den Erfordernissen der tropischen Landwirtschaft oft ahnungslos gegenüber. Plötzlich gibt es für sie nicht mehr die gewohnte Einheit von Leben, Arbeiten und Glauben. Die Wolle der Schafe, der verehrten Tiere, deren Fleisch nicht gegessen werden darf, ist auf einmal nutzlos geworden. Feste können nicht mehr gefeiert werden, da die Kirche im traditionellen Zentrum zu weit entfernt ist. Und wen sollen die Schamanen bei der Heilung eines Kranken anrufen, wenn es keine Berge gibt, in denen die Götter wohnen? Die Welt des Indianers, dessen Mittelpunkt sein Heimatdorf bildet, ist auf einmal aus den Angeln gehoben worden. Die Alten unternehmen noch manchmal die lange Reise in ihr traditionelles Zentrum, um beim Carnaval oder am Festtag eines wichtigen Heiligen dabeizusein. Doch für die Jungen haben diese Zeremonien keine Bedeutung mehr. Es gibt für sie nichts zu vergessen, weil sie nichts haben, woran sie sich erinnern können.

Neben der wirtschaftlichen Notlage sind es oft die Bemühungen der Missionare, die die Menschen aus ihrem angestammten Lebensraum vertreiben. Die katholischen Priester hatten sich nach der Eroberung des Landes mit einer sehr oberflächlichen Missionierung begnügt. Aber die protestantischen Pfarrer, die das mit Berg- und Quellgöttern und den Heiligen bevölkerte Pantheon der Tzotzilen durch einen einzigen strengen Gott ersetzen wollen, gehen viel weiter. Und wenn sie jemand aus San Juan Chamula von ihrem Glauben überzeugt haben, dann muß dieser mit seiner Familie die Gemeinde verlassen. Aller Realität zum Trotz heißt die in Dreck und Schlamm versinkende Siedlung der ausgebürgerten Chamulas am Rande San Cristóbals „Nueva Esperanza", „Neue Hoffnung". Eng zusammengedrängt stehen die Hütten an den sanft abfallenden Hängen des weiten Tales. In der Nähe der Stadt gibt es nicht mehr genügend Land, auf dem die Männer das Grundnahrungsmittel Mais anbauen können. Um Platz zum Leben zu haben, dringen die evangelisierten Indianer immer weiter in die Wälder ein. Aber die Mutter Erde rächt sich. Wo noch bis vor kurzem Pinien, Föhren, Eichen und Eukalyptusbäume Schatten spendeten, springt die rote Erde auf und zeigt ihre klaffenden Wunden. Das durch Rodung gewonnene Land ist nach ein paar kümmerlichen Ernten nicht mehr zu gebrauchen.

Einige indianische Gemeinden wie San Pablo oder San Juan Chamula haben ihre Autonomie gut genutzt. Sie haben nach und nach alle Ladinos aus ihrem Dorf vertrieben und gestatten keinem Fremden, sich auf ihrem Gebiet anzusiedeln. Aber in Chenalho oder Tenejapa haben viele Ladinos Land in Besitz genommen, über das sie nach ihren Begriffen frei verfügen können. So wird den Indianern, die den Verkauf von Äckern und Weiden nicht kennen, mehr und mehr von ihrem Gemeindebesitz genommen.

Was die wirtschaftliche Not, Missionare und einzelne Ladinos nicht geschafft haben, erreicht die westlich geprägte Außenwelt still und nachhaltig einfach durch ihre Präsenz. Wenn der Preis für Baumwollstoffe klettert, bleibt der Indianerin nichts anderes übrig, als sich ihre Bluse aus billigem synthetischen Material zu nähen. Die leuchtend blauen Schals der Chamula-Frauen, von Fremden als Bestandteil der ortsüblichen Tracht gesehen, sind nichts weiter als der Verkaufserfolg eines geschäftstüchtigen Händlers. Die Weberinnen aus Tenejapa, die zu den schöpferischsten in Chiapas zählen und die eigenwilligsten Muster entwerfen, benutzen für ihre Arbeit schon lange die grellfarbenen Polyesterfäden, die sie auf dem Markt in San Cristóbal kaufen. Auch aus dem traditionellen Kleidungsstück der Männer von Zinacantán, einem weißen Poncho mit feinen roten Streifen, ist inzwischen ein vergleichsweise grobgewebter rot-weißer Umhang geworden.

Chan K'in Viejo, T'o'ohil von Nahá. 1971

Ob im Hochland oder im Dschungel der Selva Lacandona, das Leben der Mayas ist dabei, sich mit kleinen, fast unmerklichen Schritten, aber in manchen Dingen auch mit rasender Geschwindigkeit zu ändern. Gerade bei denjenigen, die am meisten dazu beigetragen haben, diese Entwicklung einzuleiten, ruft sie heute oft sentimentale Gefühle hervor und gibt sie Anlaß zu öffentlichen Mahnungen. All dem schaut ein weiser, alter Mann in Nahá mit wachen und freundlichen Augen gelassen zu. Chan K'in Viejo, der letzte T'o'ohil der Lacandonen, hat vielen aufmerksam zugehört und manchen geantwortet. In mehr als neunzig Jahren hat er die Wut und die Furcht, aber auch die Hoffnungen kennengelernt, die das Neue in der Selva hervorrief; nicht erst seit die Autos kamen und die Viehherden der Fremden. Er hofft nicht, aber er fürchtet sich auch nicht. Zu lange schon weiß Chan K'in vom nahen Ende der Wahren Menschen. „Tsoy in wol. Mein Herz ist gut." Er ist ruhig.

Vom Ende der Welt

Um die Jahrhundertwende versuchten einige Mahagonifäller, eine große antike Statue aus Yaxchilan zu stehlen. Um den Koloß überhaupt transportieren zu können, schlugen sie ihm kurzerhand den Kopf ab. Doch selbst dieser Kopf war noch zu schwer, und so ließen sie ihn achtlos neben der Statue in den Ruinen zurück.

Die Lacandonen aus Jetjá und Nahá gingen damals noch regelmäßig nach Yaxchilan, um zu beten. Als sie den Torso entdeckten, glaubten sie, daß Hach Bilam, der Herr von Yaxchilan, ihr oberster Gott Hachakyum, selbst den Kopf von seinem Standbild gerissen habe. Vom furchtbaren Glanz seiner Augen seien die Menschen so in Schrecken versetzt worden, daß sie den Anblick kaum noch ertragen konnten. Deshalb hat der barmherzige Gott Hachakyum ihre Qualen durch seine Tat beendet.

Doch wenn Hachakyum den Kopf wieder auf den Körper setzt, dann werden die Augen schrecklicher und heller leuchten als je zuvor. Ihr Flammenstrahl wird die himmlischen Jaguare aufwecken, sie werden hinabsteigen auf die Erde, und das wird der Untergang dieser Welt sein. Nur die Wahren Menschen können die Apokalypse verhindern, nur sie haben die heiligen Steine aus Yaxchilan in ihren Gott-Töpfen, nur sie können die Götter bitten, den Untergang aufzuhalten. Aber die Wahren Menschen werden immer weniger. Nicht genug Lacandonen kennen noch die heiligen Lieder, die alten Gebete, und so gehen die Wahren Menschen und mit ihnen die Erde unaufhaltsam ihrem Ende entgegen.

Die Befürchtungen Chan K'ins und seines Volkes werden sich bald erfüllen: Kürzlich wurde der Plan mexikanischer Archäologen bekannt, den Kopf wieder auf den Torso zu setzen.

An der Lagune von Nahá

Tojolabal-Indianerin aus der Gegend von Comitan, 1946

Die Lancandonen Enrique K'in Bor und Pepe Chan K'in, 1948

In der „Weißen Stadt des Südens“:
Tzeltalen aus San Bartholomé

Auf dem Tsonte Vits, dem heiligen Berg der Chamulas

Chalchihuitan im Hochland von Chiapas, 1946

Indianerinnen in San Cristóbal las Casas

In Chenalho, 1962

Mann aus Santiago

Töpferin aus Amatenango del Valle

In der Küche einer Lacandón-Indianerin

Chan K'in Viejo, Nahá 1948

Geschichte und Geschichten

Vierhundert Jahre vor Beginn der christlichen Zeitrechnung und lange vor der Blütezeit der Maya-Kultur siedelten sich die ersten Tojolabalen in Chiapas an. Sie fanden ein fruchtbares Land, und der Mais gedieh gut auf der roten Erde. Die einfachen Ackerbauern, deren Leben durch den Rhythmus von Aussaat und Ernte bestimmt wurde, hinterließen kaum kulturelle Spuren. Aber ihre Sprache, die heute nur noch in vier Gemeinden gesprochen wird, ist unter den Dialekten der Hochlandindianer diejenige, die dem alten, dem klassischen Maya am nächsten kommt. Als die Tojolabalen schon neunhundert Jahre lang das Hochland besiedelt hatten, ohne daß sie großartige Städte oder mächtige Tempel zum Ruhme der Götter erbaut hätten, entstanden zu Beginn des 6. Jahrhunderts im Dschungel, am Ufer des Flusses Usumacinta, die prachtvollen Tempel von Yaxchilan. Wie so vieles aus dem Leben, dem Wissen und der Kunst der Mayas ist auch ihr ursprünglicher Name der Vergessenheit anheimgefallen. Der österreichische Forscher Teobert Maler nannte sie Yaxchilan, was immer wieder als „grüne Steine" übersetzt wurde. Die Lacandonen bezeichnen zwar mit „yax" das gesamte Farbspektrum von Grün bis Blau, aber Yaxchilan ist kein Wort ihrer Sprache, sondern yukatekisches Maya und bedeutet „Erster Priester". Die Fremden, die wie Maler in die Selva Lacandona kamen und dort staunend vor Bauten von ungeahnter Schönheit standen, fanden nur kunstvoll behauene und gesetzte Steine; niemand wußte mehr, wie diese geheimnisvollen Orte geheißen hatten, als noch Menschen in ihnen lebten.

So wurde die fast unüberschaubare Anlage von Palenque mit ihren vielen Tempeln, der einzigartigen Grabpyramide, dem Palacio mit seinen Innenhöfen und unterirdischen Gängen, dieser Ort, der noch heute so viel von der Größe einer vergangenen Kultur zeigt, kurzerhand nach einem armseligen in der Nähe liegenden Dorf benannt. Oft wurden Archäologen, deren Wagemut und Abenteuerlust bei weitem größer waren als ihre Kenntnisse der verschiedenen Maya-Sprachen, zum Namensgeber für die alten Zentren. Der berühmte amerikanische Forscher Sylvanus Morley wollte für immer auf die faszinierenden und aufschlußreichen Fresken einer Tempelgruppe in der Selva hinweisen, als er sie Bonampak nannte. Aber was er als „bemalte Wände" verstanden wissen wollte, bedeutet in Wahrheit „gemalte Wand", bezeichnet also etwas Imaginäres. Seine mißglückte Wortschöpfung ist nur ein weiterer Beweis für die Hilflosigkeit der Forscher angesichts der schweigenden steinernen Zeugen einer präkolumbianischen Kultur. Hätte man die Lacandonen gefragt, wie sie diesen alten heiligen Ort nennen, zu dem sie bis vor ein paar Jahrzehnten noch regelmäßig pilgerten, hätten sie vielleicht verraten, wie er bei ihnen heißt: Balum K'uh, Heiliger Jaguar.

Als die klassischen Maya-Zentren Yaxchilan, Palenque und Bonampak noch bewohnt waren, lebten Zehntausende von Menschen in der Selva Lacandona. Während im Dschungel ein mächtiges Gemeinwesen seine Blütezeit erlebte, kamen im 8. Jahrhundert erstmals Tzotzil-Indianer in das Hochland von Chiapas. Bis etwa 1200 riß der Strom der Einwanderer nicht ab. Die Tzotzilen, die in den Bergen immer neue Siedlungen gründeten, teilten sich später in zwei Sprachgruppen: Tzotzil und Tzeltal. Bis die Spanier das Land eroberten, war Chiapas fast ausschließlich von Maya-Völkern bewohnt.

Nahezu zweitausend Jahre lang hatten die Mayas in Chiapas ein eigenes Staats- und Gemeindewesen gehabt. Unter der spanischen Herrschaft dagegen waren sie von allen öffentlichen Ämtern ausgeschlossen. Dies änderte sich auch nach der Gründung des mexikanischen Staates nicht. Zwischen dem modernen Mexiko und den Lacandonen im Urwald gab es fast einhundert Jahre lang kaum eine Beziehung. Erst 1943 sandte der Gouverneur von Chiapas, Rafael Gamboa, eine Regierungsexpedition in den Dschungel, um mit den zurückgezogen lebenden Lacandonen offiziell Kontakt aufzunehmen. Unter den Teilnehmern dieser ungewöhnlichen Reise zu einem so gut wie unbekannten Volk befand sich auch eine Frau. Es war die Schweizer Journalistin und Photographin Gertrude Duby.

Gertrude Dubys langer Weg in die Selva Lacandona

Sie nahm nicht nur als einzige Frau, sondern auch als einziges ausländisches Expeditionsmitglied an diesem abenteuerlichen Unternehmen teil. Schon als Kind hatte sie im Kanton Bern von Indianern als den Fremden, den anderen geträumt. Sie waren für Gertrude Duby der Inbegriff der Ferne in dem für Schweizer Verhältnisse offenen, aber für sie viel zu engen Elternhaus. Doch ihr Ausbruch aus der bürgerlichen Welt ging zuerst in eine ganz andere Richtung. Er führte sie aus der Ordnung der Stadt Bern in den Hexenkessel Berlin der zwanziger Jahre. Dort geriet die engagierte junge Frau in den Sturm der sozialen und politischen Auseinandersetzungen. Mit ihren Artikeln in der damals vielfältigen linken und linksliberalen Presse griff sie in die Diskussion ein. Als energische, wortgewandte Rednerin trat sie bei sozialdemokratischen und später bei kommunistischen Versammlungen auf. Die couragierte und schlagfertige Politikerin ließ sich nicht aus dem Konzept bringen, als immer öfter SA-Männer drohend zu den Veranstaltungen kamen. Aber als mit der Machtergreifung durch die Nationalsozialisten Jagd auf Andersdenkende begann, mußte sich auch Gertrude Duby verstecken. Den Schutz ihrer Schweizer Staatsbürgerschaft hatte sie verloren, da sie – um in Deutschland arbeiten zu können – eine Scheinheirat eingegangen war. So gehörte sie zu den zahllosen Flüchtlingen, die Deutschland nach 1933 verlassen mußten. Gertrude Duby ging nach Paris, einem jener Orte, in denen sich der deutsche Widerstand im Ausland langsam formierte. Dort arbeitete sie für ein Komitee, das sich um politische Emigranten kümmerte. Daneben setzte sie sich vor allem für die Organisation eines überparteilichen und internationalen Frauenkongresses gegen Krieg und Faschismus ein. Ihr Engagement und ihre Zusammenarbeit mit anderen bekannten Antifaschisten machten sie verdächtig. Nach dem Einmarsch der Deutschen wurde sie von der französischen Regierung verhaftet und in ein Lager im Süden Frankreichs gebracht. Die Schweizer Botschaft setzte sich erfolgreich für ihre Freilassung ein, aber die Rückkehr in ihr Geburtsland blieb ihr verwehrt. Ohne Paß reiste sie illegal – wenn auch geduldet – durch die Schweiz nach Genua. In der italienischen Hafenstadt drängten sich die Flüchtlinge in der Hoffnung, die alte Welt verlassen zu können. Die Schiffe waren überfüllt, doch mit einigen Beziehungen und dem ihr eigenen Durchsetzungsvermögen bekam Gertrude Duby schließlich eines des begehrten Tickets. Als der Dampfer die gefährliche Enge von Gibraltar passiert hatte und sich endlich auf dem offenen Atlantik befand, blickte sie auf einen zerstörten Kontinent zurück. Der Faschismus schien sich unaufhaltsam in Europa auszubreiten. Von der Hoffnung, die das Experiment des Sozialismus in der Sowjetunion einmal ausgelöst hatte, war unter Stalin nicht mehr viel übriggeblieben. Eine der letzten Bastionen der Freiheit, die spanische Republik, war schon längst gefallen. Hatte Gertrude Duby und mit ihr so viele aus ihrer Generation nur für eine Niederlage nach der anderen gekämpft?

Auf der Fahrt über den Atlantik las Gertrude Duby das Buch „Mexique – terre indienne" („Mexiko – Land der Indianer") des französischen Anthropologen Jacques Soustelle. Ihr Kindheitstraum erwachte zu neuem Leben. Durch diese Lektüre erhielten plötzlich die fremdartigen, geheimnisvollen Indianer in den Gedanken Gertrude Dubys einen Namen: Lacandón. Die Flucht aus dem heimatlichen Kontinent bekam auf einmal ein Ziel: die Selva Lacandona. Gertrude Duby setzte zwar in New York und später in Mexico City ihre Arbeit für politische Flüchtlinge fort, aber ihr Interesse galt mehr und mehr Mexiko, seinen indianischen Bewohnern, seiner Geschichte und Gegenwart.

Am Sonntag treffen sich die Würdenträger aus den verschiedenen Gemeindevierteln im Zentrum von San Juan Chamula

Mexiko ist anders

In Mexiko ist alles ganz anders als in der sich selbst zerstörenden Alten Welt. Obwohl der legendäre Revolutionsführer Emiliano Zapata schon lange tot ist, ist sein Wahlspruch „Tierra y Libertad!", „Land und Freiheit!" noch nicht verstummt. Der Präsident des Landes, Lazaro Cárdenas, der Gertrude Duby wie eine Wiedergeburt Zapatas erscheint, versucht „Tierra y Libertad!" Wirklichkeit werden zu lassen. Unter seiner Regierung wird die Agrarreform vorangetrieben. Die armen indianischen Bauern erhalten endlich eigenes Land. Lazaro Cárdenas ist auch einer der wenigen, der die Grenzen seines Staates für die Flüchtlinge aus Europa geöffnet hat. Anna Seghers, Ludwig Renn und Egon Erwin Kisch leben in Mexico City. Gertrude Duby kennt sie alle. Aber im Gegensatz zu den deutschen Schriftstellern, deren Gedanken vor allem um die Heimat und die europäische Politik kreisen, nimmt sie intensiven Anteil an den Vorgängen in Mexiko.

Sie, die bislang ihr Leben fast ausschließlich in großen Städten verbracht hat, nimmt nun jede Gelegenheit wahr, um die Hauptstadt zu verlassen. Zusammen mit Ärzten und Krankenschwestern fährt sie zu den abgelegenen indianischen Dörfern und lernt dabei die Not und das Elend der Landbevölkerung kennen. Syphilitische Mütter bringen ihnen ihre Kinder, deren Bäuche vor Hunger geschwollen sind und die an der gleichen Krankheit leiden wie ihre Eltern. Überall gibt es Malariakranke, die manchmal schon seit Jahrzehnten von immer wiederkehrenden Fieberanfällen geplagt werden. Gertrude Duby sieht schreckliche Verstümmelungen, Folgen von Arbeitsunfällen, die nicht richtig behandelt wurden. Aber sie sieht auch die Hoffnung in den Augen der Menschen, denen nun zum erstenmal geholfen wird. Sie spricht mit den Lehrern und Lehrerinnen auf den Dörfern, die Kinder und Erwachsene in Lesen und Schreiben unterrichten. Bei vielen, die in irgendeiner Weise zu der Verbesserung der Lebensverhältnisse beitragen, ist die Erinnerung an die erst kurze Zeit zurückliegende mexikanische Revolution noch wach. Und alle, die von der unruhigen Zeit des Bürgerkrieges erzählen, von dieser explosiven Mischung aus dem gleichzeitigen Kampf gegen Kapitalismus und Feudalismus, sprechen auch von den beiden sagenumwobenen Führern: Emiliano Zapata und Pancho Villa. Gertrude Duby ist besonders von Emiliano Zapata fasziniert, der nicht nur wie Pancho Villa gegen etwas kämpfte, sondern genau wußte, wofür er sein Leben riskierte, der für liberalere Gesetze, Agrarreformen und die Abschaffung der Macht der Kirche eintrat. Bei ihren Recherchen über Zapata stößt die Schweizer Journalistin auf ein Kapitel der mexikanischen Revolution, das bis heute noch nicht geschrieben worden ist: der Kampf der Frauen, der Soldaderas.

Sie zieht nach Morelos, dem ehemaligen Zentrum der Zapatistas, in die kleine Stadt Guernavaca, wo sie zusammen mit anderen Emigranten ein Haus gemietet hat. Doch während ihre Mitbewohner nur am Wochenende aus Mexico City kommen, benutzt sie Guernavaca als Ausgangspunkt für ihre Fahrten zu den Frauen der Revolution. Sie hat in Guernavaca eine „Coronela", eine Obristin, kennengelernt, die ihr die ersten Namen und Adressen vermittelt. Meist mehr auf Vermutungen als auf konkrete Informationen vertrauend, reist Gertrude Duby in alten, klapprigen Bussen durch ganz Morelos. Allein diese Fahrten sind ein Abenteuer für sich. Und ist sie endlich an ihrem Ziel angekommen, muß sie manchmal das halbe Dorf befragen, um Hinweise auf diese oder jene alte Frau zu bekommen. Sie findet Marktfrauen, Besitzerinnen winziger Lokale, Bäuerinnen, Lehrerinnen, Heilkundige, sogar eine Dorfvorsteherin. Sie alle haben einmal mit Emiliano Zapata gekämpft. Aber nur manche wollen auch darüber reden. Einige sind inzwischen zu alt geworden; andere haben zuviel Schweres erlebt, um sich noch erinnern zu wollen. Andere Frauen sprechen nur das aztekische Nahuatl, sind mißtrauisch gegenüber der Fremden und wollen ihr nichts erzählen. Schweigend und abweisend ziehen sie den Rebozo, ihren schwarzen Schal, um sich. Dann hat Gertrude Duby wieder einmal eine weite, anstrengende Fahrt umsonst gemacht. Doch nach und nach lernt sie ein paar Frauen kennen, die ihr zunächst zögernd von dem Kampf gegen die Federales, die Regierungstruppen, berichten. Ihre von Falten durchzogenen Gesichter, aus denen weder die Hoffnung noch der Stolz geschwunden sind, drücken oft mehr aus als ihre Worte.

Gertrude Duby beschließt, über die Soldaderas nicht nur zu schreiben, sondern sie auch im Bild festzuhalten. In Mexico City ersteht sie von einem jüdischen Emigranten, einem ehemaligen Schauspieler, für 50 Pesos eine gebrauchte Agfa-Box. Er erklärt ihr das Wenige, was er vom Fotografieren weiß: wie man ohne Belichtungsmesser Blende und Zeit nimmt und sich ansonsten an den Beipackzetteln der Filme orientiert. Ausgerüstet mit diesen Informationen, der Kamera und ein paar Filmen, kehrt Gertrude Duby nach Morelos zurück.

Dort entstehen die ersten beeindruckenden Porträtaufnahmen unter Verwendung einer ausziehbaren Optik, die sich lösen läßt, wenn man an einer Schraube dreht. Bilder einer ehemaligen Soldadera mit ihren beiden Töchtern vor einer weißgekalkten Hauswand, die in der Sonne leuchtet. Ein Porträt der Coronela Amalia Robles, der Obristin, die im Bürgerkrieg über vierhundert Männer kommandierte und deren Einsatz entscheidend zum Sieg in zwei Schlachten beitrug. Ein breitkrempiger Hut überschattet das Gesicht dieser energischen Frau, die 1924 Kavalleriehauptmann in Guerrero war und die auch nach der Revolution eine Anführerin geblieben ist. Als Gertrude Duby sie trifft, steht sie zwei Dörfern vor. Mehr als der karge Bericht von Ventura Garcia, einer ehemaligen Botengängerin Zapatas, erzählt noch nach vierzig Jahren ein packendes Porträt, das Gertrude Duby von ihr gemacht hat. Der Blick von Ventura Garcia verrät noch immer etwas von ihrer Durchsetzungskraft und ihrem Stolz. Die Aztekin spricht nur zurückhaltend über aufregende Abenteuer, gefährliche Schießereien und auch wenig über die Angst, die sie auf ihren Wegen von Morelos, dem Lager Zapatas, in die Hauptstadt, des Zentrum der Intellektuellen, empfand. Mit der gleichen ruhigen Selbstverständlichkeit, mit der sie sich als Händlerin verkleidete, um nicht aufzufallen, berichtet sie von ihrer Gefangennahme durch einen feindlichen General. Es ist für sie keine Heldentat, daß sie trotz der Schläge und Mißhandlungen nichts verraten hat. Nur der Priester, den sie zu ihr schickten, um sie auszuhorchen, bereitete ihr Kopfzerbrechen. Durfte sie den Diener Gottes belügen? Aber dann war sie sich doch sicher, daß „el niño poderoso", das mächtige Gotteskind, sie verstehen würde. Stolz ist sie nur darauf, daß sie den Trick mit der Torte durchschaut hat. Trotz ihres Hungers aß sie nichts von diesem zuckersüßen Gebilde, das man ihr in die Zelle geschickt hatte, um sie zu vergiften. Sie warf es aus dem Fenster. Als man sie schließlich entließ, kehrte sie umgehend zu Zapata zurück, um ohne großes Aufsehen wieder ihre Arbeit zu verrichten.

Gertrude Duby trifft Ventura Garcia oft in einem kleinen Café mit staubbedeckten Tischen. Bei einer Tasse Kaffee hören auch andere Dorfbewohner zu. Alle erinnern sich. Eine alte Frau erzählt von der Güte und Großzügigkeit Zapatas. Sie war dabei, als einmal unter seinen Soldaten und Offizieren die Beute aufgeteilt wurde. Zapatas Anteil betrug 40000 Pesos. „Schau", sagt sie, „er nahm das ganze Geld, alle Pesos, und ging damit zu den Witwen seiner Soldaten. Er hat es unter ihnen verteilt, und ihm selbst ist kein einziger Centavo geblieben." Die Menschen in dem kleinen Café nicken bestätigend. Genauso haben sie Emiliano Zapata in Erinnerung. Aber wenn sie von den Greueltaten der Federales sprechen, von der Angst und dem Schrecken, den die Regierungstruppen verbreiteten, dann senken sich ihre Stimmen. Plötzlich flüstern die Männern und Frauen nur noch miteinander. Auch Gertrude Duby wird von dem Gefühl gepackt: „Wir müssen alle in die Berge fliehen, die Federales kommen!"

Auf ihrer Suche nach den Soldaderas lernt Gertrude Duby die indianische Heilerin Apolinaria Flores kennen. Wie vor dem Bürgerkrieg führt sie ein bescheidenes, einfaches Leben, als hätte es nie eine Zeit gegeben, in der sie den respektheischenden Titel Coronela getragen hat. Sie lebte damals in einem Dorf, das in der Hand der Federales war. Im Schutze der Dunkelheit kamen die Zapatistas aus den Bergen und brachten ihr die Verwundeten. Fast jede Nacht wusch Apolinaria Flores ihnen das inzwischen getrocknete Blut ab, legte Kräuter auf, hatte selbstgerührte Salben zur Hand und verband die Verletzungen. Im

Ende der vierziger Jahre sollen die Kinder von Zinacantán lesen lernen

Morgengrauen waren die Männer verschwunden. Manchmal brachten sie auch Nachrichten, und dann machte sich die kleine, unscheinbare Frau am nächsten Tag auf den Weg, um sie weiterzuleiten.

Apolinaria Flores, Ventura Garcia, Amalia Robles und viele andere glauben nicht an den Tod von Emiliano Zapata. Für sie lebt der schöne Mann mit dem mächtigen schwarzen Schnurrbart und den funkelnden Augen, „der die Frauen liebte und Tabak und Alkohol verachtete", immer noch. Sie sind sich ganz sicher, daß ein anderer für ihn gestorben ist. Denn wenn Sturm ist in Morelos, wenn man die Gipfel von Popocatepetl und Ixtaccihuatl nicht mehr sehen kann, wenn der Sand auf den Straßen tanzt, dann reitet Zapata auf seinem weißen Pferd durch die Berge. Und eines Tages wird er zurückkommen, und er wird wahrmachen, was er versprochen hat: „Tierra y Libertad!"

Abenteuer in Chiapas

Gertrude Duby lernt immer mehr Frauen und Männer kennen, die zusammen mit Emiliano Zapata gekämpft haben. Auf den Spuren der legendären Südarmee entfernt sie sich weiter und weiter von der europäisch gefärbten Hauptstadt Mexikos. Sie folgt der Einladung des Schriftstellers Andres Henestrosa nach Juchistán am Golf von Tehuan-

Sonnenaufgang über einer Kolonie am Rande der Selva Lacandona

tepec. Hier lernt sie ein neues Leben kennen. Sie ist in einem Land, in dem Banditen umherschweifen, in dem Vieh noch mit harten Silberpesos bezahlt werden muß, weil niemand dem neumodischen Papiergeld traut, einem Land, wo ein Mann nur ein Mann ist, wenn er wie der Teufel reiten kann. Zusammen mit ihrem Gastgeber durchstreift Gertrude Duby auf dem Rücken eines Maulesels die Umgebung. Bei diesen oft mehrtägigen Ausflügen macht sie nicht nur nähere Bekanntschaft mit der Bockigkeit ihres Reittieres und mit wild die Pistole schwenkenden vermeintlichen Helden, sondern auch mit den zweideutigen Blikken der Männer, die nicht begreifen können, daß die Señorita ohne den männlichen Schutz eines Vaters, Bruders oder Ehemannes unterwegs ist. Aber mit der gleichen Bestimmtheit und Courage, mit der sie dem Revolver in der Hand eines Mannes gegenübertritt, begegnet sie auch den freundlichen Einladungen, die die Señorita ins Haus bitten, weil sie doch unmöglich in einer Hängematte im Zelt schlafen kann. Ihre Stimme ist energisch genug, um sich auch bei denen durchzusetzen, die es sonst nicht gewohnt sind, auf eine Frau zu hören. Aus ihren vielen Erlebnissen lernt Gertrude Duby Frechheit mit Frechheit zu beantworten, wenn es nötig ist, lauter zu schreien als ihr Gegenüber, und vor allem: vor nichts und niemandem Angst zu zeigen.

Trotz all dieser Abenteuer verfolgt sie weiter ihren Plan, die Lacandonen in der Selva zu besuchen. Zielstrebig hat sie an dem Netz ihrer Beziehungen geknüpft, hat mit Abgeordneten und Regierungsbeamten gesprochen, hat sich Empfehlungsschreiben ausstellen lassen, die ihr schließlich die Türen des Gouverneurspalastes in Tuxtla Gutierrez öffnen. Gertrude Duby führt eine lange Unterredung mit Rafael Gamboa, dem Gouverneur von Chiapas. Als sie ihn nach Stunden verläßt, hat sie nicht nur seine Erlaubnis, an der Expedition in die Selva teilzunehmen, sondern auch den Auftrag, für die Regierung von Mexiko in Wort und Bild darüber zu berichten.

Kurze Zeit später bricht die von Manuel Castellanos, dem ehemaligen Bürgermeister von Ocosingo, geführte Gruppe auf. Die Lastmulis tragen nicht nur die Ausrüstung für den Urwald und Gastgeschenke für die Lacandonen, sondern auch Proviant für die lange Reise quer durch Chiapas. Auf schmalen Wegen reiten die Expeditionsteilnehmer an grasgedeckten Indianerhütten vorbei, bitten hier bei einem Lehrer, dort bei einem Bürgermeister um Unterkunft. Es dauert Tage bis sie Ocosingo erreichen.

Von Ocosingo aus, dem kleinen, flirrend heißen Ort am Fuße des Hochlandes, dessen steile Berghänge hier in das grün wogende Meer der Selva übergehen, erreicht die kleine Gruppe zunächst die Finca El Real. An diesem paradiesisch anmutenden Vorposten spanisch-mexikanischer Zivilisation beeindruckt mehr noch als der mit tropischen Blumen und Früchten angelegte Garten die imposante Liste der Besucher. Forscher und Anthropologen, wie Alfred Tozzer und Jacques Soustelle, haben sich ebenso in das Gästebuch eingetragen, wie der sagenumwobene Schriftsteller B. Traven. Der Besitzer der Finca, Don Pepe Tarano, und seine Frau Doña Lisa empfangen die Besucher mit der Wärme und herzlichen Gastfreundschaft von Menschen, die das selten gebotene Vergnügen einer Unterhaltung mit weitgereisten Gästen zu genießen wissen. Dennoch können die Expeditionsteilnehmer den nächsten Morgen kaum erwarten. Das Ziel ihres Unternehmens ist in greifbare Nähe gerückt.

Nach einem weiteren Tagesritt erreichen sie schließlich die Tzeltal-Kolonie Jetjá. Als sie abends an einem kleinen Feuer bei Tortillas, Bohnen und Kaffee sitzen, wird ihnen klar, wie weit ihr Weg sie schon geführt hat: Der spanisch sprechende Teil Mexikos liegt hinter ihnen. Sie sind endlich in der Selva Lacandona, diesem Ur-Wald im wahrsten Sinne des Wortes. Eine beinahe unberührte, menschenleere Wildnis umgibt sie. Es ist das Reich des Jaguars und des Brüllaffen, der Papageien und Tapire, das sich zwischen Mahagoni, Che'chem- und Gummibäumen, zwischen Lianen und Orchideen ausbreitet und auf dessen Boden die das dichte Grün durchdringenden Sonnenstrahlen abstrakte Lichtornamente zeichnen.

Das endlich ist die grandiose Welt, die Gertrude Duby so lange herbeigesehnt, auf die sie gehofft hat. Als an diesem Abend ein Tzeltale aus Jetjá erzählt, daß die nächste Lacandonen-Siedlung, die er Puna, also Mahagoni, nennt, nicht mehr als eine Stunde entfernt ist, weiß sie, daß ihre Träume Wirklichkeit geworden sind.

Unter dem Eindruck der Berichte des Tzeltalen entschließt sich der Expeditionsleiter, die Last- und Reittiere und auch die Mauleseltreiber in der Kolonie zurückzulassen. So würde man nicht gleich als gewaltige Horde bei den Lacandonen einfallen, von deren Gastfreundschaft, Offenheit und Unterstützung das Gelingen der Expedition abhängt.

Begegnung im Urwald

Am nächsten Morgen brechen nur Manuel Castellanos und Gertrude Duby unter der kundigen Führung des Tzeltalen Florentino zu der, wie es heißt, größten zusammenlebenden Gruppe von Lacandonen auf.

Was Florentino allerdings lakonisch „eine Stunde Weg" genannt hatte, erweist sich für die beiden Weißen nun als genauso großartiges wie erschöpfendes Unternehmen. Auf dem morastigen Pfad stapfen sie quer durch das Dickicht der Schlingpflanzen, Dornbüsche und Gräser, das nur von den hoch aufragenden Stämmen tropischer Baumriesen unterbrochen wird, über Flüsse und Bäche, steile Hügel hinauf, die auf der anderen Seite in eine tiefe Schlucht abfallen, bis sie endlich am Rande der Lichtung eines Tabakfeldes in der gleißenden Vormittagssonne stehen. Sofort und nur scheinbar unmotiviert stößt Florentino einen lauten Schrei aus. So, erklärt er seinen verwunderten Begleitern, wissen alle Lacandonen der Siedlung, die er „Caribal" nennt, von ihrem Besuch. Auch in dieser Bezeichnung, die soviel bedeutet wie „Ort der Menschenfresser", taucht noch die alte Furcht vor den wilden Lacantúnkriegern auf. Noch ist kein Mensch zu sehen. Nichts als die jetzt im Februar schon hochstehenden Pflanzen mit den himmelwärts ragenden großen Tabakblättern zwischen den schwarz verkohlten Resten der Urwaldbäume, die das Feuer der Brandrodung auf dem Feld übriggelassen hat.

Als Gertrude Duby aufblickt, tritt am anderen Ende der Lichtung eine Gestalt aus dem Schatten der Bäume, deren fremdartig-exotisches Aussehen ihr schon bald so vertraut und selbstverständlich erscheinen wird. Ein Lacandone. Seine dichten schwarzen Haare fallen bis auf die Schultern. Er trägt die typische hemdartige Baumwolltunika seines Volkes. Unbeweglich blickt er in die Richtung der Fremden.

„Das ist Don José", sagt Florentino leise. „Und das, der kleinere, das ist der alte Quintin!"

Gertrude Duby versucht, die wenigen Maya-Worte, die sie vor der Expedition lernen konnte, nun erstmals anzubringen. „Utz im pusical – Mein Herz ist gut", ruft sie zur Begrüßung im Dialekt der südlichen Lacandonen. „Ja, gut", bestätigt Quintin, und ein Lächeln huscht über sein Gesicht.

Jetzt erst gehen die Besucher über das Feld auf die Lacandonen zu. In einem babylonischen Kauderwelsch aus Spanisch, Tzeltal und einigen

Brocken Maya, einer Mixtur, die schon in kurzer Zeit zu ihrer normalen Umgangssprache wird, erklärt Don Manuel den Anlaß des Besuches und zeigt eine erste Auswahl der mitgebrachten Geschenke vor: Pulver, Salz, Fett und Messer. Wieder lächelt der alte Quintin zum Zeichen seiner Genugtuung. Auf die Frage der Fremden, ob sie eine Weile in der Nähe des Caribal bleiben und wohnen dürften, führt er sie zu einer Hütte am Rande des Feldes. Die beiden Lacandonen schauen noch eine Weile interessiert beim Auspacken zu und diskutieren bei dieser Gelegenheit, wann und wie sie die Tabakernte angehen werden. Als sie schließlich aufbrechen, bittet Manuel Castellanos Quintin, allen Leuten seiner Gruppen, Männern, Frauen und Kindern, einige Geschenke mitzunehmen. Die beiden Indianer verlassen das kleine Lager, um den anderen in der Gegend von der unerwarteten Ankunft dieser freundlichen und großzügigen Besucher in Chunk'unché, was in ihrer Sprache „am Fuß des heiligen Baumes“ heißt, zu berichten.

So treffen nach und nach am folgenden Vormittag sämtliche Lacandonen der Umgebung im Lager der Expedition ein. Einige von ihnen haben dafür einen Fußmarsch von mehr als fünf Stunden auf sich genommen. Und sie nehmen nicht nur freudig die mitgebrachten Geschenke entgegen. In der folgenden Zeit kommen sie immer wieder, um nun ihrerseits Geschenke zu überreichen. Für Gertrude Duby sind das willkommene Gelegenheiten, mehr von der Sprache und der Lebensweise dieser Indianer zu erfahren.

Alltag bei den Lacandonen

Während eines Besuches im Haus Quintins, des Oberhauptes der Gruppe, lernt sie dort seine Frau Petrona kennen, mit der sie vom ersten Augenblick an eine spontane Freundschaft verbindet. Neben Petrona hat Quintin noch zwei weitere Frauen. Sie alle leben zusammen im größten Haus des Anwesens. In zwei kleineren Hütten direkt nebenan wohnen Quintins Söhne mit ihren Frauen, und auf der anderen Seite des Tempels hat Don José sein Haus errichtet. Alle Häuser sind aus Stämmen und Ästen gemacht, die ein Dach aus Palmenblättern tragen, das nur so weit nach unten gezogen ist, daß man noch bequem ein und aus gehen kann. Und in allen gibt es nur einen offenen Raum mit den Feuerstellen, die die Frauen nie erlöschen lassen. Unter dem Dach hängen Netze und Körbe, in denen die Hausbewohner ihre Vorräte wie Samenkörner, Pulver und Salz, aber auch ihre persönlichen Schätze aufbewahren. Die bequemen, aus Baumrinde geflochtenen und geknüpften Hängematten vervollständigen die Einrichtung.

Die Frauen der Siedlung zeigen Gertrude Duby die kleine Küchenhütte, in der sie gemeinsam Tortillas und den Pozol genannten Maisbrei zubereiten. Dort gibt es zum Kochen außer einigen Töpfen aus gebranntem Lehm, Kürbisschalen und dem Backblech kaum andere Utensilien. Um so erstaunlicher ist es, welch abwechslungsreiche kulinarische Genüsse sie aus dem Angebot der Felder und des Waldes zaubern. Bei den Lacandonen gibt es nicht nur Mais, Bohnen und Chili wie bei allen Indianern, sondern auch andere Gemüse wie Kürbis, Zwiebeln und Yuca. Dazu essen sie viele Früchte: Ananas, Bananen, Apfelsinen, Limonen und wildwachsende Mamey und Chico Zapote. Eine willkommene Bereicherung bietet die Jagdbeute der Männer: Wildschwein, Fasan, Affe und Fisch sind ebenso beliebte Delikatessen wie die Süßspeise Ch'uhuk K'ayem, ein Brei aus mit heißem Wasser verrührtem Mais, Zuckerrohr, Fruchtsamen und wildem Kakao oder Vanille. Und auch den Kaffee, den sie gelegentlich auf einem Rancho in der Nähe von Puna kaufen, schätzen diese Indianer sehr. Aber weder der Duft eines saftig gebratenen Wildschweins noch die verheißungsvolle Ankündigung eines warmen K'ayem, bei der auch verwöhnten Genießern das Wasser im Munde zusammenläuft, können irgend jemand in Puna zur Einhaltung regelmäßiger Mahlzeiten bewegen. Wer Hunger hat, nimmt sich einfach eine große frische Tortilla und verspeist sie genüßlich schmatzend mit den gerade vorhandenen Zutaten.

Mit Petrona geht Gertrude Duby manchmal zu dem ein wenig abseits im Wald gelegenen Feld Quintins. Wenn die Lacandonen auf diesem – Milpa genannten – Feld im Frühjahr zu Beginn der Regenzeit mit einem Stock kleine Löcher in den Boden graben, in die der Maissamen gelegt wird, pflanzen sie daneben selbstverständlich Bohnen, Kürbisse, Tomaten und Bananen. Für alle Gemüse und Früchte sorgen dann weiterhin die Frauen, während die Männer sich nur um die Grundnahrungsmittel wie Bohnen und Mais kümmern, der im feuchtheißen Klima des Regenwaldes bis zu vier Meter hoch wächst und riesige Kolben trägt. Nach der Maisernte wird die Milpa sorgfältig von wildwuchernden Pflanzen, Steinen und Unterholz gesäubert, bevor der Tabak angepflanzt wird, dem die besondere Pflege und Sorge aller in Puna gilt. Bei der Arbeit auf dem Feld bemerkt Gertrude Duby, daß die Lacandonen keineswegs faule Müßiggänger sind, denen der Tropenwald die Früchte in den Mund wachsen läßt. Natürlich liegen sie in der Mittagszeit, wenn die Sonne unbarmherzig auf die Lichtung der Milpa niederbrennt, oft im Schatten eines Baumes. Naßgeschwitzt erholen sie sich bei einem Pozol oder halten einen kleinen Schwatz mit Nachbarn und Verwandten. Allerdings haben sie seit dem frühen Morgen schon viele Stunden Arbeit hinter sich, und sie werden nicht zu ihrem Haus zurückkehren, bevor „die Sonne ganz klein wird", wie sie poetisch den Sonnenuntergang umschreiben. Und nun, zur Zeit der Tabakernte, müssen alle, auch Frauen und Kinder, mithelfen, denn Tabak ist das einzige, was die Lacandonen von Puna gewinnbringend verkaufen können. Sogar die Frauen schleppen schwere Netze voll Tabak in dem schnellen Laufschritt, den die Ladinos als die Gangart eines „flüchtenden Rehs" beschreiben, zu den Hütten, wo Kinder die Blätter zum Trocknen aufhängen. Für ihre schwere Arbeit erhalten die Frauen aber auch ihren Anteil an der Ernte, bevor der Tabak zum Verkauf gebündelt wird. Dann sitzen sie am Abend, wie die Männer, vor dem Haus und rauchen genüßlich eine jener riesenhaften, selbstgedrehten Puro-Zigarren.

Alles, was sie sieht und kennenlernt, vergleicht Gertrude Duby abends beim flackernden Schein der Petroleumlampe mit den Berichten früherer Forscher wie Soustelle und Tozzer. Dort liest sie, daß die Frauen angeblich niemals rauchen. Handelt es sich also um eine weitere Veränderung alter Sitten? Sie hat davon schon einige bemerkt, wie den Niedergang des alten Clansystems. Diese Clans, die die Lacandonen „Onen" nennen, verweisen auf die Verwandtschaft jedes Menschen mit einem Tier, dessen Name als eine Art Familienname benutzt wird. Alle Menschen, die das gleiche Onen haben, das vom Vater auf seine Kinder vererbt wird, sind also miteinander verwandt und dürfen untereinander nicht heiraten. Tozzer zählte noch achtzehn dieser Onen, während Soustelle nur von fünf berichtet. Nach vielen Fragen erfährt Gertrude Duby lediglich vom Onen der Ma'ax, der Spinnenaffen, und der K'ek'en, der Wildschweine. Immer wieder bemerkt sie, daß die Lebensgewohnheiten der Lacandonen sich oft erheblich von den Berichten dieser Forscher unterscheiden. So ist auch die verbreitete Annahme falsch, daß die Lacandonen im Urwald ein Nomadenleben führen. Ihre intensive Arbeit auf den Feldern und ihre Sorge um die Ernte scheinen eher auf das Gegenteil hinzuweisen. Und tatsächlich erzählt Quintin, daß sein Volk nur an einen anderen Ort zieht, wenn die dünne, fruchtbare Schicht des Dschungelbodens erschöpft ist und nichts mehr hergibt. Erst dann suchen sie einen neuen Platz für ihre Felder.

Bei diesen Gesprächen erfährt Gertrude Duby auch von bisher unbekannten Gründen für den Umzug vieler Lacandonen, Gründe, die sie nicht unbedingt zu besseren Anbauplätzen, sondern einfach immer tiefer in den Wald hinein führen: Es sind die vielen neuen Siedler in der Selva, die sie vertreiben. Die Viehzüchter mit ihren Rinderherden, die den Wald abbrennen, um neue Weideflächen zu gewinnen, die Tzeltalen, deren Schweine ihre Milpas zerstören, und vor allem Mahagonifäller, Händler und Chicleros, deren Mulis alles kahlfressen und auf den Urwaldpfaden tiefe Schlammlöcher hinterlassen.

„No gusta mula, mucho lodo. Malo camino con mula", beschwert sich Don José. „Ich mag Mulis nicht, machen viel Schlamm. Schlechter Weg mit Mulis." Er weiß nicht, wie er sich gegen die Zerstörung seiner Umgebung wehren soll. Wie alle Indianer kennt er kein Eigentum an der Erde und am Wald, der allein den Göttern gehört. Er könnte niemals sagen: „Das ist mein Gebiet, verschwindet!" Und so ziehen sich die Lacandonen eben zurück. Aber im Jahr 1943 ist die Besiedlung des Dschungels trotz allem noch überschaubar; die Veränderungen und

Degenerationserscheinungen in der Lebensweise der Lacandonen sind noch nicht dramatisch.

Vicente Chaqueta

Noch ist es einem Mann wie Vicente Chaqueta möglich, weit von seiner Gruppe entfernt, allein im Wald, in der Nähe der großen Lagune Ocotal zu leben. Er hat viel Tabak, weil er seine gepflegten Felder gut im Wald versteckt anlegt. So schützt er sie vor räuberischen Nachbarn oder den Überfällen durchziehender Chicleros. Vicente ist nicht nur ein außergewöhnlich intelligenter Mann, der neben seiner Muttersprache auch fließend Tzeltal und hervorragend Spanisch spricht, er ist auch ein vorzüglicher Fischer. Er weiß mit der großen Harpune genauso umzugehen wie mit Pfeil und Bogen oder seinem alten Vorderladergewehr. Aber seine besondere Liebe gilt den eigentümlichen Gitarren, die er selbst nach der Beschreibung seines Vaters baut, der sie durch Ladinos im Gefängnis von Ocosingo kennengelernt hatte. Der alte Mann war nach einem Streit mit Caobafällern dorthin gebracht worden, denen er zuvor als ortskundiger Führer gute Dienste geleistet hatte. Aufgrund dieser Erfahrungen seines Vaters will Chaqueta nichts mit Fremden zu tun haben.

So hat Gertrude Duby zwar viel von ihm gehört, ihn aber nie kennengelernt, bis eines Tages ein Lacandone nach Puna kommt und berichtet, Vicente sei von einer Schlange gebissen worden. „Es geht ihm sehr schlecht. Die Götter sind ihm nicht gut, er wird bald sterben." Anders als er, will die energische Schweizerin sich nicht einfach mit dem unvermeidlichen Schicksal abfinden. Allerdings hat auch sie weder ein Schlangenserum noch andere Medikamente zur Verfügung. Kurz entschlossen packt sie ein paar Dinge zusammen, die ihr für eine schnelle Hilfsaktion nützlich erscheinen, und macht sich in Begleitung des Lacandonen auf den Weg. In der versteckten, einsamen Hütte finden sie den Kranken, der sich mit hohem Fieber auf seinem Stockbett wälzt. Seine Zunge ist dick und bläulich verfärbt. Auch Mund und Gesicht sind angeschwollen. Da seit dem Biß der Schlange schon zuviel Zeit vergangen ist, kann Gertrude Duby die Wunde am Bein des Indianers nicht mehr direkt behandeln. Deshalb versucht sie wenigstens seine schwindende Widerstandskraft zu erhalten, indem sie ihm ein schnell zusammengemixtes Gebräu aus heißem Wasser, etwas Maisbrei und Vitamintabletten einflößt. Außerdem gibt sie dem Kranken Abführmittel in der Hoffnung, dadurch den Entgiftungsprozeß seines Körpers zu unterstützen. Und schließlich legt sie ihm noch eine kalte Kompresse gegen das Fieber auf die Stirn.

Inzwischen ist es früher Nachmittag, und Gertrude Duby setzt sich erschöpft in den Schatten eines Baumes neben der Hütte. Doch schon eine halbe Stunde später wiederholt sie die ganze Prozedur. Sie setzt ihre Behandlung auch am Abend und in der Nacht fort, bis sie gegen Morgen todmüde einschläft. Als sie nach wenigen Stunden wieder aufwacht und ihre selbstentwickelte Roßkur wiederaufnehmen will, sitzt Vicente schon, wenn auch noch recht unsicher, auf dem Rand seines Bettes. Er ist viel zu schwach, um zu reden, aber sein Gesicht verrät Dankbarkeit und Vertrauen.

Nuk aus Nahá fertigt aus Tukan-Bälgern und Falken-Federn den Zopfschmuck der Lacandonen-Frauen

Petrona und Trudi – eine Freundschaft

Jedesmal wenn Gertrude Duby von ihren zahlreichen, oft tagelangen Ausflügen und Besuchen nach Puna zurückkehrt, führt ihr erster Weg zum Hause Quintins. Dort wird sie von Petrona empfangen, die schnell ihre Vorliebe für eine Tasse heißen Kaffees bemerkt hat und nichts unversucht läßt, diesen Wunsch zu erfüllen. Bei dem lauwarmen Getränk, das allerdings mehr an „ein Gewässer von schmutzigen Socken" erinnert, sitzen die beiden oft stundenlang zusammen. Den Ratschlägen der gescheiten und erfahrenen Frau des Häuptlings Quintin, die sie oft mit der Unterstützung ihres ältesten Sohnes José vorträgt, kommt bei allen Entscheidungen der Gruppe außerordentlich großes Gewicht zu.

Doch wenn die beiden Frauen zusammen sind, geht es weniger um Politik als um praktische Dinge des täglichen Lebens im Dschungel. Und dieses Leben ist für die Lacandonen-Frauen alles andere als leicht. Bei Sonnenaufgang fangen sie mit der Zubereitung der Tortillas aus dem am Vortag mit einem Metate-Stein gemahlenen Mais an. Die großen und dicken Tortillas werden auf einer Blechpfanne über dem Feuer ausgebacken. Dazu kochen sie schon am Morgen Bohnen und Gemüse, so daß jeder aus der Familie tagsüber essen kann, wenn er hungrig ist. Anschließend begleiten die Frauen ihre Männer oft zur Milpa. Nach der Rückkehr versorgen sie ihre Hühner und mahlen frischen Mais. So bleibt ihnen nur wenig Zeit, um eine neue Tunika oder einen Rock, wie ihn die Frauen darunter tragen, zu nähen. Schon als kleine Kinder lernen die Mädchen, all diese Aufgaben zu erfüllen. Ein Metate-Stein und ein Kochtopf sind ihre häufigsten und oft einzigen Spielzeuge. Eine Puppe wird man selten bei ihnen finden, da erwartet wird, daß sie sich um kleinere Geschwister oder die Kinder einer Nebenfrau kümmern. Mit zwölf oder dreizehn Jahren heiraten sie meist einen Mann, der schon eine ältere Frau hat; von ihr werden sie in die Feinheiten der Haushaltsführung und des Zusammenlebens mit dem Mann eingeführt. Auch Petrona findet ganz und gar nichts Besonderes daran, daß ihre Enkelin Koh die dritte Frau ihres Mannes Quintin wurde. Denn wo könnte sie besser lernen, eine intelligente, geschickte und umsichtige, also einflußreiche Lacandonin zu werden, als bei ihrer Großmutter?

Sehr viel interessanter findet Petrona dagegen die Frage, was ihre neue Freundin unter den merkwürdigen Reithosen anzieht. Ein Rock, wie sie ihn selbst unter der Tunika trägt, kann es wohl nicht sein. Auch der glänzende Metallschmuck erregt ihre Aufmerksamkeit. Aber ihre größte Bewunderung wird Gertrude Dubys Schminkutensilien und besonders den Lippenstiften zuteil. Daß deren Rot auch die heilige Farbe der Lacandonen ist, dürfte dabei allerdings kaum eine Rolle spielen. Genau wie die Europäerin achtet auch diese Indianerin auf ihre Erscheinung, möchte schön aussehen und gut riechen. So gehört eine Dose mit parfümiertem Puder, ein Geschenk von Trudi, wie sie ihre Freundin nennt, zu Petronas besonderen Schätzen.

Gertrude Duby erfährt von Petrona nicht nur viel vom Alltag in Puna, sondern auch, daß der alte Patriarch Quintin keineswegs nur ein freundlicher Gastgeber ist, sondern in seinem Haus ein strenger, zuweilen sogar brutaler Tyrann. Besonderen Spaß machen den Freundinnen die Sprachlektionen. Der Unterricht in Hax T'an, der Wahren Sprache der Lacandonen, wird oft zu den fröhlichsten Stunden des Tages, in denen Gertrude Duby vor allem konkrete Begriffe schnell geläufig werden. Schon oft hat sie in Gesprächen die Silbe „nah“ gehört. „Was ist nah?“ möchte sie nun endlich wissen. Petrona überlegt kurz, aber ein spanisches Wort dafür fällt ihr nicht ein.

„Wo du bist“, sagt sie dann einfach.

„Was, eine Hängematte?"
„Nein, nein", lacht Petrona.
Dann steht sie auf und zeigt mit der Hand auf die Pfähle der Hüttenwand und das Dach. Natürlich, jetzt hat Trudi die Freundin verstanden: Nah heißt Haus. Anschließend faßt sie an Petronas Rock: „Wie heißt das?"
Die Indianerin streicht kurz über den bunten Stoff und sagt:
„Pik."
„Und wie heißt das?" möchte Trudi schließlich noch wissen, indem sie auf das Feuer deutet.
„K'ak'", antwortet Petrona.
„Aber ist das nicht ein Gott?"
„Si. Dios del fuego, der Gott des Feuers. K'ak' ist sein Feuer, und das Feuer ist K'ak'."

Yatochk'uh – im Haus der Götter

Gertrude Duby möchte mehr über die Götter erfahren. Aber wie? Natürlich hat sie das Yatochk'uh, das Götterhaus in Quintins Caribal, schon oft gesehen, manchmal hat sie von weitem auch den Gesang seines Betens gehört oder den Duft des Weihrauchs gerochen. Doch niemals würde sie einfach nach diesen Dingen fragen. Sie weiß sehr gut, welche Unhöflichkeit sie, gerade als Frau, damit in den Augen der Lacandonen begehen würde, wie schnell sie Gefahr liefe, ihr Vertrauen wieder zu verlieren. Zuviel hat sie von den brutalen Missionierungsversuchen in der Selva und vom unerbittlichen Widerstand der Lacandonen gehört.

Doch nach einigen Wochen hat Quintin die Überzeugung gewonnen, daß zumindest diese Weißen nicht als Eroberer oder Missionare gekommen sind, die die alten Götter nur beleidigen. Er bemerkt, daß sie das Leben und den Glauben seines Volkes kennenlernen wollen, nicht um zu verändern, sondern um zu verstehen, und auch, daß seinem Vertrauen Respekt entgegengebracht wird. So beginnt er schließlich von sich aus über die Götter zu sprechen.

Er erzählt von Hachakyum, dem Wahren Gott, der diese Welt und den Himmel, den wir sehen können, erschaffen hat. Wie sein älterer Bruder Sukunkyum, der Herr der Unterwelt, und sein Bruder Akyantho', der Gott der Fremden, ist er aus der Nachthyazinthe geboren, die der alte Gott K'akoch, den kein Mensch kennt und zu dem die Götter beten, gepflanzt hat. Hachakyum ist der echte Gott, und alle Götter der Lacandonen unterstehen seiner Macht. Auf der Erde wohnt Hachakyum in Yaxchilan. Dort ist er der König von Yaxchilan, er ist Hach Bilam. Die Frau von Hachkyum heißt Xk'ale'ex. Sie haben einen Sohn, das ist Palikyum. Akinchob ist der Schwiegersohn von Hachakyum. Er wacht über die Erhaltung der Erde und schützt den Mais. Er schützt auch vor den Schlangen, dem Jaguar und anderen gefährlichen Tieren. Metzabok, der Pulvermacher, ist der Herr des Regens. Er gibt das Pulver den Hahanak'uh, den Regengöttern. Sie streuen es auf die Wolken, und dann fällt Wasser auf die Erde. Manchmal bewegen sie die Wolken mit Papageienschwänzen: So machen die Hahanak'uh Donner. Metzabok hat die Kah, die anderen Indianer, Tzeltalen, Chol und Tzotzilen erschaffen. Er lebt an einem See im Wald. Auch Itzanok'uh, der große Gott der Itzá, wohnt an einem See. Und schließlich spricht Quintin ehrfürchtig von K'ak', dem Gott des Feuers.

Quintin erzählt lange von den alten Göttern. Und doch scheint vieles anders als früher zu sein. Aber in diesem Fall sind nicht die Missionare und ihre Angriffe auf die indianischen Götter schuld, sondern der alte Häuptling hat einfach vieles vergessen. Oft sagt er entschuldigend: „In yum, mein Vater, wußte es. Aber er ist tot.“ Nachdem die Fremden gespannt zugehört haben, ist Quintin endgültig überzeugt, daß keiner von ihnen die Absicht hat, die Götter zu verletzen oder ihr Haus zu entweihen. Und so lädt er sie ein, an einer feierlichen Balchézeremonie teilzunehmen.

Balché ist das berauschende, heilige Getränk der Lacandonen, das nur zu rituellen Anlässen getrunken wird. Am Vorabend der Feier wird Honig in einem eigens dafür neben dem Götterhaus aufgestellten Kanu verrührt. Zum Schluß kommen einige Stücke der Balchérinde dazu. Das Gemisch wird mit Palmenblättern zugedeckt und über Nacht stehengelassen. Wenn es keinen Honig gibt, wird Balché mit Zuckerrohr angesetzt.

Am nächsten Vormittag führt Quintin die Besucher zu seinem Götterhaus. Voll gespannter Erwartung auf den unbekannten Ritus, wie er zu Ehren der alten Götter wohl schon vor Hunderten von Jahren bei den klassischen Mayas zelebriert wurde, warten sie dort zurückhaltend, bis der Patriarch sie förmlich auffordert, das Haus der Götter zu betreten. Die anderen Teilnehmer der Zeremonie sind schon versammelt und sitzen auf kleinen Hockern. Unzählige Fragen hatte Gertrude Duby noch in ihrem Kopf gehabt, so viel wollte sie noch über die Götter wissen. Doch das war, bevor sie ihr Haus betrat. Das Götterhaus gleicht allen anderen Häusern der Siedlung. Aber es strahlt seine eigentümliche Atmosphäre so stark aus, daß auch die ungläubigen Besucher davon gebannt werden und alle Fragen verstummen. Fast ehrfurchtsvoll sehen die Gäste zum erstenmal die geheimnisvollen Ulakilk'uh, die Gott-Töpfe, jene runden tönernen Weihrauchgefäße mit den eigenartigen Köpfen, die das Gesicht des Gottes darstellen. In diesen Töpfen wird das heilige Harz verbrannt, während die Nahrungsopfer – Tamales und Pozol – auf die weit vorgestülpten Lippen des Gottes gelegt werden. Quintin stellt sie alle nacheinander vor: Das ist der wahre Gott, Hachakyum, und dort ist Akinchob. K'ak' und Metzabok, K'in und

K'ayum, der Gott der Lieder. Die respektvolle und förmliche Vorstellung zeigt, daß die Töpfe nicht einfach ein Abbild der Götter darstellen, sondern daß sie in dieser Form selbst bei der Zeremonie anwesend sind. Ihre Gesichter mit den aufgeworfenen Lippen, der krummen Nase und den riesigen Augen sind von einer dicken, tiefschwarz glänzenden Rußschicht überzogen. Die Götter waren schon bei so vielen Zeremonien dabei, daß der Ruß des heiligen Copalharzes auch ihre kunstvolle schwarz-rote Bemalung beinahe ganz verdeckt.

Quintin nimmt das Xikal, ein Brett, auf dem das Copal den Göttern präsentiert wird. Er formt das Harz zu kleinen Kugeln, die er in den Gott-Topf legt und anzündet. Das Gefühl, in eine andere, fremde Welt eingetaucht zu sein, verstärkt sich noch in diesem Moment, da sich das Flackern der vielen kleinen Flammen in den schwarzen Augen der versammelten Gläubigen zu spiegeln beginnt. Eine Stimme erhebt sich zu monotonem Singsang. Es ist Quintin, der den Göttern seine Bitten vorträgt, während er sie mit dem roten Band Hu'un schmückt. Auch auf seine Tunika hat er inzwischen mit dem Saft der Früchte des K'uxu' Strauchs rote Kreise gemalt. Nachdem er den Göttern seine Bitten vorgesungen hat, steht der Patriarch auf, um mit einer großen Kürbisschale Balché aus dem Kanu zu holen. Vor allen anderen sollen die Götter den Geist des Balché empfangen. Dazu benetzt Quintin seine Finger mit dem heiligen Getränk und spritzt einige Tropfen davon in die Luft. Ein anderer aus der Runde macht plötzlich eine offenbar so witzige Bemerkung, daß alle laut zu lachen anfangen. Ein Schreck durchfährt Gertrude Duby bei dieser Respektlosigkeit, und sie wendet sich fragend Quintin zu. Aber der hockt schmunzelnd neben den Gott-Töpfen und füllt einige kleine Schalen mit Balché. Während er den Teilnehmern der Feier ihre Trinkschalen reicht, gibt auch er eine scheinbar wenig heilige Bemerkung zum Besten. So entspinnt sich vor den verständnislosen Augen der Besucher eine angeregte Unterhaltung. Erst als die fröhlich ausgelassene Stimmung das ganze Götterhaus erfüllt, fällt auch von den Fremden die respektvolle Verkrampfung ab. Denn die Götter scheint das Treiben genausowenig zu stören wie Quintin, wenn er von Zeit zu Zeit neues Copal anzündet und seine Bitten wiederholt. Zwischendurch bringt er auch den Frauen des Caribal immer wieder Balché und rote Bänder. Manchmal greift einer zur Flöte, um Quintin bei seinen Gebeten zu begleiten, die er selbst mit Rasseln und Tambourinen untermalt. So geht das rauschende Fest der Götter weiter, bis das Kanu geleert ist und die selig betrunkenen Männer sich auf den Heimweg machen.

Obwohl auch die Lacandonen-Frauen reichlich dem Balché zusprechen und oft genauso betrunken wie ihre Männer die Zeremonie verlassen, bleiben sie doch immer in ihrer kleinen Opferküche, in der die Speisen der Götter zubereitet werden. Nie betreten sie das Haus der Götter. Was für ein großartiger Vertrauensbeweis Quintins Aufforderung an Gertrude Duby war, selbst an der Feier teilzunehmen, merkt sie erst bei einem Besuch in Nahá.

Beim großen Donnerer Metzabok

Sie war schon einige Male bei dem T'o'ohil, dem spirituellen Oberhaupt von Nahá, dem weisen Chan K'in. Er ist im Kanu mit ihr hinaus auf den See gefahren und hat ihr die in der Sonne glitzernden und funkelnden Seerosen gezeigt. Er hat ihr auch von Don Alfredo, dem Anthropologen Tozzer, der um die Jahrhundertwende die Selva bereiste, erzählt, dem Fremden, dem er vor langer Zeit schon viele Geschichten und heilige Lieder vorgetragen hat. Und nun spricht er mit Gertrude Duby oft und lange über die Götter. Er erklärt, daß alle Götter ein Onen haben und daß die Götter des Himmels genau wie er selbst vom Onen Ma'ax sind, also zur Familie der Spinnenaffen gehören. Jeder Mensch geht mit einem Tier durchs Leben, und wer davon nichts weiß, hat bloß seine Familie vergessen. Gertrude Duby, so meint Chan K'in, nachdem sie ausführlich von sich selbst gesprochen hat, möge wohl aus der Familie Balums, des Jaguars, sein. Aber genau weiß auch er das nicht. Nur ein Ma'ax könnte sie kaum sein, denn die leben alle in der Selva. Aber auch andere Onen gibt es im Wald, wie K'ek'en, das Wildschwein. Auch der große Regenmacher Metzabok, der Gott des Pulvers, gehört zu dieser Familie. Er wohnt nicht weit von Nahá an einer anderen Lagune. An ihrem Ufer steht ein mächtiger Felsen. Dort lebt Metzabok in einer Höhle. Wenn die Menschen von Nahá zu ihm gehen, bringen sie Copal und Opferspeisen und bitten um seine Hilfe.

Natürlich möchte Gertrude Duby diesen geheimnisvollen, sagenumwobenen Ort einmal sehen. Aber Chan K'in winkt ab. Der Weg nach Metzabok ist weit, er muß viel arbeiten, denn der Tabak ist reif für die Ernte. Vielleicht würde Mateo sie begleiten? Chan K'ins alter Freund hat gegen ein wenig Abwechslung nichts einzuwenden, und so macht er sich mit der neugierigen Besucherin auf den Weg. Er bringt sie sogar im Kanu über den See und zeigt ihr den großen weißen Felsen des Regengottes, auf dem sie erstaunt alte Zeichnungen von Jagdszenen und die legendäre Hand der Mayas entdeckt. Die Angelegenheit wird so aufregend, daß Gertrude Duby ihren Begleiter sogar fragt, ob sie Metzabok in seiner Höhle besuchen dürfte. Mateo ist von dieser Idee zwar nicht gerade begeistert, aber er meint, sie könnte den großen Donnerer schon besuchen, wenn sie nur allein ginge.

Da der Wasserspiegel des Sees in der Trockenzeit merklich absinkt, muß sie den steilen Felsen ein gutes Stück hinaufklettern, bevor sie vor der Höhle von Metzabok steht. Sie findet Xikal-Bretter, auf denen noch etwas Copal klebt, und Gott-Töpfe, von denen einige, wie ihre Bemalung verrät, von Menschen des K'ek'en-Clans sein müssen. Und sie

Mateo aus Nahá vor der Höhle von Itzanok'uh

findet Totenschädel, auch einige Knochen. Was es damit auf sich hat, bleibt für immer im dunkeln.

Schließlich steigt sie wieder über die Felsen hinunter zum Seeufer. Dort macht sie eine unangenehme Entdeckung: Mateos Kanu ist verschwunden! Sie durchsucht das Ufergebüsch – nichts. Sie blickt über den See – nichts. Was kann sie jetzt tun? Am Ufer entlangzugehen ist unmöglich. Es gibt keinen Weg, und das Dickicht des Dschungels wächst bis in das Wasser hinein. Durch alle drei Seen von Metzabok, Itzanok'uh und Ts'ibatnah zurück bis zum Weg nach Nahá zu schwimmen – auch das ist unmöglich. Noch einmal sieht sie im Gebüsch nach. Vergeblich. Ratlos steht sie am Ufer des Sees, bis plötzlich hinter einem Felsvorsprung ein Kanu auftaucht. Darin steht paddelnd Mateo. Gertrude Duby ist zunächst einmal nur erleichtert, aber später fragt sie

Mateo doch, warum er sie allein ließ. „Nun", meint er, „niemand kann wissen, ob der große Donnergott Metzabok einer Frau erlaubt, in seine Höhle zu gehen. Er hätte sehr böse werden können. Vielleicht hätte er sogar einen Felsen losgerissen und in den See geworfen. Dann wäre ich bestimmt umgekommen, denn ich habe die Frau gebracht. Deswegen bin ich ein Stück von seinem Felsen fortgepaddelt. Aber Metzabok hatte nichts gegen deinen Besuch. Der Regenbringer mag dich sehr. Als ich das sah, bin ich zurückgekommen, um dich zu holen."

Nachdem Mateo seinen Bericht in Nahá wiederholt hat, sehen alle mit ehrlicher Bewunderung auf die fremde Frau, die die Zuneigung des mächtigen Metzabok genießt. Diese Frau kann nur eine Freundin der Wahren Götter sein. Und dann ist sie auch eine Freundin der Wahren Menschen.

Walzer und Verträge – das Ende einer Expedition

Nach Tagen und Wochen im paradiesischen Tropenwald, nach Abenteuern, Exkursionen und Gesprächen, mit neuen Erfahrungen und Erkenntnissen geht die erste Expedition der Regierung von Chiapas in die Selva Lacandona langsam ihrem Ende entgegen. Noch bevor der Expeditionsleiter Manuel Castellanos alle Indianer der Umgegend, trotz Streitereien und Zwisten, die sie untereinander haben, zu einem gemeinsamen Abschiedsfest einlädt, weiß Gertrude Duby, daß sie keinen Abschied für immer feiern wird. Zuviel gibt es noch zu entdekken bei den letzten Mayas des Regenwaldes, zu tief hat die Schönheit dieses Waldes sie beeindruckt, zu viele neue Freunde hat sie gefunden.

Diese Gefühle verstärken sich noch, als am letzten Abend des Aufenthaltes die Gruppen indianischer Gäste in Puna eintreffen. Dort hat Quintin seine ganze Siedlung für die Feier zu Verfügung gestellt. Kaum hat Petrona die Kochfeuer entfacht und begonnen, mit Töpfen und Backblechen zu hantieren, da treffen schon die ersten Tzeltalen ein. Die Männer tragen Hosen und Hemden aus weißer Baumwolle, die Frauen haben einen blauen Schal um die Schultern geschlungen. Dann kommen die Chamulas in ihren kurzen, weißen Hosen, nur ihre dicken Chamarros haben sie wegen der tropischen Hitze nicht angezogen. Und da sind schließlich auch die Lacandonen aus Nahá und von den anderen Seen, die Männer in ihren knielangen weißen Tunikas, die Frauen in roten und blauen Röcken. Petrona hat mindestens zehn Halsketten aus roten und grünen Steinen, aus bunten Samenkörnern, aus Muscheln, Tierzähnen und Papageienfedern angelegt. Die Besucher haben zum Fest Körbe und Netze voller Ananas, Tomaten und Bananen, Fleisch, Tortillas und Salz mitgebracht. Neben der grandiosen Vielfalt der indianischen Kostüme wirken die Expeditionsteilnehmer aus Mexiko und der Schweiz in ihren Khakihemden, Reithosen und Stiefeln eintönig und trist.

Nachdem die Frauen der Tzeltalen und der Lacandonen die vielen gemeinsam zubereiteten Speisen herangetragen haben, meint Quintin zufrieden kauend: „Bay – gut ist das Fest. Köstlich ist das Essen. Alle sind gekommen, um miteinander zu essen. Sie kamen von Xaman, dem Norden, von Nohol, dem Süden, aus Kilutalk'in, dem Osten, und Kilubink'in, dem Westen. Alle haben gegessen. Wirklich, ein gutes Fest."

Frau aus Oxchuc

Wie um diese Feststellung zu unterstreichen, bringt Don José aus seiner Hütte ein vorsintflutliches Grammophon, das er samt einiger Schellackplatten für 200 Pesos von einem Finquero erstanden hat. Nachdem er es mit der Kurbel aufgezogen hat, erklingt mitten im tropischen Regenwald der Strauß-Walzer „An der schönen blauen Donau". Da hält es Gertrude Duby nicht mehr auf ihrem Platz. Sie springt auf, nimmt den völlig überraschten Chamula Isidro bei der Hand, und unter dem Beifall aller Zuschauer und einem Zwinkern von Petrona führen beide in atemberaubenden Drehungen einen phantastisch-fremdartigen Tanz vor.

Am folgenden Morgen beschließen Quintin von Puna, Chan K'in, T'o'ohil von Nahá, und Don Manuel Castellanos, Vertreter der Regierung und des Gouverneurs von Chiapas, gemeinsam einen Vertrag zu schließen. Mit tropfender Feder wird auf einem von der Feuchtigkeit arg mitgenommenen Notizblock niedergeschrieben, daß niemand das

Recht hat, die Lacandonen in ihrem angestammten Siedlungsgebiet zu belästigen oder sie gar zu vertreiben, daß sie und die Regierung von Chiapas sich gegenseitig respektieren werden und zu künftiger Zusammenarbeit bereit sind. Als die Vertragspartner dieses erste offizielle Dokument in der Geschichte der Lacandonen zur Unterschrift prüfen wollen, taucht plötzlich ein Problem auf: Was heißt „Gouverneur“ auf Lacandón? Nach kurzer Überlegung hat Gertrude Duby eine Lösung gefunden. In Anlehnung an die spirituellen Oberhäupter der klassischen Mayas in Palenque und Yaxchilan erklärt sie den Gouverneur kurzerhand zum „Halach Winik“ der Ladinos. Unter Kopfschütteln, dem Zeichen des Einverständnisses, stimmen Quintin und Chan K'in dieser eigenwilligen Interpretation mit einem freundlich „Bay“ zu.

„Königin der Selva“

Mit dieser Expedition in die Selva hat nicht nur eine lebenslange Freundschaft zwischen Gertrude Duby und den Lacandonen begonnen, seit diesem abenteuerlichen Unternehmen werden auch immer neue Legenden um die „Eroberin des Dschungels“, die „Königin der Selva“ gesponnen. Gertrude Duby wird im Süden Mexikos nicht durch ihre Abhandlung über Gegenwart und Vergangenheit der Lacandonen bekannt. Es sind nicht ihre einprägsamen Photographien, worüber die Leute reden. Es ist sie selbst, die im Mittelpunkt immer neuer Geschichten und Gerüchte steht. In den vierziger Jahren spielen in Chiapas Radio und Zeitungen bei der Nachrichtenübermittlung eine eher untergeordnete Rolle. Viel wichtiger sind die Erzählungen des Piloten, der eine Ladung Chicle in einem Camp abgeholt hat, oder die Berichte der umherziehenden Händler. Wie ein Lauffeuer verbreitet sich da die Kunde, daß eine weiße Frau ganz allein, das heißt auf gut mexikanisch ohne Mann, bei den Wilden im Urwald war, bei diesen unzivilisierten Indianern, von denen niemand etwas Genaues weiß und die von allen mit einer Mischung aus Furcht und Mißtrauen betrachtet werden. Man spricht davon, daß Gertrude Duby wie ein Mann zu Pferde sitzt und wie der Teufel reiten kann. Manche meinen, daß sie den Dschungel besser kennt als die Caobafäller und Chiclesucher, die schon seit Jahren dort leben. Ob in einem Café in San Cristóbal, ob in einer Bar an der Pazifikküste oder am Lagerfeuer in einem Chiclecamp, überall wird von Doña Gertrudis gesprochen. Männer, die sie nie gesehen, aber viel von ihr gehört haben, stellen sich eine hochgewachsene, kräftige Amazone vor. Oft ist dann das Erstaunen groß, wenn sie die kleine, zierliche Frau treffen, der man ihr Alter von über vierzig Jahren nicht anmerkt und die auch in verdreckten Drillichhosen noch etwas von der unnachahmlichen Aura einer Dame hat. Die tollsten Abenteuer werden ihr angedichtet. Eine Zeitlang hält sich hartnäckig das Gerücht, daß sie eine heimliche Ehe mit einem Lacandonen führe. War nicht K'in Obregón, ein Lacandone aus Lacanhá und von mächtiger Statur, vierzehn Tage lang allein mit ihr in Bonampak?

Rendezvous in Yaxchilan

Doch der Dschungel hat eine ganz andere Ehe gestiftet. Nachdem die Regierungsexpedition in der Selva beendet ist, lebt Doña Gertrudis ein halbes Jahr in Ocosingo. Von hier aus unternimmt sie immer wieder Ausflüge, um ihre neuen Freunde im Urwald zu besuchen. Daneben recherchiert sie für Reportagen über die Arbeitsbedingungen in den Chicle- und Caobacamps. Das größte Ereignis in Ocosingo ist jedesmal die Landung eines Flugzeugs. Die Piloten bringen Post, Zeitungen, Medikamente, Nachrichten und Passagiere, die von Ocosingo aus zu ihren Unternehmungen in die Selva starten. Natürlich eilt auch Gertrude Duby jedesmal zur Landebahn, sobald sie das Brummen eines Flugzeugs vernimmt. Eines Tages zwängt sich aus der zweimotorigen Maschine ein blonder Mann. Gertrude Duby erkennt ihn sofort: Das kann nur der berühmte dänische Archäologe Frans Blom sein, der erste, der die Maya-Bauten Mexikos mit wissenschaftlicher Genauigkeit untersucht hat. Wie groß ist ihr Erstaunen, als Blom sie mit den Worten begrüßt: „Sie müssen Gertrude Duby sein." Also hat auch der Kenner der Selva schon von Doña Gertrudis gehört. Die Begegnung auf dem Flughafen von Ocosingo wird für beide zum Beginn eines gemeinsamen Lebens, gemeinsamer Abenteuer, gemeinsamer Forschung und Arbeit. Noch heute erinnert sich Gertrude Duby an alle Einzelheiten dieser ersten Zusammenkunft, an das handgewebte Chamulahemd, das er trug, an die Ledertasche, die über seiner Schulter hing, und natürlich an seine Augen. „Er hatte die blauesten Augen der Welt. Sie waren blau wie der Himmel."

Als Frans Blom ein paar Tage später zu seiner Expedition in den Urwald aufbricht, hat er mit Gertrude Duby ein Rendezvous ausgemacht. Sie wollen sich sechs Wochen später in Yaxchilan treffen. Aber was als romantisch-abenteuerliches Wiedersehen geplant war, endet fast in einer Katastrophe. Es regnet, wie es nur im Dschungel regnen kann. Das Wasser fällt in wahren Strömen vom Himmel. Die Maultiere kommen auf den schlammigen Pfaden kaum vorwärts. Obwohl Frans Blom und auch Gertrude Duby expeditionserfahren sind, können sie doch nicht verhindern, daß die Feuchtigkeit langsam ihre Kleider und Schlafsäcke durchdringt. Trotz aller Schwierigkeiten will Frans Blom unbedingt dem Hinweis eines Caobafällers auf eine noch nicht entdeckte Maya-Stätte folgen. Vielleicht findet er ein zweites Yaxchilan? Aber alle Hügel, die sie mühsam erklimmen, erweisen sich als schlichte Erdhaufen, unter denen sich nicht die Spur einer Ruine befindet.

Dennoch geben die beiden nicht auf, bis sie eines Tages Bloms Assistenten mit den Mauleseln am vereinbarten Ort nicht wiederfinden. Allein, nur mit der notwendigsten und doch schweren Ausrüstung versehen, machen sie sich auf den Weg zum nächsten Camp. Bald merkt Gertrude Duby, daß Frans Blom immer weiter hinter ihr zurückbleibt. Schweiß läuft über sein bleiches Gesicht. Nur mit Mühe hält er sich auf den Beinen und schafft es gerade noch, bis zu einer halb verfallenen Hütte zu kommen, die sich einmal Chiclesucher als primitiven Unterschlupf gebaut haben. Dort trifft ihn der Malariaanfall mit voller Wucht. Gertrude Duby macht sich erneut auf den Weg, um die Gegenstände zu holen, die sie zurücklassen mußten: die Hängematten und die spärlichen Reste des Proviants. Bei einbrechender Nacht watet sie durch den knietiefen Schlamm der schmalen Wege und wird dabei immer von der Angst um den von Schüttelfrost und Fieber gebeutelten Mann verfolgt. In der kleinen Hütte kocht sie die letzten Bohnen. Sie weiß nicht, was sie am nächsten Tag unternehmen soll, woher sie etwas zu Essen bekommen wird, wie sie den Weg zum nächsten Camp finden und wie sie den kranken Frans Blom dorthin bringen soll. Aber nach einer bangen Nacht trifft am nächsten Morgen der vermißte Begleiter mit frischen Mauleseln ein.

Später schreibt sie: „So lernte ich Frans Blom kennen. Und ich war dort im Dschungel gewesen, wo er am verlassensten und härtesten ist. Dies war die entscheidende Prüfung. Ich konnte dem Regenwald den Rücken kehren und schwören, daß ich diese tropische Hölle nie wieder betreten würde. Oder ich konnte mich in seine Schönheit und Einsamkeit verlieben und ihn zu einem Teil von mir machen. Für mich gab es kein Zögern. Der Dschungel mochte mich mit seiner trügerischen Herrlichkeit bezaubern, um sich im nächsten Moment wütend auf mich zu stürzen. Aber von diesem Augenblick an gehörten wir zueinander."

Am 24. Dezember 1944 erreichen Frans Blom und Gertrude Duby endlich das Chiclecamp El Cedro. Trotz Bloms Malariaanfall denken die beiden nicht daran, den Dschungel zu verlassen. Ein paar Wochen später ist Blom so weit genesen, daß sie zu dem ursprünglich vereinbarten Ort ihres Rendezvous' aufbrechen können, nach Yaxchilan. Ihr Weg führt sie durch den Urwald an das Ufer des Usumacinta. Von dort aus fahren sie mit einem Einbaum aus Mahagoni flußaufwärts. Stundenlang hocken sie in dem unbequemen Kanu und beobachten, wie langsam das aufgehende Sonnenlicht das Grün des Dickichts durchbricht und ein neuer Tag in der Selva beginnt. Am späten Vormittag erreichen sie endlich ihr Ziel. Aber vom Ufer aus betrachtet versteckt Yaxchilán sein Gesicht hinter dem natürlichen Schleier von Lianen, mächtigen Bäumen, Unterholz und Schlingpflanzen. Für fast jedes Photo von einem Tempel oder auch nur einem größeren Ausschnitt von Mauerwerk müssen Bäume gefällt oder Äste mit der Machete weggehauen werden. Yaxchilan gibt nur zögernd seinen ganzen Zauber frei: die

klaren Profile der Maya-Priester und -Krieger, ihren hochaufragenden, kunstvoll abgebildeten Kopfschmuck, die Darstellung eines kleinen Gottes, der als Zepter dient und dessen Fuß im Kopf einer Schlange ausläuft. Bewundernd stehen die Besucher vor den hochaufragenden, ziselierten Giebeln der Tempel, die, obwohl sie vollkommen überwuchert sind, den Bauwerken immer noch einen Hauch von schwebender Anmut verleihen. Frans Blom liebt Yaxchilan. In seinen Tagebüchern schreibt er: „Tikal ist majestätisch, Palenque ist schön, Copán zeugt

„Der Dschungel mochte mich mit seiner trügerischen Herrlichkeit bezaubern, um sich im nächsten Moment wütend auf mich zu stürzen. Aber wir gehören zueinander."
Gertrude Duby-Blom

von Stärke, Chichén Itzá hat mich kalt gelassen, und Uaxactun behielt ein Stück meines Herzens, aber Yaxchilan hat mich mehr als jede andere Maya-Stadt angerührt. Seine Lage und seine Gestaltung begeistern mich genauso wie die Feinheiten seiner Kunst." Auch Gertrude Duby verliebt sich in den „Ort des ersten Priesters". Aber mehr noch als von den Bauten ist sie von dem Brauch der Lacandonen fasziniert, diese längst verlassene Stadt nach all den Jahrhunderten immer noch zu besuchen und vor der kopflosen Statue Hachakyums zu beten.

Duby – Blom

Das Ende ihres Besuches in Yaxchilan ist auch das Ende ihrer ersten gemeinsamen Expedition, die so unglücklich begonnen und die Gertrude Duby und Frans Blom dennoch zusammengeführt hat. Im Herzen von Mexico City, in der Nähe des Chapultepec-Parks, nehmen sie sich eine kleine Wohnung, deren größter Vorzug eine Terrasse mit einem herrlichen Blick bis hin zum Monte Ajusco ist. Samstags und sonntags kann man hier die Sprachen aller Herren Länder hören. Gertrude Duby und Frans Blom führen trotz der Enge ihrer Wohnung ein offenes Haus. Archäologen und Anthropologen, Maler und Schriftsteller, Politiker und Ärzte, Mexikaner, Amerikaner und Europäer sind gerngesehene Gäste. Doch trotz des regen gesellschaftlichen Lebens und der damit verbundenen Abwechslung kehren Gertrude Duby und Frans Blom, wann immer sich eine Möglichkeit dazu bietet, nach Chiapas zurück. Nicht immer dienen diese Reisen archäologischen und anthropologischen Zwecken. Die beiden sind sich auch nicht zu schade, wohlhabende Touristen durch die Selva zu führen. Da sie als chiapas- und expeditionserfahren gelten, erhalten sie 1945 von Manuel Gamio, dem Leiter des Nationalen Indianerinstituts von Mexiko, einen ganz besonderen Auftrag: Sie sollen die Fliege Simulium ochraeum im Südosten von Chiapas suchen. Die Stiche dieses Insekts führen zur Erblindung des Betroffenen, sofern er nicht rechtzeitig ärztliche Hilfe erhält. Auf ihrer Reise quer durch den südöstlichen Teil von Chiapas, der sie von Huixtla an die pazifische Küste zu über viertausend Meter hohen Bergen führt, kommen sie schließlich in eine Siedlung mit dem Namen Unión Fronteriza. Von einem außerhalb gelegenen Hügel betrachtet scheint Unión Fronteriza ein Paradies zu sein, das alle tropische Schönheit in sich vereinigt. Überall blühen vielfarbige Orchideen, Apfelsinen und Limonen leuchten rötlichgelb und tiefgrün in der Sonne, Bananenstauden tragen riesige Fruchtstände, es gibt Kaffee- und Zuckerrohrplantagen, Hühner, Truthühner und sogar Rinder finden genügend Nahrung. Aber als die kleine Expedition in das Dorf reitet, findet sie die Hölle vor. Ihr erster Besuch gilt dem Bürgermeister, dem sie ihre Empfehlungsschreiben überreichen. Doch er hält die Papiere verkehrt herum, kann sie nicht lesen, da seine Erblindung schon zu weit fortgeschritten ist. Der Bürgermeister stellt ihnen die Schule als Quartier zur Verfügung, sie steht sowieso leer, denn die schlechtbezahlten Lehrer haben die Flucht vor dem Ort der Krankheit ergriffen, einem Ort, in dem es niemand gibt, der noch im vollen Besitz seiner Sehkraft ist. Die Stiche der Fliege verursachen einen Tumor, der, wenn er nicht entfernt wird, schließlich zur Blindheit führt. Auch die seltenen Besuche eines Arztes haben den Einwohnern von Unión Fronteriza nicht geholfen. Kaum waren sie operiert, wurden sie schon wieder aufs neue durch einen Insektenstich mit der Onchocercosis infiziert. Frans Blom und Gertrude Duby stehen diesem Elend vollkommen hilflos gegenüber. Sie haben zwar einen Fachmann für krankheitsverursachende Insekten bei sich, aber der ist kein Arzt. Am Ende dieser Reise treffen sie Menschen, die doppelt von Krankheit befallen sind. Sie sehen Gesichter, deren Augen nicht nur von einem Tumor zugeschwollen, sondern die auch von Elephantitis entstellt sind.

Als sie nach Mexico City zurückkehren, wissen sie, daß nicht nur die von Seuchen, Caobafällern und Chiclesuchern bedrohten Lacandonen, sondern alle Indianer in Chiapas Hilfe, Schutz und Unterstützung brauchen. Bei ihren Expeditionen in die Selva haben sie inzwischen nicht nur unter den Lacandonen Freunde gefunden. Nun bieten ihnen auch Tzeltalen und Tojolabalen ihre Gastfreundschaft an. Gertrude Duby und Frans Blom erleben, wie ihnen bereitwillig Maulesel zur Verfügung gestellt werden und wie man ihnen ohne Aufforderung frische Tiere anbietet. Tzeltal-Indianer kommen aus ihren Kolonien und bringen ihnen Mais und Bohnen, manchmal haben sie sogar für die fremden Gäste ein Festmahl zubereitet.

Abenteuerlust und die Suche nach etwas ganz Neuem hatten Gertrude Duby nach Chiapas geführt. Dieses von seiner Vielfalt geprägte Land bietet ihr immer wieder die Gelegenheit zu neuen Entdeckungen. Aber hier hat sie auch Freunde gefunden, Beziehungen geknüpft, die ein Leben lang dauern werden. Dennoch hält sie es nach Kriegsende für ihre Pflicht, wieder nach Europa zurückzukehren und noch einmal in die politischen Auseinandersetzungen einzugreifen. Sie fährt nach Deutschland, dem sie sich durch ihre Lebensgeschichte mehr verbunden fühlt als der Schweiz. Doch wo sie Leben, Wagemut und Spontaneität beim Aufbau des Sozialismus zu finden hoffte, begegnet sie nur den starren Regeln einer schnell wiederhergestellten Ordnung. Die Gesichter der Menschen in Ost-Berlin erscheinen ihr „grau wie die Mauern des Parteigebäudes“. Die Rückkehr in die Alte Welt und zu einer veralteten Politik droht zu einer persönlichen Katastrophe zu werden. Gertrude Duby, die in den Dörfern von Chiapas ganz andere Formen des Zusammenlebens kennengelernt hat, die erlebt hat, wie die Lacandonen jedem die größtmögliche Freiheit zubilligen, findet sich im Dschungel der Bürokratie nicht mehr zurecht. Ehemalige Mitkämpfer bieten ihr die Gelegenheit, in der sowjetisch besetzten Zone wieder politisch zu arbeiten. Sie schlägt dieses Angebot ebenso aus wie die Möglichkeit, die Leitung einer Landwirtschaftlichen Produktionsgenossenschaft zu übernehmen. Zutiefst enttäuscht reist sie nach Prag, wo sie ihre alten Freunde Egon Erwin Kisch und André Simon trifft. Doch diese Begegnung kann sie genausowenig in Europa halten wie ein Besuch in ihrem Geburtsland, der Schweiz. In dieser Situation wird für Gertrude Duby ein Brief, den sie von Freunden aus Mexiko erhält, ein Signal zum Aufbruch. Sie liest, daß Frans Blom zwei Orchideen für sie bereithält und ihr einen wunderschönen Ring gekauft hat. Ein Aufenthalt bei Bloms Familie in Dänemark wird zur letzten Station ihrer Reise durch Europa. Aber wirklich aufatmen kann sie erst, als sie an Bord des Frachtschiffes ist und in das Land und zu dem Mann ihrer Sehnsüchte zurückfährt.

Erinnerung an die Revolution
Ventura Garcia, Yautepex 1941

Petrona, Gertrude Dubys Freundin aus Chunk'unché

Vicente Chaqueta

K'in Obregón in den Ruinen von Lacanhá

Ein Junge aus Santiago

Ein Tzeltale aus Oxchuc

Kinder am Rande des Dschungels

Weberin in Santa Magdalena

In der Schule von San Juan Chamula

Der Rat der Alten
Huistan 1952

Männer in der traditionellen Tracht von Huistan

Santiago 1958

Im Reich des Jaguars

Gertrude Duby und Frans Blom heiraten in Mexico City. Kurz darauf ermöglicht ihnen eine kleine Erbschaft von Blom, einen langgehegten Traum zu verwirklichen: endgültig die Großstadt zu verlassen und ein Heim in dem Teil von Mexiko zu finden, der ihnen am meisten ans Herz gewachsen ist, in Chiapas. Sie kaufen ein altes, halbverfallenes Anwesen in San Cristóbal Las Casas, das seinen Reiz nicht nur durch seine idyllische Lage in einem grünen Tal des Hochlands und seine im warmen Licht der Nachmittage leuchtenden Bauwerke erhält, sondern dessen Bild vor allem durch die vielfarbigen Trachten der Indianer bestimmt wird, die täglich zu Hunderten aus ihren Dörfern kommen, um den Markt zu besuchen. Frans und Gertrude Blom nennen ihr neues Heim „Na Bolom". „Na" bedeutet in vielen Maya-Sprachen „Haus" und „Bolom" in Tzotzil-Maya „Jaguar". „Pancho Balum" heißt Frans Blom bei den Lacandonen im Urwald, aber weil das Tzotzil-Wort für Jaguar dem dänischen Namen Blom mehr gleicht als der Lacandón-Ausdruck, hat man sich schließlich auf den Namen „Na Bolom", „Haus des Jaguars", geeinigt. Nun leuchten schon seit Jahren zwei bunte Kacheln über dem Haupteingang, auf denen die kleine, verschmitzt lächelnde, schwarzgefleckte Wildkatze abgebildet ist, die zum Wahrzeichen von Na Bolom geworden ist.

Von Anfang an wollen die Bloms aus ihrem Haus kein privates Refugium machen, sondern eine Art wissenschaftliches Zentrum, in dem Fachleute aller Disziplinen über Chiapas arbeiten können. Frans Blom geht sofort daran, im größten Raum eine Bibliothek einzurichten, in der er nahezu alle Veröffentlichungen über dieses Land, seine Geschichte und seine Menschen sammelt. Die „Fray-Bartolomé-Bibliothek", wie sie nach jenem Dominikanerpater genannt wurde, der sich als einer der ersten für die Rechte der Indianer einsetzte, steht für jeden interessierten Benutzer offen und ist zu einer der umfassendsten Bibliotheken der Welt zu diesem Thema geworden.

Frans Blom wendet sich auch an verschiedene Universitäten und Institutionen mit der Bitte, ihn bei seiner Arbeit zu unterstützen. Er ist überzeugt davon, daß Archäologen und Anthropologen in Chiapas ein reiches Betätigungsfeld finden werden. Doch zunächst erhält er von den etablierten Wissenschaftlern, die zu dieser Zeit einer intensiven Feldforschung in Chiapas wenig Bedeutung beimessen, nur ablehnende Antworten. Erst 1957 entschließt sich die Harvard University zu einem großangelegten Forschungsprojekt, das sich mit der südlichsten Provinz Mexikos befaßt, und läßt in diesem Rahmen auch dem wissenschaftlichen Zentrum Na Bolom eine bescheidene, für die Bloms jedoch bedeutende Unterstützung zukommen.

Doch zuvor müssen sie erst einmal das heruntergekommene Gebäude bewohnbar machen. Von den zahlreichen Räumen, die sich um vier Innenhöfe gruppieren, hat kaum einer ein Fenster und mancher noch nicht einmal ein Dach. Es gibt kein einziges Badezimmer, überhaupt kein fließendes Wasser, kein elektrisches Licht, keinen Kühlschrank, kaum eine Heizmöglichkeit. In der Küche steht lediglich ein riesiger altmodischer Holzherd, der die Zubereitung der Speisen zu einem einzigen Abenteuer inmitten von Ruß und Qualm macht. Im hinter dem Haus am leicht ansteigenden Hang eines Hügels gelegenen Garten wachsen weder Früchte noch Gemüse. Ein dichter, verfilzter Teppich aus Unkraut hat hier alles überwuchert. Aber die Bloms haben auf ihren vielen Expeditionen gelernt, sich vor keiner Arbeit zu scheuen und praktische Probleme handfest anzugehen. Frans Blom verlegt Leitungen für Wasser und Elektrizität. Gertrude Duby macht aus dem verwilderten Garten eine durchdachte Komposition von Gemüsebeeten, Blumen, Obstbäumen und Nadelhölzern. Den trist aussehenden Patio schmückt sie mit Rosen, gelb- und lilablühenden Sträuchern und Dutzenden von Tontöpfen, in denen rote Geranien, die heiligen Blumen der Tzotzil-Indianer, wachsen. An den ockerfarben gestrichenen Wänden hängen bald die ersten schwarzen Eisenkreuze, Erzeugnisse der Ladino-Schmiede. Unbekümmert um Feuchtigkeit und Schimmel macht Gertrude Duby die Gänge des quadratischen Innenhofes zu einer Galerie, in der sie ihre Photographien zeigt. Nach und nach erhält so Na Bolom sein einzigartiges, unverwechselbares Gepräge und wird zu einem der Anziehungspunkte von San Cristóbal.

Die ersten Besucher kommen. Nachmittags veranstalten die Bloms eine Führung durch ihr Anwesen, die bei Kaffee, Kuchen und angeregten Gesprächen in der Bibliothek endet. Das Geld, das sie auf diese Weise verdienen, kommt wiederum dem Haus zugute. Aus zuvor unbewohnbaren Räumen entstehen anheimelnde Zimmer für Gäste. Viele Pläne, wie etwa der, in Na Bolom eine Art Sommeruniversität abzuhalten, schlagen fehl. Aber mit der Zeit spricht es sich doch herum, daß Na Bolom ein hervorragender Ausgangspunkt für wissenschaftliche Unternehmungen in Chiapas ist. Anthropologen und Archäologen werden genauso herzlich aufgenommen wie Biologen und Ärzte. Nicht nur sie, sondern auch Journalisten, Schriftsteller und Filmemacher, unter ihnen der berühmte François Reichenbach, erhalten von Frans und Gertrude Blom wertvolle Hinweise, Kontakte und Unterstützung für ihre Arbeit in Chiapas. Seit der Gründung von Na Bolom ist kaum ein Buch, das sich in irgendeiner Weise mit diesem Land befaßt, geschrieben worden, in dessen Vorwort nicht Frans Blom oder Gertrude Duby Blom für ihre Hilfe gedankt wird.

Als Frans Blom 1963 stirbt, führt seine Witwe das Haus in der gewohnten Weise weiter. Inzwischen hat das Haus zwölf Zimmer für Gäste, die jedem Reisenden offenstehen. Beim Mittag- und Abendessen präsidiert Gertrude Duby an der langen, hölzernen Tafel im Comedor, der mit seinen sechsunddreißig Plätzen die Größe eines Speisesaals, aber trotzdem die Gemütlichkeit eines Eßzimmers hat. Die perfekte Gastgeberin, die mindestens fünf Sprachen fließend spricht und ohne Stocken von Spanisch über Berner Deutsch in das Englische wechseln kann, ist stolz darauf, daß an diesem Tisch schon Menschen aus allen fünf Erdteilen miteinander gegessen haben.

Die verschiedenen Gästezimmer sind alle nach indianischen Gemeinden benannt, und jeder Raum vermittelt etwas von dem Charakter des Dorfes, dessen Namen er trägt. In „San Bartolomé" leuchten Vorhänge und Decken in den bunten, seidig glänzenden Farben, die dort von den Weberinnen verwendet werden. In „Mitontic" herrschen gedämpfte Töne und kleine Muster vor. Wer „Jatatė" betritt, dem wird sofort der vollständige Satz von Pfeilen ins Auge fallen, in dem weder ein Pfeil für Fische noch einer für kleine und einer für große Vögel oder einer für Affen und auch nicht der schwerste und dickste von allen, der für den Jaguar, fehlt. Daneben hängen in jedem Zimmer Photographien von Gertrude Duby, die sie in den jeweiligen Gemeinden aufgenommen hat. Und auf dem Tisch liegt neben einem Krug mit dem frischen, klaren Wasser aus San Cristóbal auch ein in handgewebtes Leinen gebundenes Buch, das nicht nur Auskunft über die Hausregeln und die Geschichte von Na Bolom gibt, sondern durch das der Besucher auch einiges über das Dorf erfährt, das seinem Zimmer den Namen gegeben hat.

So ist inzwischen das ganze Haus zu einem Museum geworden. In einem Raum sind Textilien und Gebrauchsgegenstände der Hochlandindianer zu sehen. Ein anderer ist ganz den Lacandonen gewidmet. Hier hat Gertrude Duby alles ausgestellt, was sie und ihr Mann auf ihren zahlreichen Expeditionen von den Lacandonen erhielten: Tonfiguren und seltene Musikinstrumente, Maismühlen und Pfeil und Bogen, Gott-Töpfe und Halsketten. Was die lebendige Kultur der Indianer von Chiapas betrifft, braucht Na Bolom einen Vergleich selbst mit dem berühmten Museum der Anthropologie in Mexico City nicht zu scheuen.

Für die heute in Lacanhá, Metzabok und Nahá lebenden Lacandonen ist Na Bolom mehr als nur ein Museum. Die ehemalige Hacienda ist zu einem Stützpunkt für ihre immer häufiger notwendigen Kontakte mit der mexikanischen Welt außerhalb des Dschungels geworden. Gertrude Duby Blom hat ihnen nicht nur im Garten ein eigenes Haus bauen lassen, auch sie selbst ist immer wieder eine verläßliche Hilfe, wenn es um Auseinandersetzungen mit Behörden oder den Besuch beim Arzt geht. So wurden Bibliothek und die Patios, das Büro der Hausherrin und die Gärten des Hauses zu einem Forum, zu einem Ort der Gespräche für die Lacandonen. Dort stellen Chan K'in Presidente aus Nahá und Enrique Bor aus Metzabok Überlegungen an, wie der Streit zwischen ihren beiden Gruppen geschlichtet werden könnte. Am Ka-

Fiesta der Hochlandindianer in San Pedro

min der Bibliothek diskutiert Chan K'in Terzero aus Lacanhá mit Gertrude Duby über eine Verhandlungsstrategie gegen die stillschweigende Duldung der Regierung immer neuer illegaler Siedlungen in der Selva. Aber wenn auch noch der junge Mateo aus Nahá mit Frau und Kindern kommt, um die kranke Schwiegermutter ins Hospital del Campo zu bringen, während Pedro K'ayum und K'in aus Lacanhá von einem Gespräch beim INI, dem Nationalen Indianerinstitut, zurückkommen und einige andere Pfeil und Bogen an die Touristengeschäfte in der Calle Real de Guadelupe verkaufen wollen, kann es sogar passieren, daß nicht einmal die sechsunddreißig Plätze an der langen Tafel im Speisesaal von Na Bolom für alle Besucher ausreichen.

Obwohl besonders die jungen Lacandonen ganz gerne für ein paar Tage dem harten Leben im Regenwald entkommen, bleiben sie meistens nur so lange, wie sie zur Regelung ihrer dringlichsten Angelegenheiten brauchen. Sie wissen sehr gut, daß die großzügige und hilfsbereite Doña Gertrudis ihnen auch mal eine gewaltige Standpauke hält, wenn sie sich zur sehr den Genüssen der Zivilisation, die sie mit Vorliebe abfällig-ironisch zur „Syphilisation" erklärt, hingeben. Anders als ehrfürchtige Anthropologen scheut sie sich keineswegs, einem würdevollen Maya in ihrer drastischen Art deutlich die Meinung zu sagen. Für sie gehören die

Indianer weder zum bewundernswerten Museumsinventar, noch sind sie Gegenstand romantisch-intellektueller Verklärung: für sie sind es einfach Menschen. Und die Lacandonen akzeptieren ihre ihnen völlig fremde Art, weil sie wissen, daß Gertrude Duby auch bereit ist, sich mit allen zur Verfügung stehenden Mitteln einzusetzen, wenn ihre Hilfe wirklich gebraucht wird. So wurde ihr Haus für Bor Yuk und seine Familie zeitweilig zur zweiten Heimat.

Chum Uitz – am Fuße des Berges

Vicente Bor Yuk, ein Mann von interessanter Erscheinung, in dessen tiefbraunem Gesicht sich Kraft und Entschlossenheit mit dem Minenspiel des naturbegabten Komödianten paaren, war ein Lacandone aus dem Gebiet des Jatatéflusses im südlichen Teil der Selva Lacandona. Im Jahre 1946 dringt Gertrude Duby auch in diese abgelegene Gegend im Herzen der Selva vor. Schon tagelang ist sie allein mit ihrem Maultiertreiber in einer unwegsamen, wenig erforschten Hügellandschaft unterwegs, als vor ihnen der Horizont allmählich weiter wird, bis sich die Ebene von San Quintín in ihrer ganzen tropischen Herrlichkeit ausbreitet. Es gibt keine Worte, um die paradiesische Schönheit dieser Landschaft, den unwirklich anmutenden Anblick der Lagune Miramar zu beschreiben. Im klaren Wasser des Sees, das im strahlenden Sonnenlicht azurblau erscheint, spiegeln sich zahlreiche kleine Inseln. Salzweiße Felsen werden von fremdartigen Schlinggewächsen überwuchert, zwischen denen sich eine unglaubliche Vielfalt von Orchideen ans Licht kämpft. Wie betrunken von diesem Anblick und dem Duft der Pflanzen reiten sie weiter am Jataté entlang, bis sie an der Mündung eines Baches auf eine Ansammlung indianischer Häuser treffen. Das muß Chum Uitz sein, was soviel heißt wie „am Fuß des Berges", die Lacandonensiedlung, von der Frans Blom erzählte und die Jacques Soustelle so beeindruckend beschrieben hat.

Aus der Menschengruppe, die sich inzwischen vor den Häusern versammelt hat, tritt ein im Vergleich zu anderen Lacandonen sehr großer und breitschultriger Mann heraus. Freundlich begrüßt er die Reisenden. Das ist die erste Begegnung zwischen Gertrude Duby und Vicente Bor, dem Mann, den sie viele Jahre später ihr Alter Ego nennen wird.

Schon bald nach ihrer Ankunft merkt Gertrude Duby, daß diese Lacandonen ganz anders sind als die in Nahá und Puna. So leben die Familiengruppen hier viel näher zusammen, ihre Siedlungen sind richtige kleine Dörfer. In dieser Gesellschaft sind die Frauen keineswegs so zurückhaltend, ja schüchtern wie im Norden. Sie warten nicht erst, bis der Mann sie ruft, sondern kommen von selbst, um die Besucherin zu begrüßen. Fröhlich und zwanglos beginnen sie in ihrer eigenen Sprache,

K'in Yuk, ein Lacandone aus dem Gebiet des Rio Jataté

eine – deswegen etwas einseitige – Unterhaltung, fragen, ob die Besucherin mit ihnen im Bach schwimmen möchte. Überhaupt scheint die Stellung des weiblichen Geschlechts in Chum Uitz eine ganz andere als im Norden zu sein: Ohne große Umschweife bietet Vicente Bor Gertrude Duby sein kleines, ehemaliges Götterhaus als Unterkunft für die Zeit ihres Besuches an.

Doch das ist keineswegs die einzige Überraschung, die sie erlebt. Bei ihrem ersten Besuch im Hause des greisen Anführers der Gruppe, Pancho K'in, fragt dieser, ob Hartures, wie er die Besucherin mit dem für ihn unaussprechlichen Namen nennt, auch K'ayum El Bravo kennt. Natürlich hat sie von dem berühmt-berüchtigten Anführer der Lacandonen von Los Zendales gehört, dessen Ruf als Krieger und Tyrann sogar bis nach Puna vorgedrungen ist. Aber selbst ihre Auskunft, daß El Bravo tot sei und sein Sohn José Pepe Chan Bor inzwischen friedlich in Lacanhá lebe, schafft keineswegs Beruhigung in der Runde.

Schon bei der Begrüßung war ihr die seltsame Ähnlichkeit der Sprache und des Aussehens dieser Lacandonen und derer von Lacanhá aufgefallen, die sie erst vor kurzer Zeit besucht hatte. Da sie aber die erste Forscherin ist, die beide Gruppen kennt, konnte auch ihre Lektüre darüber keinen Aufschluß geben. Erst im weiteren Verlauf dieses Gespräches wird ihre Vermutung zur Gewißheit: Die jetzt in Chum Uitz lebende Gruppe hat sich vor nicht allzu langer Zeit von der mächtigen Zendales-Gruppe getrennt.

Noch zu Anfang dieses Jahrhunderts gab es dort einen großen, intakten Stamm, der von Häuptlingen und Hohepriestern angeführt wurde. Die Ordnung dieser Gruppe kam erst ins Wanken, als der alte Häuptling Cerón starb, wie Pancho K'in nun berichtet: „Vor vielen Monden starben plötzlich viele Wahre Menschen, und auch die Affen fielen tot von den Bäumen. Weiße Männer kamen und fällten die Bäume des Waldes. Doch die Baumfäller starben nicht. Mit ihnen kam ein Mann, der sagte, er sei der Bote seines Gottes. Eines fremden Gottes, den er Jesucristo nannte. Zu dieser Zeit war der große Cerón schon tot. Und der fremde Bote sprach weiter: Mein Gott ist gut. Er tötet nicht, er heilt. Aber eure Götter sind böse, sie schicken Krankheit und Tod. Erst wenn ihr die Götter zerstört, die Gott-Töpfe zerschlagt und ihre Häuser verbrennt, wird es wieder besser werden. Dann wird der Gott Jesucristo euch allen helfen. Und K'ayum sagte: So wollen wir es tun. Er hat recht. Seine Leute leben, die Wahren Menschen sterben. Laßt uns werden wie die Weißen. K'ayum El Bravo war der Sohn von Cerón und der Bruder meiner Frau Na K'in. Sein Wort wog schwer. Aber ich sagte: Nein. Niemals wird der Fremde uns helfen. Hat nicht Cerón uns gelehrt zu opfern und zu beten, wie die Alten es taten? Hat er nicht erzählt, wie die Alten zum großen See gingen, wie sie mit den Göttern sprachen und ihnen Speisen brachten? K'ayum aber sagte: Du lügst! Ich bin sein Sohn, ich bin der Häuptling, und nichts hat Cerón, unser Vater, davon gesagt! Nach diesen Worten haben wir gekämpft. K'ayum El Bravo war sehr stark. Niemand kann ihn besiegen. Sogar wenn er gegen die Götter spricht, ist er noch sehr stark. So ging ich fort. Es gab nicht viele Menschen, die mir folgten. Nur der alte Joaquín und Feróns Tochter, meine Frau, und einige andere Menschen gingen mit uns. Wir sind weit gegangen, viele Monde lang, damit wir die anderen nie mehr sehen. Und schließlich kamen wir hier an den Fluß Xokla'. Und wir blieben, denn es ist nicht weit zum großen See. Hier sind wir nahe bei den Göttern."

Pancho K'in – der letzte Hohepriester

Diese kaum mehr fünfundzwanzig Menschen sind nach dem großen Streit mit der Lacandonen-Gruppe von Zendales durch die tiefe Überzeugung ihres spirituellen Oberhauptes Pancho K'in zum letzten Refugium der Götter im Süden der Selva Lacandona geworden. Gertrude Duby sieht den greisen Mann mit den warmen, dunklen Augen lange an. Das also ist der letzte Anführer und Hohepriester einer archaisch anmutenden Form der Maya-Religion. Der Mann, der allein über die genaue Einhaltung der alten Lebensregeln und religiösen Riten wacht und von dessen Zeremonien die ganze Gruppe abhängt.

Er betritt als erster das Haus der Götter und ruft nach K'in, dem

Herrn der Sonne. Mit seiner tiefen Stimme wiederholt er immer wieder die gleiche Folge kurzer, an- und abschwellender Töne: He-Ha-Re-Ra-Hoi-He-Ha-Ra ... Erst dann betreten seine Söhne K'ayum und Bor mit einigen Schalen den Tempel. Darin bringen sie Pozol, den die Frauen für die Götter zubereitet haben. Der Alte singt, auf dem Boden hockend, weiter. Sein Kopf ist zum Zeichen seiner Würde mit einem roten Band geschmückt. Nachdem die Jungen den Tempel wieder verlassen haben, gibt er den Gott-Töpfen von dem Pozol zu trinken. Würdevoll verneigt er sich in die Richtungen der vier Winde und beginnt erneut für die Götter zu singen: He-Ha-Re-Ra ... Schließlich entzündet er das heilige Feuer in den Gott-Töpfen. Nun dürfen auch die Söhne mit ihren Palmwedeln das Götterhaus wieder betreten. Während Pancho K'in weitersingt, schwenken sie die Palmenblätter im Rauch des heiligen Feuers.

Die ganze Zeit über stehen Frauen, Kinder und junge Männer des Dorfes vor dem Tempel und beobachten schweigend die Zeremonie des Patriarchen. Werden die Götter den alten Mann hören? Werden K'in, der Herr der Sonne, und seine Frau Akna, der Mond, ihm Zeichen geben? Wird der Pozol die Chakoob, die Herren über Donner und Blitz, besänftigen? So kreisen die Gedanken aller um die Götter und ihren Priester, bis dessen Söhne auch den Wartenden vom Pozol zu Trinken bringen. Währenddessen schaut der alte Mann weiter in die Flammen der heiligen Feuer und singt den Göttern unablässig sein He-Ha-Re-Ra ...

Das Oberhaupt der Lacandonen am Jatatéfluß legt in Zwiesprache mit ihren höchsten Göttern nicht nur den Zeitpunkt von Aussaat und Ernte fest, er bittet auch um Regen und das Gelingen der Jagdzüge, und er weist jedem Erwachsenen seinen Platz in der Gruppe zu. Pancho K'ins Aufgaben und Befugnisse sind so vielfältig und für die Menschen des Dorfes so lebensbestimmend, daß seine Position verblüffend an einen Halach Winik der Mayas erinnert, an eine längst versunken geglaubte Ordnung der Welt und der Menschen.

Als Pancho K'in irgendwann im Jahre 1947 stirbt, trifft das die Menschen in Chum Uitz wie ein Schock. Auch er hatte es zu seinen Lebzeiten versäumt, einen Nachfolger zu bestimmen. An seine Söhne K'ayum und Bor hatte er nur wenig von seinem religiösen Wissen, von seiner Kenntnis der Sterne weitergegeben. Einige Anweisungen für wichtige Zeremonien, wie den Balché-Tanz, wenige heilige Lieder – das war alles. Hielt er niemanden für stark genug, sein Nachfolger zu werden? Oder hatte er Angst vor einem Streit zwischen seinen Söhnen und Jorge K'in, dem dritten jungen Mann der Gruppe, einem Streit, der zu einer erneuten Spaltung und damit zum sicheren Untergang des kleinen Stammes geführt hätte? Wie all sein Wissen nahm er auch die Gründe für seine letzte und folgenreichste Entscheidung mit ins Grab.

In der Stunde seines Todes sitzen Pancho K'ins Söhne im Tempel.

Dumpf blicken sie aus verschwitzten, rußgeschwärzten Gesichtern in die Flammen der vor ihnen brennenden Gott-Töpfe. Seit Tagen haben sie ununterbrochen neue Palmenzweige über den heiligen Rauch des Copal gehalten und damit über den Körper ihres kranken Vaters gestrichen. Immer wieder haben sie allen Göttern Pozol gegeben, damit sie halfen, Pixan, die Seele des alten Mannes, zurückzuholen. Aber die Wayantekoob, die Herren der Winde des Himmels, haben sich nicht erweichen lassen. Vielleicht haben sie die Seele sogar Ha'naan Winik, dem Regengott, angeboten, aber auch der hat nicht geholfen. Sicher haben die Wayantekob die Seele nun wieder eingesperrt. Wird sie denn niemals zu Pancho K'in zurückkehren? Soll der Halach Winik wirklich sterben? Unaufhörlich kreisten ihre Gedanken um diese angstvollen Fragen, die sie allein noch wachhielten, zu immer neuen Opfern und Gebeten trieben. Aber nun sind Angst und Hoffnung der bloßen Erschöpfung gewichen. Was kann man noch tun? Wenn die Wayantekoob die Seele schon so lange haben, wird sie gewiß ihre volle Größe erreicht haben. Wenn sie sie nun aus ihrem Gefängnis holen, wird sie im Himmel bleiben, wird Pancho K'in sterben. Er wird wieder eins werden mit seiner Seele im Himmel, er wird es gut haben mit den himmlischen Jaguaren und den Wayantekoob. Und auch das Auge seiner Seele wird in Kisins Unterwelt nicht viel leiden müssen; er war immer ein guter Mann, der viel mit den Göttern sprach, aber auch viel auf seiner Milpa gearbeitet hat. So wird Kisin ihm Ruhe gönnen.

Aber was soll aus ihnen werden? Wie sollen sie mit den Göttern sprechen oder gar ihre Zeichen vernehmen ohne Pancho K'ins Hilfe? Was wird aus seiner Familie? Wer soll sie leiten? Nein, Pancho K'in darf nicht sterben! Bor schaut mit fiebrig glänzenden Augen kurz zu seinem Bruder. Er greift zitternd nach einem neuen Palmwedel, schwenkt ihn ein paarmal durch den Rauch, steht langsam auf und stolpert durch die Dunkelheit zur Hütte seines Vaters. In der stickigen Schwüle des Hauses hocken Pancho K'ins Frauen vor dem letzten glühenden Scheit des Feuers, dessen Rauch sich schwer auf Bors brennende Brust legt. Als er sich über die Hängematte des Vaters beugt, sieht er in dessen starre, gebrochene Augen. Seine Brust hebt sich nicht mehr, kein Atem kommt über seine farblosen Lippen.

„Bin u kah", sagt Bor mit tonloser Stimme. „Er ist schon gegangen. Er ist auf dem Weg zu Akna, der Herrin des Mondes. Mit den anderen Alten wird er sie nun vor den hungrigen Jaguaren des Himmels schützen, so wie er uns geschützt hat." Der Palmwedel entgleitet seiner Hand, leise weinend bringen die beiden Frauen etwas Holzkohle, die sie unter der Hängematte ausbreiten, während Bor die Augen des Alten zudrückt. Pancho K'in, der letzte Halach Winik der Mayas von Chum Uitz, ist tot.

Früh am nächsten Morgen gehen Bor und K'ayum zum Götterhaus. Dort fegen sie den Boden, stellen die Gott-Töpfe fort und bedecken sie mit Palmenblättern. So kann ihnen Kisnin, die umherwandernde Seele des Toten, nichts anhaben. Dann graben sie abseits des Dorfes im Dschungel mit Jorge K'in ein Loch, über dem sie mit Ästen und Palmenblättern ein Dach errichten. Nachdem das Grab fertig ist, gehen sie zurück zum Hause Pancho K'ins.

Dort haben die Frauen den Leichnam zurechtgemacht, ihn angekleidet und ihm Tortillas, Pozol und Chili in die Hängematte gegeben. Die Männer legen schweigend die Waffen des Toten, Machete, Bogen und Pfeile, dazu, bevor sie ihn in seiner Hängematte, die sie an einer langen Stange festgeknüpft haben, aus dem Haus tragen. Von nun an erklären sie jeden ihrer Schritte. „Paß auf, Tet, mein Vater, wir heben dich über einen Ast, und dort ist ein Baumstumpf. Wir werden nicht stolpern." Sobald sie das Grab erreicht haben, schieben sie den langen Pfahl unter das kleine Dach, so daß der Leichnam nicht den Boden berührt, sondern wie im Leben sanft schaukelnd in seiner Hängematte liegt. Sie schließen schnell den Zwischenraum zwischen dem Palmendach und dem Loch mit anderen Ästen, auf die sie Erde werfen, wofür sie sich immer wieder entschuldigen. „Sei nicht böse, Tet, daß ich Erde auf dich werfe. Ich tue es nur, um dich vor den Jaguaren und den wilden Schweinen zu schützen. Vergib meine Unachtsamkeit, lieber Tet!" Eine der Frauen schüttet nun die Asche vom Feuer der letzten Nacht auf den Hügel und setzt eine Puppe darauf, die genau wie der Tote nach Osten blickt, so daß er K'in, die Sonne, am Morgen sehen kann. Und schließlich zündet Bor ein kleines Feuer auf dem Grab an. Das soll ihn, wie Tortillas und Pozol, auf dem langen Marsch zum Himmel begleiten, aber auch Kisnin zeigen, wo das Grab ist, damit die umherwandernde Seele nicht in den Häusern sucht und die Lebenden erschreckt.

Die Trauer am Grab des von allen verehrten Hohepriesters hat die Gruppe von Chum Uitz noch ein letztes Mal vereint. Bor, der älteste Sohn Pancho K'ins, hat nicht die Kraft und die Autorität, seine Gruppe zusammenzuhalten. Schon seit einigen Jahren war der Boden in Chum Uitz immer schlechter geworden. Schlingpflanzen und Dornengestrüpp überwucherten die Milpas, auf deren steinigem und sandigem Boden kaum noch etwas wuchs. Zwar gab es einige provisorische Hütten und gerodete Lichtungen für eine neue Siedlung in der Ebene von San Quintín, aber Pancho K'in hatte immer davor gewarnt, zu weit von der großen Lagune der mächtigen Götter fortzuziehen. Aber nun wird die Lage der Menschen in Chum Uitz, ohne die Anweisungen und Ratschläge ihres erfahrenen Oberhauptes, bald unerträglich: Kurz nachdem einige Männer anfangen, neue Milpas zu roden und das herausgeschlagene Unterholz zu verbrennen, kommt der große Regen und ertränkt die Flammen, so daß das Dickicht die neuen Lichtungen undurchdringlicher überwuchert als zuvor. Aber kaum haben sie sich entschlossen, trotz allem neuen Maissamen in den Boden zu legen, hört der Regen auf, und in der flimmernden Hitze der Trockenzeit verbrennt die Sonne die kleinen Maispflanzen. Obwohl alle diese Lacandonen im tropischen Regenwald geboren und aufgewachsen sind und sie den Wechsel von Regen- und Trockenzeit Jahr für Jahr erleben, ist es ihnen ganz und gar unmöglich, ohne die Zeichen der Götter, unabhängig von der Hilfe ihres Glaubens, die Natur zu begreifen, ja sogar die Vorboten der Jahreszeiten zu erkennen.

Und eben diese lebensnotwendige Hilfe der Götter ist ihnen seit dem Tode Pancho K'ins versagt, die Zeichen, die er noch zu lesen verstand, bleiben ihnen rätselhaft und unerklärlich. Wie oft Vicente Bor auch zu den beiden Gott-Töpfen seines Vaters betet, der es sogar versäumte, ihn zu lehren, wie neue angefertigt werden, K'in und Akna erhören seine Bitten nicht; sooft er Pozol im großen See opfert, die Götter bleiben stumm, die Zeichen der Natur unentschlüsselbar.

Katastrophe am Jataté

Auf einer großen Expedition durch die Selva Lacandona kommt Gertrude Duby 1950, vier Jahre nach ihrem ersten Besuch, wieder an den Río Jataté. Dort trifft sie, abseits vom heiligen See, einen ausgemergelten Lacandonen in zerfetzten Kleidern, der kaum noch an den kraftvollen, selbstbewußten Bor vergangener Zeiten erinnert. Zuerst war er mit seiner Gruppe noch an jener verfluchten Lagune Miramar geblieben, an deren Ufern vor langer Zeit schon einmal viele Menschen Tod und Verderben gefunden hatten; damals, als die Fremden in den Steinkleidern mit Blitz und Donner über sie herfielen, wie der alte Pancho K'in erzählte. Doch auch nachdem sie weit weg vom See an diesem Fluß eine neue Siedlung gegründet haben, ist das Leben nicht besser geworden. Noch immer gibt die Erde den Menschen keinen Mais, und Bor hat Angst, daß seine kleinen Söhne elend verhungern müssen.

Schon bald muß Gertrude Duby erkennen, daß sie allein angesichts dieser fatalen Situation so gut wie nichts ausrichten kann. Einige Säcke Bohnen und Mais, Trockenfleisch und Salz, die ganzen Lebensmittelvorräte ihrer Expedition, sind hier nicht einmal ein Tropfen auf den heißen Stein. Denn auch davon wird die Erde nicht besser, bekommt die Gruppe keinen neuen Halt. Trotzdem weiß sie nur zu gut, daß sofort etwas geschehen muß, sollen diese Menschen nicht wirklich verhungern. Von einem nahen Chiclecamp aus, das über eine Landebahn für die kleinen Flugzeuge verfügt, die den Kaugummirohstoff aus dem Dschungel hinaustransportieren, bereitet Gertrude Duby kurz entschlossen eine Hilfsaktion für die Lacandonen am Jataté vor.

Kaum ein Pilot startet mehr ohne einen Bittbrief von Doña Gertrudis an die Honoratioren von San Cristóbal und Tuxtla Gutierrez. Und nur wenige kommen zurück ohne einen Sack Mais, Bohnen, Zucker oder Salz. Aber den Lacandonen fehlt es an mehr: an Baumwolle für neue

Kleider, an Medikamenten, Werkzeug und Saatgut. Für all das können die wenigen gut betuchten Kaufleute und Politicos von Chiapas nicht allein aufkommen.

Deshalb schreibt Gertrude Duby in allen großen Zeitungen des Landes flammende Artikel über die „letzten zwanzig vom Hungertod bedrohten Lacandonen am Jatatè". Als auch der angesehene „Impacto", eine der größten Zeitungen der Hauptstadt, ihren Appell veröffentlicht, entschließt sich endlich auch die Regierung zu schneller Hilfe. Flugzeuge mit Lebensmitteln und Saatgut, Werkzeugen und Waffen landen bei dem kleinen Chiclecamp tief im Dschungel. Die unmittelbare Gefahr des Hungertodes ist zunächst gebannt.

Aber die Fortführung der traditionellen Lebensweise ist ohne ein über das notwendige spirituelle Wissen und persönliche Ansehen verfügendes Oberhaupt unmöglich. Und die Alternative einer anderen, pragmatischeren Lebensweise ist nicht in Sicht. Dafür ist der alte Glaube an eine schicksalhafte Bestimmung der Menschen und der Natur zu tief in diesen Menschen verwurzelt. Diese Orientierungslosigkeit führt immer häufiger zu Auseinandersetzungen, die ein Zusammenleben der Lacandonen am Jatatè langsam unmöglich machen.

Die Götter hören auf die Lieder und die Gebete Bors genausowenig wie die Menschen auf seine Reden, mit denen er hilflos versucht, die Gruppe zusammenzuhalten. Unter den ersten, die die Siedlung verlassen, ist auch seine Frau Na Bor. Gemeinsam mit einigen anderen geht sie zu einem Lager, das die Chicleros Las Margaritas nennen. Dort kommen sie alle nach kurzer Zeit auf mysteriöse Weise ums Leben. Es heißt, sie seien an der Malaria gestorben. Aber Bor ist davon überzeugt, daß die Chicleros sie umgebracht haben.

Wie gelähmt hängt Bor seinen trübsinnigen Gedanken nach. Immer wieder kreisen sie um zwei Fragen: Wie kann er die Götter besänftigen? Wie kann er die Menschen am Jatatè von ihrem Fluch befreien, der auf ihnen zu liegen scheint, seit sein Vater Pancho K'in gestorben ist? Er findet einfach keinen Ausweg, es gibt nicht den kleinsten Hoffnungsschimmer. Und als auch seine zweite Frau mit ihrem gerade geborenen Kind stirbt, flieht er mit seinen Söhnen K'in und K'ayum in wilder Panik zu der Finca El Real. Dort findet ihn Gertrude Duby im Jahr 1952 auf einem Stück Land, das der Finquero dem melancholischen Indianer zur Verfügung gestellt hat.

Sofort begreift sie, daß es hier für Bor keinen neuen Anfang geben kann. Allein, isoliert von der gewohnten Umgebung des Waldes und seines Volkes wird Bor auf der Finca nur noch tiefer in seine Hoffnungslosigkeit versinken. Und sie spürt, daß die beiden Kinder ihre Hilfe so dringend benötigen wie Bor selbst. Deshalb schlägt sie ihm vor, mit nach San Cristóbal Las Casas zu kommen, um mit seinen Söhnen fürs erste bei ihr und Frans Blom in Na Bolom zu bleiben. Dankbar nimmt Bor das Angebot der Freundin an.

Bor Yuk mit seiner Frau Margarita und seinem jüngsten Sohn K'ayum

Aber sie bekommen schon bald nach ihrem gemeinsamen Aufbruch von El Real zu spüren, daß es im Hochland keine Lösung für die Probleme des Mannes aus dem Regenwald geben kann. Als sie in dem Tzeltalendorf Cancuc übernachten wollen, jagen das fremdartige Aussehen des wilden „Caribe“ und seine merkwürdige Sprache den Tzeltalen einen solchen Schreck ein, daß sie glauben, es mit einem „brujo“, einem bösen Zauberer, zu tun zu haben. Nur Gertrude Dubys langjährige Bekanntschaft mit dem Gemeindevorsteher bewahrt die Reisenden davor, noch vor Einbruch der Dunkelheit den Ort verlassen zu müssen.

In San Cristóbal Las Casas erwartet Vicente Bor ein ähnliches Schicksal. Kaum tritt er einmal aus der gastfreundlichen Welt von Na Bolom hinaus, um ein wenig durch die Straßen der Stadt zu gehen oder über den Markt zu streifen, begegnen ihm die Indianer aus Chamula oder Zinacantán – Mayas wie er selbst – mit ängstlichem Mißtrauen oder gar offener Feindseligkeit. Er bleibt allein und unglücklich. Es scheint für den einsamen Mann, der in seiner Nachdenklichkeit und Tristesse immer mehr zu einem Alter Ego für Gertrude Duby wird, keine andere Chance zu geben, als noch einmal mit den Menschen am Jataté einen neuen Anfang zu versuchen. Doch es dauert noch Monate, bis Gertrude Duby eine Möglichkeit findet, mit Vicente Bor und seinen Kindern in den Dschungel zurückzukehren. Dort entdecken sie erst nach längerer Suche den Rest der Gruppe, die ihre Siedlung wieder einmal verlassen hat, in der Nähe von San Quintín. Vorsichtig abwartend bleibt Bor neben den mit Lebensmitteln und Baumwollstoffen hochbepackten Mulis stehen. Doch die Begrüßung des Heimkehrers fällt unerwartet herzlich und freundlich aus. Die anderen Männer helfen ihm, ein Haus zu bauen und eine Milpa anzulegen. Und schließlich bekommt er sogar die kleine Margarita zur Frau. Das bildschöne Mädchen ist zwar fast noch ein Kind, doch sie lernt schnell, sich im Haus zurechtzufinden und für Bors Söhne, wenn auch keine Mutter, so doch wenigstens eine gute Freundin zu sein.

Diese wenigen glücklichen Momente, die selbst Bor wieder zuversichtlich stimmen, sind nur allzu schnell vorbei. Schon bald nach Gertrude Dubys Abreise beginnen mit dem harten Alltag auch wieder die gereizten Streitereien in der Lacandonensiedlung bei San Quintín. Immer häufiger entwickelt sich aus einem nichtigen Anlaß ein handfester Krach: sinnlose Konflikte, die nicht selten anmuten wie die letzten Lebenszeichen einer Gemeinschaft von Menschen, die zu keiner anderen Äußerung mehr fähig sind. Immer weniger halten sie den nervenaufreibenden, ständig neu aufflackernden Zwist aus, der jedesmal spürbarer den Keim einer vollständigen Auflösung der Gruppe in sich trägt. So leben nur noch elf Lacandonen in der Siedlung, als Gertrude Duby in der Regenzeit des Jahres 1958 zurück an den Jataté kommt.

Der sonst so paradiesisch anmutende Wald in der Ebene von San Quintín versinkt nun in Morast und Schlamm, der wie eine dicke, zähe Kaugummimasse bei jedem Schritt an Stiefeln und Hosen kleben bleibt und die Kleidung in kurzer Zeit in eine zentnerschwere Last verwandelt. Riesige Tropenbäume ächzen unter der alles durchdringenden Nässe, und einige werden von Wind und Wasser wie ein morscher Holzspan umgeknickt. Deshalb entschließt sich Gertrude Duby, die von ihr geleitete Reisegruppe schon einen Tag früher als vorgesehen in das inzwischen verlassene Chiclecamp von San Quintín zu führen, dessen noch brauchbare Hütten wenigstens einigermaßen Schutz vor den Naturgewalten bieten.

Von dort geht sie allein zu der nahen Lacandonensiedlung, wo sie Vicente Bor in heller Aufregung antrifft. Hastig erzählt er von dem furchtbaren Streit zwischen ihm und Jorge K'in, mit dem zusammen er noch vor kurzer Zeit dieses neue Lager aufgebaut hat. „Jorge will mich töten! Er kommt mit der Machete in mein Haus. Margarita und die Kinder haben solche Angst. Sie sind in den Wald geflohen. Er will uns alle umbringen!" Gemeinsam gehen die beiden zu Jorge, um ihn zur Rede zu stellen. Aber dort beginnt die Auseinandersetzung nur von neuem, und die Lacandonen brüllen sich an, bis die zierliche Frau energisch einschreitet und die Streithähne übertönt. Niemand kann sich mehr vorstellen, wie dieser Streit überhaupt noch geschlichtet werden könnte, bis Bor schließlich meint, auch wenn er selbst es nicht will, müsse er mit der Familie hier weg, fort von den anderen. Darauf bietet Gertrude Duby ihm erneut an, ihn und seine Familie am nächsten Tag im Flugzeug nach San Cristóbal mitzunehmen, wo sie bis zur Lösung des Problems in ihrem Haus bleiben können. Aber sie will niemanden beeinflussen, die Familie soll selbst entscheiden.

Enttäuscht und fassungslos setzt sie sich unter das Vordach von Bors Hütte und starrt in die triefendnasse, graue Landschaft. Was ist nur aus diesen Menschen geworden? Wehmütig denkt sie an die Zeit ihres ersten Besuches in Chum Uitz zurück, als sie mit Na Bor fröhlich zum Schwimmen ging, als Pancho K'in zu Ehren des Balché tanzte wie ein Betrunkener und ihr an der großen Lagune die Tunich, die heiligen Ruinen, zeigte.

Da setzt Vicente Bor sich schweigend neben sie. Der Regen hat für einen Moment aufgehört. Durch die tiefe, graue Wolkendecke bricht die Nachmittagssonne, die wie eine pralle, reife Orange über dem Horizont hängt. Nebelschwaden steigen zwischen den tropfnassen Bäumen auf. Ohne sich umzuwenden, sagt Bor mit vor Traurigkeit bebender Stimme: „Trudi, siehst du den Wald dort drüben. Das ist mein Wald! Schau mal, der Guacamaya." Auf einem nur wenige Meter entfernten Baum schüttelt ein Ara die Nässe aus seinen bunten Federn. „Das ist mein Vogel! Und die Milpa da, das ist mein Feld, ich habe es gerade bepflanzt. Nein, ich will nicht fort! Aber die Kinder ..."

Bald darauf gehen sie zum Schlafen ins Haus. Gertrude Duby liegt in ihrer Hängematte, ohne ein Auge zu schließen. Nur wenige Schritte weiter hockt Bor mit seiner Frau bei einem dramatischen Gespräch, dessen Inhalt sie nur zu gut kennt, auch ohne jedes Wort zu verstehen. Am morgen ist die Entscheidung gefallen: Die Familie will mit nach San Cristóbal. Hektisch packen sie einige wenige Sachen zusammen, denn in dem kleinen, altersschwachen zweimotorigen Flugzeug ist kein Platz für Macheten, Werkzeug und Tiere. Die Kinder wollen ihren Hund nicht zurücklassen. Also wird auch er noch in das Kanu verfrachtet, das alle zum Flugfeld bringen soll. Für Gertrude Duby ist darin längst kein Platz mehr. So geht sie eilig zu Fuß hinunter zu dem alten Chiclecamp, wo wenig später auch Bor, Margarita und die Kinder bepackt mit ihren Habseligkeiten eintreffen. Traurige Flüchtlinge im eigenen Land.

Obwohl der Pilot sein Flugzeug mit der Erfahrung und Vorsicht des alten Buschfliegers, der sich mehr auf seine Augen und Ohren verläßt als auf Karten und Kompaß, auf die Grasnarbe setzt, bleibt es im knietiefen Morast stecken. Mit vereinten Kräften wird die Maschine aus dem Dreck gezogen und unter Flüchen und Protesten des Flugzeugführers mit der Ausrüstung der Reisenden und dem Gepäck der Indianer beladen. Mit viel Geschick und noch mehr Glück bringt der Pilot sein ächzendes und in allen Fugen krachendes Gerät zum Abheben. Bei seinem ersten Flug hält Bor ängstlich Trudis Hände, und der kleine Hund kotzt sich bei all dem Schütteln und Rütteln die Seele aus dem Leib.

Der Aufenthalt in San Cristóbal wird für Vicente Bor, trotz aller Sorge und Gastfreundschaft der Bloms, auch diesmal zu einer fürchterlichen Erfahrung. Während die Kinder und Margarita in der Schule damit beschäftigt sind, Lesen und Schreiben zu lernen, hockt er trübsinnig, beinahe apathisch im Patio von Na Bolom. In der Stadt versteht kaum jemand sein eigentümliches Spanisch, bei dem er ständig „l" und „r" verwechselt. Wenn er es dann mit seinem Maya versucht, erntet er nicht selten wütende Beschimpfungen. Und auf dem Markt lachen Chamula-Frauen den hilflosen „Wilden" mit seinen langen Haaren und dem komischen „Nachthemd" höchstens aus, wenn er etwas kaufen will. Die groteske Sinnlosigkeit seiner Versuche, in der fremden Welt der Ladinos zu leben, werden dem intelligenten Mann so klar, und sein nagendes Heimweh wird so stark, daß er sich trotz allem entschließt, mit seiner Frau Margarita an den Jataté zurückzukehren.

Als er endlich in San Quintín ankommt, hat die zerrüttete Gruppe sich noch weiter dezimiert. Jorge K'in und einige andere sind willig der Einladung des Missionars Philip Baer nach Lacanhá gefolgt, der es kaum erwarten kann, neue Indianer unter seine Fittiche zu bringen. Nur Pedro K'ayum lebt mit seiner Familie noch in der Nähe des Geschwisterpaares Chan Bor und Na Bor, deren Zusammenleben für Vicente Bor ein Frevel an der Ordnung der alten Götter ist, mit dem er nichts zu tun haben will. So läßt er sich ein wenig abseits nieder und beginnt eine neue Milpa anzulegen, um nicht ganz und gar in Verzweiflung und Depressionen zu versinken. Manchmal holt er seine zwei alten Gott-Töpfe aus ihrem kleinen Verschlag, der nur noch entfernt an die Götterhäuser seiner Väter erinnert, und ruft mit der Muschel nach K'in und Akna, um ihnen sein Leid zu klagen. Die junge Margarita versteht den Trübsinn ihres Mannes schon lange nicht mehr. Wenn er überhaupt etwas sagt, dann nur zu diesen merkwürdigen Göttern, von denen sie nichts weiß. Als der attraktive und fröhliche Pedro K'ayum sich entschließt, nach Lacanhá zu ziehen, um dort mit den anderen zu leben, zögert sie keinen Moment, mit ihm gemeinsam Bor und San Quintín für immer zu verlassen. So bleibt auch Bor keine Wahl mehr. Ein Lacandone kann nicht allein ein Feld bebauen, jagen und sein Haus versorgen, denn als Mann hat er niemals gelernt, Mais zu mahlen und daraus Tortillas herzustellen. Vicente Bor weiß, daß auch sein letzter Versuch, nach der Tradition der Nukuch Winik - seiner seligen Vorfahren – zu leben, gescheitert ist. Die Gruppe der Lacandonen am Río Jataté ist endgültig Geschichte geworden.

Was soll aus Vicente Bor Yuk werden, dem letzten Diener der alten Götter an der Lagune Miramar, dem übriggebliebenen Zeugen einer verschwindenden Kultur? In seiner alten Heimat tief im Dschungel hat er allein mit seinen kleinen Söhnen keine Chance. In der fremden Welt der Hochlandindianer wird er immer zu einem trostlosen Dasein als isolierter, unverstandener Außenseiter verdammt sein. Und unter den Ladinos von San Cristóbal gibt es für den „Wilden aus dem Urwald" erst recht keinen Platz.

So bleibt die einzige noch möglich erscheinende Lösung der Versuch, auch Bor Yuk mit Gertrude Dubys Hilfe in die Siedlung von Lacanhá zu integrieren. Dieser Idee steht allerdings, neben anderen Schwierigkeiten, vor allem der alte Zwist entgegen, an dem die Gruppe von Zendales schon einmal auseinanderbrach.

Götter sterben nicht

Nachdem K'ayum El Bravo, wie der katholische Missionar, den alten Göttern die Schuld an der Gelbfieber-Epidemie bei Lacanhá gegeben hatte, von der Gertrude Duby durch den alten Pancho K'in an der Lagune Miramar gehört hatte, waren tatsächlich alle Gott-Töpfe und Götterhäuser dort zerstört worden. So kostete das Fieber nicht nur das Leben vieler Wahrer Menschen, sondern auch das der alten Götter. Aber bei einem ihrer ersten Besuche in Lacanhá trifft Gertrude Duby dort ältere Leute, wie Bor Pancho Villa und K'ayum Laguna, die noch viel von der alten Religion wissen. Auch mit einer Frau, María Na K'in, spricht Gertrude Duby oft über ihren Glauben. Dabei hört sie viele alte, religiöse Lieder, die in zarter Poesie die Pflanzen und Tiere des Waldes und deren Bedeutung besingen. Ganz beiläufig erzählt die alte Frau, daß ihr Sohn K'ayum Carranza, mit dem sie zusammenlebt, auch zwei Götterhäuser hat. Aber um sie zu besuchen, soll doch besser erst K'ayum um Erlaubnis gefragt werden. Der stimmt ihrer Bitte, gleichgültig seinen Kopf schüttelnd, zu. So machen sich die beiden Frauen in der stockfinsteren, mondlosen Nacht auf den Weg. Nachdem sie K'ayums Milpa durchquert haben, stolpern sie über den dunklen, engen Pfad durch den schlafenden Urwald. Nur ein Nachtvogel schreit. Da bleibt Na K'in plötzlich stehen. „Hier ist es!" Aber Gertrude Duby

Vor dem Missionsangriff durften auch die Frauen in Lacanhá rauchen

vermag nicht die Spur eines Götterhauses auszumachen, dessen hohes Palmendach man selbst in dieser Dunkelheit erkennen müßte. Sorgfältig leuchtet sie noch einmal mit ihrer flackernden Petroleumlampe in die dunkle Nacht. Dabei fällt ihr auf, daß sie offensichtlich auf einer kleinen Anhöhe stehen, vielleicht auf dem Hügel der überwucherten Ruine eines alten Tempels. „Hier lebten K'u'ilyantekoob in ihrem Haus aus Stein", sagt Na K'in und fügt wie entschuldigend hinzu: „Vater Cerón K'ayum hatte viele Götter, er wußte viel, nein, er kannte alle Götter. Aber als Vater starb, vor vielen Monden, wußten die Jungen nichts mehr, da gab es keine Götter mehr bei uns."

Selbst diese letzten Reste des Glaubens an die alten Götter sind inzwischen der unermüdlichen Erziehungsarbeit des Missionars Philip Baer zum Opfer gefallen. Denn wer ihm gläubig folgt, kommt von Zeit zu Zeit genauso in den Genuß seiner reichhaltigen Lebensmittelvorräte wie seiner Medikamente. So wurde auch das Oberhaupt der Lacandonen in Lacanhá ein treuer Gefolgsmann des neuen Gottes Jesucristo und seines Dieners Baer.

Wie wird Bor, der immerhin noch im festen Glauben an die alten Maya-Götter aufwuchs, damit fertig werden? Wie soll er eine Frau finden, ohne die er auch in Lacanhá nicht existieren kann.

Nach langen vermittelnden Gesprächen erklärt sich José Pepe Chanbor bereit, den Mann aus Chum Uitz in seine Gruppe aufzunehmen. Er will ihm schließlich sogar helfen, in seiner neuen Heimat eine Frau zu finden. Bis er sich ein eigenes Haus gebaut hat, soll er zunächst im Camp von Gertrude Duby in Lacanhá wohnen. Aber José Pepe Chanbor lädt ihn gleich am ersten Abend in sein Haus ein. Sie essen zusammen und reden die ganze Nacht über die Zeiten, als sie noch Kinder waren, über Leute, die sie beide kannten, aber auch darüber, was sich geändert hat in der Selva und bei den Menschen.

Das Eis scheint gebrochen, der alte Streit begraben zu sein. Nachdem Bor sein Haus fertig hat, bekommt er zwei junge Frauen, und schließlich übersiedeln auch seine Söhne K'in und K'ayum nach Lacanhá. Er ist in die neue Gruppe integriert, aber K'in Yuk sagt später einmal von seinem Vater: „Er ist ganz anders geworden in Lacanhá. Als ich ein kleiner Junge war, erzählte er mir vom Pelotespiel, das die Alten mit einem Gummiball spielten. Er wußte viel von den Göttern, auch von den Geistern der Unterwelt. Einmal hat er mir erklärt, daß wir bei einer Mondfinsternis ein Baumhaus bauen müssen, um weit genug von ihnen entfernt zu sein. Aber in Lacanhá sprach er niemals über diese Dinge. Er war zu traurig."

Missionierungsangriff auf Nahá

Das Christentum hat sich in Zentralamerika vielfach zu einer Schule der Rebellion im Kampf der Armen für Land und Freiheit oder einfach ums Überleben entwickelt. Aber wo es heute noch auf vorspanische Formen indianischen Lebens und Glaubens trifft, da erscheint auch wieder die brutale Tradition der Conquista, die sich niemals scheute, im Namen des christlichen Gottes zu plündern, zu brandschatzen und zu morden. Diese grausame und rücksichtslose Seite der Missionsarbeit offenbart sich seit 1944 in der ganzen Selva Lacandona. Seit dieser Zeit versucht der „Bibelübersetzer" Philip Baer oder Don Felipe, wie die Indianer ihn nennen, alle Lacandonen unter die Fuchtel seiner Religion zu bringen.

Zu Beginn seiner Arbeit gibt er sich freundlich, aufgeschlossen und interessiert an der Lebensweise der Lacandonen. In der Nähe ihrer Siedlungen baut er sich eine einfache Hütte, versucht ähnlich wie sie im Urwald zu leben und ihre Sprache zu lernen. Er zeigt ihnen auch neue Arten des Gartenbaus und hilft ihnen mit Medikamenten aus. Je größer dadurch sein Einfluß auf die Menschen wird, desto intoleranter und unnachgiebiger versucht er sie auf seinen Glauben festzulegen. Nachdem ihm das auf Grund jenes eigenartigen religiösen Vakuums in Lacanhá am schnellsten und umfassendsten gelungen ist und der Anführer der Gruppe, José Pepe Chanbor, sein Helfer wurde, erscheint dieser eines Tages in Nahá. Ganz allein, läßt er sich direkt neben den Hütten des alten Chan K'in nieder.

Der alte Mann, der bisher noch jeden der unbeholfenen und taktlosen Missionierungsversuche in seiner Gruppe schon im Ansatz zum Scheitern verurteilt hat, kann sich zuerst nicht vorstellen, was Chanbor von den seltsamen „langen Tunikas", wie er nicht ohne Ironie die Menschen aus Lacanhá bezeichnet, die ihre alten Götter vergessen haben, ausgerechnet hier bei ihnen will. Daß Chanbor gekommen ist, um ihre Wahre Sprache Hax T'an zu lernen, wie er selbst sagt, glaubt er jedenfalls nicht. Und Mateo meint mit einem spöttischen Augenzwinkern: „Du kannst doch sprechen, wenn auch etwas komisch. Und wie man Cucarachas brät, wißt ihr bestimmt auch. Also was willst du von uns noch lernen?" Chanbor sieht sich in die Enge getrieben. „Ich möchte einfach bei euch sein. Don Felipe hat mich jedenfalls nicht geschickt!"

Das also war der wahre Grund. An Felipe, der schon lange nicht mehr nach Nahá gekommen war, hatten sie gar nicht gedacht. Nach ihm hatten sie nicht gefragt. Chanbor sieht keine andere Möglichkeit mehr als den Angriff und beginnt wortreich mit der Darlegung seines neuen Glaubens. Das ist allerdings das letzte, wovon Chan K'in sich beeindrucken ließe. Zu viele Leute haben schon versucht, ihn mit diesem seltsamen Gott der Ts'ul, der weißen Fremden, bekanntzumachen. So erklärt er nun auch Chanbor mit seiner ruhigen, tiefen Stimme seinen Glauben. Nur wenn er von den Missionaren spricht, scheinen die Worte wie Donnergrollen aus seinem Innersten hervorzubrechen. Und damit kommt er zum Ende seiner Rede: „Wenn du weiter nichts willst, kannst du ruhig zu den langen Tunikas zurückkehren!"

Chanbor weigert sich, diesen Rat des T'o'ohil anzunehmen, und bleibt weiter in Nahá. Da sieht der alte Chan K'in keine andere Möglichkeit, als seinen Sohn Chan K'in Presidente nach San Cristóbal zum INI zu schicken. Vielleicht kann auch Doña Gertrudis etwas gegen den lästigen Eindringling unternehmen. Als sie kurze Zeit später tatsächlich mit Chan K'ins Sohn in Nahá ankommt, spüren sie schon auf dem kleinen Flugfeld, wo eines der abenteuerlichen Chicleflugzeuge sie absetzt, die Spannung, die über der ganzen Siedlung zu liegen scheint, seit auch der Missionar vor wenigen Tagen hier eingetroffen ist.

Da Chanbor und Don Felipe der Einladung Chan K'ins zu einem Gespräch nicht folgen wollen, macht er sich eben mit seiner Freundin Trudi in der Begleitung anderer Männer von Nahá auf den Weg zu der neuen „Missionsstation". Als die Gruppe das Haus betritt, begrüßt Philip Baer zunächst seine alte Bekannte: „Señora, como ..."

„Laß doch den Quatsch, Phil", entgegnet Gertrude Duby gereizt. „Wir haben uns immer geduzt, also was soll jetzt der Schmus!"

Darauf nimmt Baer seine Bibel und liest seelenruhig eine Stelle vor, die er in die Sprache der Lacandonen übersetzt hat. Dann fragt er die Männer von Nahá einen nach dem anderen, ob sie Chanbor nicht doch bei sich behalten wollen. Alle lehnen dieses Ansinnen entschieden ab. Sofort beginnt der Missionar von neuem zu beten und Bibelsprüche vorzutragen. Da platzt Gertrude Duby der Kragen: „Phil, jetzt hör doch auf mit diesem Unsinn. Ihr wißt sowieso, was in der Bibel steht, und die Leute hier wollen davon nichts hören. So kommen wir doch nicht weiter."

Aber der Gottesmann liest unbeirrt weiter. Kopfschüttelnd lassen die Männer von Nahá die Eindringlinge stehen. Erst ein offizieller Regierungsvertreter kann Don Felipe und Chanbor dazu bewegen, sich bei Chan K'in zu entschuldigen und das Gebiet endgültig zu verlassen. Baer ist über diese von Gertrude Duby initiierten Maßnahmen so empört, daß er sich in einem Brief an sie darüber beschwert und mit dem Bibelzitat schließt: Du sollst nicht mit dem Propheten hadern. Da sich in der umfangreichen Bibliothek von Na Bolom aber auch eine Bibel findet, kann die so Beschuldigte mit gleicher Münze zurückzahlen. Sie schreibt: „Lieber Phil, ich will zwar nicht nachtragend sein, aber du solltest einmal über eine andere Stelle in der Bibel nachdenken, die da lautet: Versuche nicht den Splitter im Auge des anderen zu finden, wenn du den Balken im eigenen nicht siehst."

Wahlverwandtschaften

Weniger durch solch spektakuläre Aktionen, als durch ständige Kontakte, durch Besuche und lange Gespräche vertiefen sich im Lauf der Jahre Gertrude Dubys 1943 begonnene Beziehungen zu den Lacandonen im Norden der Selva. Vor allem zu den Menschen in Nahá entwickelt sie ein Verhältnis, das weit über wissenschaftliche und journalistische Interessen hinausgeht und in dieser Art bis heute einzigartig ist. Wenn sie aus San Cristóbal zu ihrem Lager in dem dichten Dschungelgürtel direkt an der Lagune von Nahá kommt, das die Lacandonen nur wenige Minuten von ihrer Siedlung entfernt in der Art ihrer eigenen alten Häuser gebaut haben, dann findet sie meistens getrocknetes Feuerholz, einige Früchte und manchmal auch frische Blumen auf dem Tisch in der Küchenhütte.

Und spätestens am Nachmittag, zur Zeit der „social hour" im Urwald, kommt der alte Mann von Nahá, der T'o'hil Chan K'in. Man hört seine nackten Füße nicht auf dem lehmigen Dschungelpfad, und auch im hohen Alter übersteigt er noch so geschickt umgefallene Bäume oder abgebrochene Äste, daß kein Knacken ihn verrät. So bemerkt sie ihn erst, wenn er im Schatten des Vordaches langsam und bedächtig, fast als würde er seine Worte sorgfältig wählen, sagt: „Buenas tardes, Trudi!" Die gelungene Überraschung mit glänzenden Augen genießend, schüttelt er lachend seine wild gelockten schwarzen Haare, in denen sich auch heute noch nicht eine graue Strähne findet. Es mag sein, daß er nicht der schönste Lacandone ist. Aber die tausend Falten, die Regen und Sonne tief in seine Haut geschnitzt haben, verleihen seinem freundlich lachenden Gesicht gerade in diesem Augenblick einen unwiderstehlichen Charme. Vielleicht sind es auch Erfahrung und Wissen, die dem alten Mann seine unvergleichliche Ausstrahlung geben. Wer ihn nicht vom ersten Moment an mag, muß ein Mensch ohne Gefühle sein!

Die beiden geben sich nur kurz die Hand, sie brauchen keine großartigen Umarmungen, um einander ihre Zuneigung zu bezeugen. „Chan K'in, mi padre!" Ja, Gertrude Duby nennt den nur wenig älteren Chan K'in wirklich „Vater". Und er nennt sie „Mutter". Was zuerst so seltsam erscheint, ist nichts anderes als der schlichte Ausdruck ihrer Gefühle füreinander, in denen Liebe und Respekt innig verbunden sind. Stundenlang unterhalten sich die beiden über alte Zeiten und neue Probleme in Nahá. Dabei sitzt Chan K'in selbstverständlich in einem klapprigen Faltstuhl aus der Zeit der ersten Tropenexpeditionen, den Gertrude Duby nur zu diesem Zweck noch jedesmal mitbringt, während sie selbst gemütlich in einer der letzten in Nahá noch vorhandenen traditionellen Hängematten schaukelt, die die Lacandonenfrauen früher aus den Fasern gegerbter Baumrinde geflochten haben.

Chan K'ins Sohn K'ayum Ma'ax ist meist schon lange vor seinem Vater in dem versteckten Lager. Er war es, der vor Gertrude Dubys Ankunft das Feuerholz gehackt, die Küchenhütte aufgeräumt und die Blumen gepflückt hat. Er ist fest davon überzeugt, zu spüren, wenn sie in der Selva unterwegs nach Nahá ist, auch wenn sie sich nicht vorher angekündigt hat, und er weiß, wie sehr sie die täglich frischen Orchideensträuße von Frans Blom vermißt. Gertrude Duby liebt den jungen Indianer, dessen Zeichnungen und Aquarelle von Dschungelszenen viele Wände in Na Bolom schmücken, wie einen Sohn. Und mehr noch: Sie sieht in ihm den Erben und möglichen Nachfolger seines Vaters. Anders als die meisten jungen Leute in Nahá interessiert er sich nur wenig für Autos und die übrigen Attraktionen der westlichen Zivilisation. Selbst wenn er in Na Bolom zu Besuch ist, hat er schon nach wenigen Tagen wieder Sehnsucht nach dem Wald und dem See von Nahá. Und er hat die Legenden und heiligen Lieder seines Vaters nicht nur gehört, sondern auch verstanden und behalten. Seine Intelligenz, seine Phantasie und die Stärke seiner Persönlichkeit sind für Gertrude Duby der einzige Hoffnungsschimmer, daß die Kultur der Lacandonen vielleicht doch nicht zum Untergang verdammt ist, daß die Menschen von Nahá nicht das gleiche Schicksal erwartet wie die Leute von Chum Uitz am Jataté.

K'ayums Mutter Koh kommt nur selten in das Lager am See. Das sagt mehr als vieles andere etwas über die Rolle und die Position der Frau in Nahá aus. Und so geht Gertrude Duby eben zu ihr, wie sie schon Kohs Großmutter Petrona in Puna besuchte. Die mittlere Frau des alten Chan

Koh aus Nahá

K'in, die auch im Alter noch den natürlichen Charme und die grazile Schönheit einer eleganten Nofretete des Urwalds besitzt, ist ganz und gar das weibliche Pendant ihres Mannes. Aus ihrer Zurückhaltung spricht weniger Scheu oder gar Schüchternheit als vielmehr ihr ausgeprägtes Selbstbewußtsein. Sie gehört schließlich zu den vier Frauen, die das Götterhaus des T'o'ohil von Nahá betreten dürfen, wenn dort in tagelangen Zeremonien die heranwachsenden Jungen und Mädchen rituell in das Leben der Erwachsenen eingeführt werden. Dieses Privileg ist ihr keineswegs durch ihre Verbindung zu Chan K'in zugefallen, sie hat es vielmehr allein durch ihr persönliches Ansehen erworben. Und soweit die Situation und die Sitten ihres Volkes es zulassen, steht die wichtigste und einflußreichste Frau in Nahá ihrer Freundin Trudi auch in Temperament und Witz nicht nach.

So hat die Erziehung ihrer Großmutter Petrona zu der Zeit, als Koh noch die jüngste Frau des Patriarchen Quintin in Chunk'unché war, tatsächlich reiche Früchte getragen. Erst nach Quintins Tod kam Koh nach Nahá, wo schon ihre Großmutter Petrona als Schwester Chan Kins geboren war und ihre Mutter Nuk inzwischen mit Mateo zusammenlebte.

Aber nicht nur Koh und ihre Mutter hatten Chunk'unché verlassen. Auch die anderen zogen an die Lagunen von Metzabok oder Ts'ibatnah, „dem Bemaler der Häuser", seit sich in der Gegend des Monte Libano immer mehr Chicleros, Kolonisten und sogar Viehzüchter breitmachten. Wie alle anderen, hatte auch der Vertrag von Puna aus dem Jahre 1943 den Indianern nicht die Rechte zu garantieren vermocht, von denen darin die Rede war. Die Lacandonen, die nie Verträge gekannt hatten, konnten sich nicht vorstellen, Abmachungen zu brechen. Die Weißen dagegen wissen aus jahrhundertelanger Erfahrung, daß alle Verträge früher oder später gebrochen werden. In der Selva Lacandona brachen sie sie früher und gründlicher als in anderen Fällen.

Als Chan K'in die schöne Koh zur Frau nahm, machte er damit seinen jüngeren Freund Mateo zu seinem Yum, seinem Schwiegervater, dem nach der Tradition Ehre und Gehorsam zusteht.

Allerdings änderten auch die alten Regeln nichts an der Position Chan K'ins, und es gab nie einen Zweifel daran, daß er der T'o'ohil bleiben würde.

Der T'o'ohil ist keineswegs ein Hohepriester und noch weniger ein Häuptling, wie es ihn in Chum Uitz gegeben hatte. Er hat keine Macht über andere Gruppenmitglieder. Allein die Achtung vor seinem Wissen und seinen spirituellen Fähigkeiten verleiht ihm Ansehen und eine gewisse Autorität. Diese Achtung gilt vor allem seiner Person und ist daher nur wenig von den sich in der kleinen Gruppe schnell ändernden Verwandtschaftsverhältnissen abhängig. Auch das Alter spielt nur eine geringfügige Rolle. So war es, nachdem Chan K'in durch seine klugen Argumente und sein Wissen um die alten Traditionen dem Anthropologen Alfred Tozzer schon zu Beginn dieses Jahrhunderts aufgefallen war, zwanzig Jahre später in Nahá keine Frage, daß dieser junge Mann der Nachfolger des alten Oberhauptes werden sollte. Keiner verstand es wie Chan K'in, mit den alten Göttern zu sprechen und sie gnädig zu stimmen. Keiner konnte wie er in der Stellung der Sterne des Himmels und in den Bildern der Träume wie in einem geschriebenen Buch lesen. Sogar ältere Männer baten um seine Hilfe bei ihren Zeremonien, Missionare verzweifelten an der Macht seines Glaubens, und vier Generationen von Anthropologen profilierten sich durch seine Informationen.

Kein Wunder, daß dem alten Mann dies alles manchmal einfach zuviel wird. Dann erzählt er wißbegierigen Interviewern in seiner verbindlichen und freundlichen Art mit vergnügt funkelnden Augen irgendwelche Geschichten, die ihm gerade so einfallen. Oder er nimmt einem Anthropologen das Mikrophon des Tonbandgerätes aus der Hand, und anstatt dessen ewige wissenschaftsbeflissene Neugier zu befriedigen, läßt er, in einer Umkehrung ihrer gewöhnlichen Rollen, den Forscher nun zu seiner Unterhaltung ein Lied singen.

Aber trotz aller störenden fremden Einflüsse, die mehr noch als mit Anthropologen und Touristen über Transistorradios und die neuen Straßen durch den Dschungel bis Nahá vordringen, läßt der alte Chan K'in sich kaum in seiner gewohnten Lebensweise beirren. Er weiß sehr gut, daß schon ein kurzer, heftiger Tropenregen die neuen Wege unpassierbar machen kann, daß die Natur und die Götter noch längst nicht aller Macht über K'ax, ihren Dschungel, beraubt sind.

Chan K'in Viejo – T'o'ohil von Nahá

Noch immer bestimmen Sonne und Sterne, Regen und Mond als Boten der Götter das Leben der Lacandonen von Nahá. Deswegen opfern sie in den überlieferten Formen der Maya-Religion neben Balché und Tamales ihre eigene Zeit und Kraft. Sie tun das in einem Ausmaß, das jeden lauen Christgläubigen erschauern lassen würde. In ihrem Glauben haben Arbeit und Ritual, körperliche Anstrengung und Kontemplation einander vollständig durchdrungen. Es ist für sie unvorstellbar, ein Feld zu bebauen, ohne immer wieder die Götter um ihre Zustimmung zu bitten.

So beginnt Chan K'in nicht einfach eine neue Milpa zu roden, wenn im November Noh K'in, die große Sonne, den Anbruch der trockenen Zeit des Jahres verkündet, die man in Nahá allgemein Tikin Na', die »trockenen Mütter«, nennt. Zuerst opfert er den Göttern Weihrauch und Balché und erklärt in seinen alten Liedern, daß er nur deswegen Bäume und Unterholz ihres Waldes schlagen wird, weil er seine Familie ernähren muß. Dafür muß er ein Feld anlegen, und er bittet sie, ihm ein Stück ihres Dschungels zu überlassen. Erst danach wagt er es, mit seiner

Machete das Unterholz herauszuschlagen und die Bäume zu fällen, die seiner neuen Milpa im Weg sind. Dazu kerbt er die großen Bäume in einer langen Reihe so weit ein, daß sie alle, sobald der erste ächzend und krachend umfällt, mitgerissen werden wie die Steine eines Dominospiels. Was sich so einfach, weil gut durchdacht, anhört, ist das Ergebnis tagelanger harter Arbeit, bei der sogar einem erfahrenen Machetero die Hornhaut an den Händen aufplatzt, wo der Griff des Buschmessers lange, blutige Striemen hinterlassen hat. Die steinharten Luftwurzeln der tropischen Bäume, die erst in großer Höhe in den eigentlichen Stamm übergehen, erfordern es manchmal auch heute noch, die wackeligen Gerüste aus Ästen und Lianen aufzubauen, die schon B. Traven in seinem Buch „Trozas" beschrieben hat. Wer nicht versteht, beim Schlag geschickt sein Gleichgewicht zu halten, fällt unweigerlich in das Dornen- und Schlingpflanzengestrüpp des Unterholzes.

Schon im April verkünden hohe Wolkentürme oft das nahe Ende der Trockenzeit. Chan K'in beobachtet besonders genau die Sterne und den Himmel und bittet die Götter um einen windstillen, ruhigen Tag. Nur dann kann er das inzwischen auf der Lichtung getrocknete Holz abbrennen, ohne den benachbarten Wald zu gefährden. Sobald mit den ersten klatschenden, dicken Tropfen die vielen Monde des Regens beginnen, sät der alte Mann mit einem einfachen Grabstock den Mais aus, so wie es Akinchob den Alten zeigte, als die Götter vor langer Zeit den Wahren Menschen die Pflanze ihrer eigenen Nahrung schenkten. Der stetige Wechsel von Sonne und Regen läßt die kleinen Pflanzen so schnell emporschießen, daß sich die kurze Zeit später gepflanzten Bohnen an ihnen hochranken können. Ha'hakna', der Regen-Regen-Mond, zeigt Chan K'in im September an, daß die Maisstauden abgeknickt werden müssen, damit die großen Kolben bis zur Ernte im November an der Pflanze trocknen können. Männer, Frauen und Kinder pflücken sie dann gemeinsam und bringen sie in großen Netzen zur Vorratshütte der Siedlung.

Noch bevor die Menschen erstmals in den Genuß des köstlichen, frischen Gemüses kommen, bringt Chan K'in Tamales, Pozol und Tortillas, die heiligen Maisspeisen, die seine Frauen in der Opferküche zubereitet haben, in das Haus der Götter. Dankbar gibt er den ersten Mais zurück an Hachakyum und Xk'ale'ex, an Metzabok, K'ak' und die anderen Götter, die ihm zu der guten Ernte verholfen haben.

Die Sterne, der Mond und die Wolken, die alle verschiedenen Göttern gehören und sie in ihrer himmlischen Form darstellen, haben ihn bei seiner Arbeit geleitet, haben die Wahren Menschen vor Hunger und Tod bewahrt. Weder Straßen noch Radios haben ihnen jemals zu genug Mais verholfen. Deshalb hält der alte T'o'ohil weiterhin mehr von den Sternen der Götter als von den zweifelhaften, neuen Errungenschaften, von denen Händler und Geschäftemacher ihnen das große Glück versprechen. Das heißt aber nicht, daß der weise Mann so ignorant wäre, alles Neue und Fremde einfach abzutun und zu verdammen.

Er scheut sich keineswegs, die Wirkung moderner westlicher Medikamente gegen Malaria, Zahnschmerzen oder Schlangenbisse, die bis zum heutigen Tage noch immer häufigste Todesursache in Nahá, anzuerkennen. Nach einer heftigen Leberattacke, während derer Gertrude Duby ihn mit einem Medikament ihres damaligen Reisebegleiters Armin Haab behandelte, gesteht er ihr: „Deine Medizin und die Gebete meiner Leute haben mich gerettet. Ohne deine Medizin und ohne die Hilfe unserer Götter wäre ich jetzt tot."

Natürlich glaubt er, daß die Götter den Wahren Menschen helfen. Aber er glaubt auch an die Hilfe der Medizin der weißen Ts'ul. Es erscheint ihm nur gerecht, daß Akyantho', der Gott der Fremden und Verursacher aller schweren Krankheiten, den Weißen nicht nur die Krankheiten, sondern auch die Medizin zu ihrer Heilung gab. Wie viele Indianer denkt er, daß die Medikamente der Weißen gut für die bloße Behandlung einer Krankheit sind, während ihre eigenen Riten dem an ihr leidenden Menschen auch seelisch helfen. So läßt er sich bereitwillig mit Gertrude Dubys Mitteln behandeln, während er seinerseits versucht, sie vor ihr fremden Gefahren zu schützen, indem er für ihre Gesundheit in der heiligen Balché-Zeremonie betet. Denn obwohl Chan K'in die westliche Medizin schon lange kennt und als selbstverständlich akzeptiert, glaubt er doch, daß für das Leben der Wahren Menschen im Urwald von ihrer Geburt an die Hilfe und das Wohlwollen der Götter lebenswichtig sind.

K'ayum Ma'ax

Schon lange sind die Zeiten der Nukuch Winik, der seligen Vorfahren, vorbei, deren Frauen ein Kind nicht selbst gebären mußten, sondern es von den Göttern aus der Ceiba oder aus einer Papayafrucht empfingen. Aber auch heute noch wird Akna'eex, die große Mutter, die Frau des Wahren Gottes Hachakyum, jeder Frau bei der Geburt ihres Kindes helfen, wenn der Mann sie inständig darum bittet.

Auch Koh hofft inständig auf die Hilfe von Akna'eex, als eines morgens bei ihr die Wehen einsetzen und sie zu ihrem Mann sagt: „Es ist an der Zeit. Heute werde ich auf dem Holz Yok'ol che' wieder ein Kind zur Welt bringen." Sofort verhängt Chan K'in das Innere seiner Hütte mit Decken und Fellen, um seine Frau bei der Geburt vor neugierigen Blicken zu schützen. Dann bindet er drei starke Äste zu dem H-förmigen Yok'olche'-Gestell zusammen, das Koh als Stütze dienen soll, wenn sie, vornübergebeugt in ihrer Hängematte sitzend, das Kind gebären wird.

Seit die älteste Frau von Chan K'in bei Koh in ihrer Hütte ist, hockt der T'o'ohil im Götterhaus vor den Gott-Töpfen Hachakyum und

Akna'ilkyum. Gewissenhaft formt er die Weihrauchkugeln aus dem heiligen Harz und entzündet sie in den Gott-Töpfen. Chan K'in schaut lange und konzentriert in die hochzüngelnden Flammen, wie um darin die Gestalt der mächtigen Götter zu entdecken, bevor er seine Stimme erhebt: „Ah Hachakyum, bitte beschütze meine Frau und hilf ihr! O großer Gott des Himmels, du kennst die Schmerzen und die Mühen. Es ist wie bei Akna'eex, unserer großen Mutter, deiner Frau, die als erste unter Mühen ein Kind gebar. U Yoli Kaan, Herz des Himmels, komm herab und sieh meine Frau. Sieh ihre Schmerzen und hilf ihr! Bewahre sie vor dem Tod! Hilf ihr das Kind zu gebären! O Herr der Sonne, du warst der Erste, der ein Kind gezeugt hat. Höre meine Bitten, und ich will dir in der großen Feier Nabilil Balché opfern."

Chan K'in rollt die Xatéblätter, die er während seines Liedes im heiligen Rauch geschwenkt hat, und geht damit in die Wohnhütte zu seiner Frau. Ihre Geburtswehen haben bereits eingesetzt. Als Chan K'in mit dem heiligen Palmwedel vorsichtig über die Wölbung ihres Bauches streicht, erhellt diese Geste der Zuneigung und Hilfsbereitschaft ihr von der Anstrengung gezeichnetes Gesicht. Die alte Frau steht hinter Koh und massiert liebevoll ihren verspannten Rücken. Der T'o'ohil sieht, daß die junge Frau noch Zeit braucht, und so kehrt er in das Götterhaus zurück, um weiter für sie zu beten. Er wird Akinchob, den Boten der Götter, rufen, damit er seine Bitten allen Mächtigen des Himmels und des Waldes überbringt: „Ich flehe dich an, geh und sag ihnen, wo sie auch immer jetzt sind, ob im Himmel oder in ihrem Wald, sag Itzanok'uh und sage dem großen Donnerer Metzabok, sag K'ak' und Yahaw Nah, sie sollen meine Frau nicht sterben lassen. Sag U Yoli Kaan, ich vertraue auf ihn. Er wird uns helfen, und ich will ihm köstliche Speisen bringen: Er soll Tamales essen und Tortillas mit dem Fleisch des Spinnenaffen. O Herr der Sonne, hilf meiner Frau! Nur du kennst ihre Schmerzen."

Damit nimmt Chan K'in erneut einige Xatéblätter, hält sie vorsichtig über die heiligen Flammen und trägt sie zusammengerollt zu seiner Hütte. Plötzlich beschleunigt er seine Schritte. Mitten in der abgedunkelten Hütte steht die alte Frau. In eine Decke gewickelt hält sie das Neugeborene. Seine Augen sind noch geschlossen, und der schwarze Flaum seiner Haare klebt an der faltigen Kopfhaut, aber es schreit schon wie am Spieß. Ehrfurcht, Freude und Erleichterung stehen in den Augen des Vaters, als er das kleine Knäuel selbst auf den Arm nimmt. Behutsam legt er es auf ein Stockbett und trennt mit einem schnellen Schnitt seines Messers die Nabelschnur ab. Dann nimmt er das Kind wieder auf und bringt es seiner Mutter. Schweißgebadet und erschöpft liegt Koh in ihrer Hängematte. Vorsichtig bettet Chan K'in das Kind auf ihren Bauch, während sie leise murmelt: „Ah Och, mein kleines Opossum."

„Es ist ein Junge", antwortet der T'o'ohil. „Er soll K'ayum heißen, der Herr der Lieder. Und Ma'ax, der Spinnenaffe, ist sein Onen. Tal in wilech, ich grüße dich, K'ayum Ma'ax."

Sobald die Mutter mit ihrem Kind auf dem Bauch sanft schaukelnd eingeschlafen ist, befestigt Chan K'in die heiligen Xatéblätter zu ihrem Schutz an der Hängematte. Dann legt er die Nabelschnur zu der Plazenta in eine Schale und geht damit ein Stück in den Wald hinein. Beides vergräbt er in einem tiefen Loch neben einem Baumstumpf. „Ihr Götter des Waldes", singt er, nachdem er das Loch wieder mit Erde gefüllt hat, „bewacht und beschützt U k'anche' mehen palal – den Stuhl der kleinen Kinder – für meinen Sohn K'ayum Ma'ax, damit die wilden Schweine und die Hunde ihn nicht finden. Denn worauf sollte mein Sohn im Himmel sitzen, wenn er stirbt. Nur dies ist dort sein Sessel. Behütet ihn gut!"

Chan Nuk, mittlere Frau von Mateo aus Nahá

So begleiten die heiligen Lieder und Gebete ein kleines Kind in Nahá vom ersten Augenblick seines Lebens an. Und sein Vater wird nicht aufhören, die Götter des Himmels, der Seen und des Waldes um ihren Schutz zu bitten. Erst wenn ein Mädchen geheiratet hat und ein Junge gelernt hat, selbst den Gott-Töpfen zu singen, wird der Vater nicht mehr an ihrer Statt beten. So lange wird auch die Mutter immer darum besorgt sein, die Seele ihres Kindes zu behüten. Sie verläßt nach einem Besuch bei Freunden oder Verwandten niemals ein fremdes Haus, ohne einen seltsam melancholischen und gleichzeitig so herzlichen Gesang anzustimmen: „Koox Och, ma'u ho'k'ol u pixan – Seele meines Kindes verlaß mich nicht!"

Doch bald schon sind die sanfte Melodie dieses Liedes, die wohlige Wärme in der Decke am Bauch der Mutter, selbst die ungestörten, abenteuerlichen Versteckspiele im hohen Elefantengras und das ausgelassene Planschen in der Lagune, wenn die Mutter zum Waschen geht – bald ist all das für K'ayum nicht mehr als eine blasse Erinnerung an die kurze Zeit der frühen Kindheit. Er ist noch nicht einmal fünf Jahre alt, als sein Vater ihm zum ersten Mal eine alte Machete anvertraut und ihn mit in seine Milpa nimmt. Die kleinen Hände des Jungen können kaum den dicken Holzgriff des Messers umfassen, und er braucht alle Kraft seiner dünnen Arme, um zu einem Schlag auszuholen. Sirrend saust die Klinge auf den Ast im Unterholz nieder. Sie trifft mit solcher Wucht auf das harte Holz, daß der stechende Schmerz in seinen Armen dem Kleinen die Tränen in die Augen schießen läßt. Aber er läßt nicht los. Er will seinen Vater nicht enttäuschen. Gerade versucht er zu einem neuen Schlag auszuholen, aber der alte Chan K'in hält ihn zurück. Nein, er soll noch kein Unterholz roden. Es ist auch gar nicht die richtige Zeit dazu. Er soll mit der Machete nur kleine Löcher für die jungen Tabakpflanzen in den Boden des Feldes graben. „Was du in einigen Monden davon erntest, gehört dir. Du kannst es verkaufen, an wen du willst."

Spät am Nachmittag kehrt der kleine K'ayum hundemüde, mit schmerzendem Rücken und blutigen Blasen an den Händen, aber stolz und fröhlich nach Hause zurück. Auf dem Rückweg hat ihm der Vater gezeigt, wie man mit einem gezielten Schlag, der nicht viel Kraft kostet, reife Früchte vom Baum holt. Und so hat er einige saftige Orangen und eine große Ananas in seinem kleinen Netz. Er hockt sich – genau wie sein Vater – mit angewinkelten Beinen auf einen niedrigen Schemel in der Nähe der Feuerstelle und zieht die Tunika über seine Knie. Er hat fast einen ganzen Tag wie ein Mann gearbeitet, hoffentlich wird er jetzt auch wie ein Mann bedient. Er macht ein ernstes Gesicht, um so erwachsen wie nur möglich auszusehen, und beobachtet gespannt die Mutter, die an der Feuerstelle mit den Töpfen hantiert. Neben ihm kaut Chan K'in schon genüßlich schmatzend seine Tortillas. Gerade will K'ayum enttäuscht und ziemlich kleinlaut aufstehen, um sich wie immer sein Essen am Feuer abzuholen, da kommt seine Mutter auf ihn zu. Sie hat ein paar große, heiße Tortillas, Bohnen, gebackene Bananen und sogar ein Stück Fasan für ihn. Stolz strahlt er, mit beiden Backen kauend, seinen Vater an, der ihm ein aufmunterndes Augenzwinkern zurückgibt. K'ayum hat nicht einmal seine zweite Tortilla aufgegessen, da ist er auch schon erschöpft auf seinem Schemel eingeschlafen. Während seine Mutter ihn zur Hängematte bringt, meint Chan K'in lächelnd: „Sicher träumt er von seinem Tabakfeld."

Was als fröhliche Abwechslung an einem sonnigen Oktobertag begann, wird schon bald zur harten, täglichen Gewohnheit im Leben des jungen Lacandonen. K'ayums Kindheit ist vorbei. Wie alle seine Altersgenossen in Nahá beginnt er von nun an nach und nach die Aufgaben eines Mannes zu erfüllen. Bei dieser täglichen Arbeit erklärt ihm der alte Chan K'in auch deren religiöse Seite. Er lernt, daß die Arbeit auf dem Feld vom Rhythmus des Mondes und der Sterne bestimmt wird, die alle einem Gott gehören. Der T'o'ohil zeigt ihm Ah Sah Kob, die Venus, Osab, den Jupiter, und Koch Ich, den Abendstern. Sie alle sind heilig, und jeder Wahre Mensch tut gut daran, ihre Herren um Hilfe zu bitten, bevor er an die Arbeit geht. Und nachdem K'ayum seinen Vater zum ersten Mal auf die Jagd begleitet hat, hört er von ihm auch die alte Legende von Nuxi, dem ruhmreichen Helden der Vorfahren.

Nuxi – Die Legende des großen Jägers

Heute, K'ayum, gehen wir mit Gewehren auf die Jagd. Aber vor langer Zeit, vor vielen, vielen zwanzig Monden, da jagten die Nukuch Winik, unsere glücklichen Vorfahren, den Maulwurf mit einer Schlinge. Der beste und ruhmreichste unter ihnen war Nuxi. Er konnte noch selbst die Götter sehen, und er sprach mit ihnen von Angesicht zu Angesicht. Nun höre seine Geschichte. Höre sie aufmerksam und behalte sie in deinem Herzen, denn du wirst erfahren von Sukunkynm, dem älteren Bruder des Wahren Gottes, der die Sonne während der Nacht durch die Unterwelt trägt, und von seiner Frau, der alten Mutter Ix Nuk. Behalte auch gut die Regeln, nach denen Nuxi die Tochter von Kisin, dem Herrn des Todes, zur Frau nimmt, denn so wirst auch du es tun. Nun höre die Geschichte, wie sie überliefert ist:

Nuxi, der große Held der Alten, hatte mit seiner Schlinge viele Maulwürfe gefangen. Er fand sich bei einem Baum, als die Sonne schon klein war, und er wußte nicht, wohin er gegangen war. Da bestieg er den Baum, um von den Kirschen zu essen. Wie er so aß, erschien sie, ein wunderschönes Mädchen von unvergleichlicher Gestalt. Nuxi konnte nicht anders, und er warf einen Kirschkern nach ihr. „Was war das? Wer hat mir so weh getan?" fragte die Schöne und zog ihre Kopfhaut mitsamt den seidigen Haaren ab. Sie legte sie in den Schoß und zog eine Laus aus dem Haar. Als Nuxi das sah, erkannte er das Mädchen. „Das ist sie. Das muß sie sein. Die Tochter Kisins, des Herrn des Todes. Ich werde sie auf den Schädel schlagen." Und so tat er es. Die Tochter Kisins schrie vor Schmerz. „He, du Weißkopfpapagei. Du tust mir weh." Sie erkannte Nuxi nicht. So stand sie auf und ging, bis sie die große Höhle erreichte. Das Tor zur Unterwelt. Der Maulwurffänger ging ihr nach. Er folgte ihr bis in das Reich Kisins, tief unter der Erde, so tief wie sie selbst unter dem Himmel ist. Er sah die Säulen der Erde. Mächtig und stark, so wie die Stämme der Ceiba. Aber die Säulen waren aus Stein. Und zwischen ihnen erkannte er die großen Wege der Unterwelt. Er folgte der Frau bis zum Hause Kisins. Aber er wagte nicht das Haus zu betreten.

Der alte Chan K'in erzählt seinen Söhnen K'ayum Ma'ax und Chan K'in Presidente noch heute die Legenden seines Volkes

So ging er fort, und er ging den anderen großen Weg, bis er zum Hause Sukunkyums, des älteren Bruders unseres Wahren Gottes, kam. Er ging in das Haus. Und Sukunkyums Frau erkannte ihn. „Du bist mein Sohn. Der größte Jäger unter den Wahren Menschen. Kisin soll dich nicht fressen!“ So sprach die große Herrin und versteckte ihn in einem Topf. Sogleich röstete sie Chili, mahlte ihn und bestreute damit Nuxis Rücken. Von diesen Düften angelockt erschien schon bald Kisin. „O, wie köstlich es hier riecht!“ – „Unsinn!“ sagte die Herrin barsch. Aber Kisin ließ sich nicht beirren. Überall suchte er nach dem Ursprung der köstlichen frischen Düfte, bis er das feuerrote Chili fand. „O nein, nein, wie schrecklich!“ so schrie er und nieste ganz fürchterlich. Dann lief er fort.

Endlich kam auch Sukunkyum zurück. Er trug die Sonne auf seinem Rücken. Sie setzten sich hin, um zu essen. Sie aßen Tortillas und Bohnen, Fisch und geröstete Kürbiskerne. „O, wie mich dürstet“, sprach Sukunkyum. Die große Herrin brachte ihm zu trinken, und sie sagte: „Eines meiner Kinder ist gekommen. Aber er ist nicht tot. Er lebt!“ Und sie zeigte ihm Nuxi.

„Bewache ihn gut, bis ich zurückkomme. Bewache ihn so, daß Kisin ihm nichts anhaben kann.“ So war Sukunkyums Rede.

Dann ging er fort, um die Sonne an den Rand des Himmels zu bringen. Als er zurückkam, gab er Nuxi seine alten Kleider zu tragen. Er gab ihm auch Chili, Asche und Limonen, um sie damit zu waschen. „Hab keine Angst, Nuxi. Das Wasser ist weit von Kisins Weg. Er kommt nie dorthin.“ Der tapfere Vorfahre ging hin und wusch die Kleider dreimal, mit Chili, mit Asche und mit Limonen. Und er ging, um Feuerholz zu schlagen, wie Sukunkyum befohlen hatte. Er brachte das Feuerholz, um sein Essen zu bekommen im Hause der großen Herrin. Dann ging er fort und wanderte umher, bis er Kisins Tochter traf. Er nahm sie zum Haus seiner göttlichen Eltern, und Sukunkyum sagte: „Sie hat dich gebracht, so soll sie dir Mais mahlen. Komm her und gib meinem Sohn zu essen!“ Aber Kisins Tochter wollte nicht. Da wurde Sukunkyum sehr ärgerlich und sagte: „Sofort gibst du ihm sein Essen!“ „Gut, Herr!“ antwortete sie und machte Tortillas und Pozol für Nuxi. „Sie gehört nun zu dir“, sprach darauf Sukunkyum. „Sehr gut!“ sagte Nuxi. „Dann will ich auch in ihr Haus gehen, um sie dort bei meinem Schwiegervater zu sehen!“

Damit ging er in den neuen Kleidern, die sein Vater ihm gegeben hatte, und er nahm auch dessen Flügel mit. So erschien er nicht als Mensch, er erschien als kleiner Vogel im Hause Kisins. Der Herr des Todes lachte und sagte: „Was ist denn das? Töte den Vogel und gib ihn mir zu essen!“ „Nein, Vater“, entgegnete seine Tochter. „Er ist mein Spielzeug. Du darfst ihn nicht aufessen!“ Und sie hielt ihn fest an ihrer Brust. Ärgerlich verließ Kisin das Haus, um sich anderswo sein Essen zu holen. So kam es, daß Kisin des tapferen Nuxi nicht gewahr wurde.

Und seine Tochter nahm ihn mit in ihr Bett, und sie schliefen zusammen bis zum Morgen. Schon um Mitternacht verwandelte sich Nuxi aber wieder in seine menschliche Gestalt, und das schöne Mädchen sagte zu ihm: „Nun hilft es nichts. Du warst bei mir. Du mußt es meinem Vater sagen und auch meiner Mutter."

„Ja, das will ich tun", versprach Nuxi.

Als Kisin seinen Schwiegersohn erkannte, wurde ihm todübel. Er übergab sich und spuckte Gift und Galle. Und so tat es seine Frau. Aber bald ging es ihm wieder besser. Er sah seinen Schwiegersohn in den blauen Kleidern. Kisin lachte laut und dröhnend: „Na schön. Dann soll sie eben dir gehören. Nun hol mir Feuerholz!"

So ging der mutige Jäger mit Kisins schöner Tocher, um das Feuerholz für seine Schwiegereltern zu holen. „Hier ist es", sagte das Mädchen.

Nuxi erschrak: „Das ... das ist kein Holz. Das sind ja Knochen!" Aber er schlug das knochenweiße Holz des Baumes Ah Luwin und brachte es zu Kisin. Er entzündete das Feuer und ging dann, um für seinen Vater Sukunkyum zu arbeiten. Dort aß er auch, denn Kisins Essen war ihm nicht erträglich. Und Sukunkyum erklärte: „Iß niemals davon! Kisins Bohnen sind keine Bohnen. Es sind Maden. Und sein Pozol ist verwestes Menschenfleisch. Niemals sollst du davon essen! Aber geh zurück und hol Kisins Tochter. Sie soll dir hier in meinem Haus kochen." So war die Rede des älteren Bruders unseres Herrn, und er ging mit Nuxi, Kisins Tochter zu holen.

Gemeinsam brachten sie Kisins Tochter. Sie setzten sich nieder, und Nuxi aß mit Sukunkyum. Kisins Tochter saß mit Ix Nuk, unserer großen Herrin. Sie zeigte dem Mädchen richtige Tortillas und befahl: „Hier iß das!" Kisins Tochter wollte nicht. Sie mochte nicht mit Ix Nuk essen. Aber die große Herrin sprach: „Iß das, du brachtest ihn hierher!" Und Sukunkyum sprach: „Iß, du hast meinen Sohn gebracht!" Und schließlich sprach Nuxi: „Iß, du bist meine Frau!" So aß Kisins Tochter mit Ix Nuk.

Drei Jahre lebte Nuxi in der Unterwelt mit Kisins schöner Tochter. Und er erlebte viele Abenteuer. Erst dann kam er zurück auf unsere Erde. Und auch hier lebte er und jagte viele Tiere. Aber als er starb, fürchtete er sich nicht. So sehr wollte er zurück, um Kisins Tochter wiederzusehen.

Ich habe berichtet von Nuxi, wie es überliefert ist.

So schließt der T'o'ohil seine lange Rede.

Die ganze Zeit hatte K'ayum seinem Vater gespannt zugehört. Noch nie hatte er eine so lange Geschichte von seinen Urahnen gehört, und nun hatte er noch so viele Fragen, wollte am liebsten immer weiter zuhören. Aber als er sah, daß der alte Mann mit seiner Rede zu Ende war, wagte er es nicht, ihn noch länger zu stören. So liegt er am Abend nach dem Jagdausflug noch lange wach in seiner Hängematte. Er versucht mit aller Kraft, wirklich nichts von der Geschichte Nuxis zu vergessen.

Kinder des Dschungels

Trotz der vielen Arbeit findet K'ayum aber immer wieder genug Zeit für andere Dinge, für die Vergnügungen, die ein wenig Abwechslung in den eintönigen, harten Tagesablauf eines Indianers bringen. Wenn er mit seiner Arbeit in der Milpa des Vaters fertig ist, wenn er genug Feuerholz geschlagen hat und wenn nicht gerade ein älterer Bruder oder der Mann einer Schwester seine Hilfe beim Bau eines neuen Hauses benötigt, dann setzt er sich oft nachmittags vor der Hütte in die Sonne und formt aus Lehm oder Holz die verschiedenen Tiere, von denen er in den Geschichten des Vaters gehört hat: eine Schlange oder das Tier seines Onen, den Spinnenaffen. Manchmal bringt Gertrude Duby ihm auch einige bunte Stifte oder Malfarben aus San Cristóbal mit. Dann malt er mit Ausdauer und unverkennbarem Talent das Haus seiner Eltern, den See oder einfach die vielen zartleuchtenden Farben des Waldes in einer Manier, die der europäischer Impressionisten nicht unähnlich ist. Aber am liebsten modelliert er nach wie vor Balum, den Jaguar, aus Lehm. Früher, so hat Chan K'in ihm erzählt, gab es sehr viele in der Nähe von Nahá, aber der Junge hat noch nie einen gesehen. Er macht ihn einfach so, wie er sich den Jaguar aus den Märchen vorstellt. Und obwohl er noch nie aus der Gegend von Nahá fortgekommen ist, sehen seine kleinen Jaguare mit ihrem eigenartigen, freundlich lächelnden Gesicht genauso aus wie das berühmte Fresko des Jaguars in Bonampak. Seit ihm der Vater einmal erzählt hat, daß der Himmelsbote Akinchob, der Schwiegersohn des wahren Gottes Hachakyum, am Usumacintafluß für alle Götter große Häuser aus Stein gebaut hat, träumt er von Yaxchilan. Die erwachsenen Männer gehen nur noch selten dorthin, um zu beten oder neue Steine für die heiligen Gott-Töpfe zu holen. Aber er wird eines Tages, das weiß er genau, fünf Tage durch den Wald laufen, bis er den majestätischen Fluß sieht, und dann wird er endlich die Häuser der Götter besuchen.

Es wird noch viele lange Monde dauern, bis K'ayum seinen Traum wahr machen kann, bis er sich auf die große schwere Reise durch den Dschungel begeben kann. Aber schon heute geht er oft mit den anderen Jungen aus Nahá zur Jagd in den Wald. Zuerst konnten sie nur mit ihren selbstgebauten Steinschleudern auf Vögel oder Affen schießen, die daraufhin meistens mit gellendem Gekreisch die Flucht ergriffen. Aber wenn einer ihrer älteren Brüder sie zu einem Jagdausflug mitnimmt, dürfen sie manchmal ein Gewehr ausprobieren. Die alten, kleinkalibrigen Gewehre sind ihre einzige Jagdwaffe, da niemand von ihnen mehr die Kunst beherrscht, mit Pfeil und Bogen umzugehen, so wie ihre

Väter es einst verstanden. Die Jungen stellen die traditionellen Jagdgeräte nur noch her, um sie in Palenque oder San Cristóbal an Touristen zu verkaufen. In den trockenen Monaten, wenn die erste Sonne, Yax K'in, mit ihren glühend heißen Strahlen den Boden des Waldes und die Haut der Menschen austrocknet, gehen die Jungen besonders gern zum Schwimmen an den See. Dort tauchen sie, tollen herum oder sitzen einfach bei einem langen Schwatz im angenehm kühlen Wasser. Manchmal nehmen sie auch eines der Kanus, um eine Wettfahrt zu unternehmen oder Fische zu angeln. Es gibt nur ganz kleine Fische in der Lagune von Nahá, die jedoch schmecken vorzüglich. Und wenn zum Schluß zu wenige für einen Imbiß zappelnd im Boot liegen, kann man mit ihnen wenigstens eines der Mädchen, das zum Waschen an den See gekommen ist, erschrecken.

Der kleine K'ayum modelliert einen Jaguar aus Lehm

Anders als die Jungen haben die Mädchen keine Gelegenheit, einfach zum Zeitvertreib an die kleine Lagune zu kommen. Wie die erwachsenen Frauen sind sie von Sonnenaufgang bis zum späten Abend vollauf beschäftigt; in der trockenen Zeit genauso wie während der Regenmonde. Sie mahlen Mais und Bohnen und lernen schon als kleine Kinder, damit zu kochen. Sie helfen, die Hühner der Frauen zu versorgen,

Chan Nuk backt Tortillas in einer alten Form aus Ton

arbeiten mit ihnen im Garten, wo sie Früchte und Gemüse ziehen, und kümmern sich auch noch um ihre kleinen Geschwister. Wenn sie einmal wirklich noch etwas Zeit übrig haben sollten, dann lernen sie, zu nähen oder sich selbst eine bunte Halskette aus Bohnen, Glasperlen oder Vogelfedern zu machen. Sie lernen das alles in der ruhigen und sorgfältigen Art zu erledigen, die allen Indianern in ihrer Arbeit eigen ist. Ihnen kommt es mehr darauf an, eine Sache gut zu machen als sie besonders schnell fertig zu haben, selbst wenn deshalb schon die jungen Mädchen den ganzen Tag beschäftigt sind.

Auch aus diesen Gründen haben die Jungen von Nahá kaum einen wirklichen Kontakt zu den Mädchen. Der spielt sich dafür um so heftiger in ihrer Phantasie ab. Oft hocken sie abends stundenlang zusammen und erzählen von Nuks traumhaft schönen Augen, oder den grazilen Bewegungen von Chan Nuk. Und dann meint schon mal einer, er würde gerne Nuks Vater um sie bitten. Aber schließlich, so gibt ein anderer zu überlegen, weiß doch jeder, daß nicht nur ihr Vater sehr viel Arbeit von seinem Schwiegersohn verlangt, auch sie selbst soll ein ganz schöner Teufel sein, ein Mädchen, das noch lange nicht mit jedem spricht, der ihm mal nachgeschaut hat. Spätestens jetzt fängt ein dritter zur Freude aller anderen an, mit spielerisch tragischer Minen seinen Gesang an die Frau vorzutragen:

U K'ayil Ti' Ch'ublal	*Das Lied des Mannes an die Frau*
A k'ay ka tin wilikech	Dies ist dein Lied, wenn ich dich sehe,
ch'ublale	Meine Frau.
Ne tsoyech	Du bist so schön,
chen ten ne ma'tsoyen	Nur nicht für mich.
Bik yanni ma'tsoyenni	Bin ich dir vielleicht nicht gut genug?
Ma'wah ta tsik batik ten	Oder willst du doch mit mir sprechen?
ti'in ku'ik	Willst du, daß ich dich höre?
wa ma' tsoyen	Oder bin ich nicht gut genug für dich?
Wa tsoyen	Aber vielleicht bin ich's ja doch.
Kin k'atikech ti'a tet!	Dann frage ich bei deinem Vater um dich.
Kin k'atech ti'a na'!	Dann frage ich bei deiner Mutter um dich.
Chen ma' tu tsikbal	Nur hast du noch nie mit mir gesprochen.
P'ek a wiliken	Immer schaust du mich nur ablehnend an.
Ma' hach e'eh ten	Lach doch nicht über mich.
Ma' in wohel bik yila'	Ich weiß nicht, was ich noch tun soll.
a wiliken ...	Ich weiß einfach nicht, wie du mich siehst.
wa tsoy in wich.	Vielleicht ist mein Gesicht ja schön ...
... wa ma' tsoy ...	Aber vielleicht bin ich auch nicht schön ...
Wah in ho'ol ma'tsoy.	Oder vielleicht sind meine Gedanken nicht gut ...
Bik yani a wiliken	Doch warum siehst du mich dann so an,
Ma wohel?	Weißt du es selber nicht?
Chen la techech ch'ublal	Nur du, du bist eine Frau.
ne tsoyech.	Du bist so schön.
Ne p'enkäch tsoy a wich,	Du hast das allerschönste Gesicht,
ne tsoy a ho'ol a k'axman	Den schönsten Kopf, die schönsten Haare,
Ne tsoyech.	So schön bist du.
Tan na che'ech	Aber du lachst jetzt nur,
Tan a man	Du gehst einfach vorbei.
Tan in ts'iotikech.	Ich sehne mich so nach dir,
Chen ten ma'tsoy a wiliken.	Aber ich gefalle dir wohl nicht.
Ma'in wohel bik yani nech,	Ich weiß nicht warum,
chen ten ma tsoyen.	Aber ich gefalle dir eben nicht.
Chen tech ch'ublal tsoyech.	Du Frau, du bist so schön,
Ma in k'atikech ti'a tet!	Aber ich frage nicht deinen Vater um dich!

Mek'chähäl – in den Armen der Götter

Wieder einmal haben K'ayum und seine Freunde lange zusammengesessen, über die Mädchen geredet, gesungen und gelacht. Der alte Chan K'in liegt schon längst friedlich in seiner Hängematte, während von draußen noch die gedämpften Stimmen der Jungen zu hören sind.

Aber auch er schläft noch nicht. Das alte Lied und das Gespräch der Jungen geht ihm durch den Kopf. Jetzt ist es also soweit. Sein Sohn wird bald erwachsen sein. Aber hat er ihm wirklich alles gezeigt, was er als

Mann im Wald brauchen wird, um seine Familie zu versorgen? K'ayum hat schließlich nie einen wirklichen Mek'ul, einen Paten, gehabt, so wie die alten Regeln es eigentlich verlangen. Immer nur er selbst hat ihm alles erklärt, ihm alles gezeigt. Wirklich alles? Hat er nichts übersehen? Aber wer sonst in Nahá weiß noch genug, um einen Wahren Menschen aus K'ayum zu machen? Vielleicht hätte er doch Mateo bitten sollen, die Patenschaft für den Jungen zu übernehmen. Nein, auch Mateo hätte ihm nicht mehr erklären können. Aber vielleicht anderes? Nein, wahrscheinlich auch das nicht. Und K'ayum hat sich selbst viele Gedanken gemacht, hat kluge Fragen gestellt. Er hat viel gelernt und viel verstanden. Manchmal sogar mehr als seine älteren Brüder. Und nun hat er also eine Frau entdeckt. Hoffentlich wird es eine gute Frau sein, die schon gelernt hat, wie man mit einem Mann lebt. Es gibt keine alte Frau in Nahá, die mit ihnen leben und die junge Frau richtig einweisen könnte. Es wird eben vieles anders bei den Menschen. Hoffentlich kann K'ayum das alles überhaupt gebrauchen, was er weiß. Ist es nicht schon bald zu Ende mit den Wahren Menschen im Wald? Wenn noch mehr Fremde und Siedler kommen, wird ihm das alte Wissen dann noch helfen können? Hätte er nicht anderes lernen müssen, um sich gegen die fremden Ts'ul zu wehren oder um gar mit ihnen leben zu können? Aber was weiß er selbst schon von dem Anderen, dem Neuen und Fremden? Er hat sich nie dafür interessiert, hat einfach nur seine Gedanken gehabt, als Wahrer Mensch gelebt. Aber werden die Jungen das noch können, wie werden sie überhaupt noch leben können im Wald?

Auf jeden Fall muß nun bald die Mek'chähäl-Zeremonie vorbereitet werden, mit der K'ayum auch rituell in die Gemeinschaft der Männer von Nahá aufgenommen werden wird.

So denkt der alte, weise Mann noch lange über seinen Sohn und die Wahren Menschen nach, bevor er endlich einschlafen kann.

Viele Tage ist Chan K'in, dessen Glaube noch einmal über alle Zweifel gesiegt hat, mit der Vorbereitung der Mek'chähäl-Zeremonie beschäftigt, in der sein Sohn lange nach seiner wirklichen Geburt durch eine spirituelle Wiedergeburt endlich in die Gemeinschaft der Wahren Menschen aufgenommen werden soll. Er muß jetzt alle Opfer, die er den Göttern für ihre Sorge um das Wohlergehen des Kindes versprochen hat, darbringen. Und weil er selbst K'ayums Pate Mek'ul ist, muß er auch die Gegenstände für die rituelle Einführung des Jungen in das Leben eines Mannes herstellen.

So geht er zunächst auf die Jagd nach Affen und Papageien, damit Koh anfangen kann, die Tamales für die Götter zu kochen. Er holt Mais für den Pozol aus der Vorratshütte in der Milpa, er sammelt Zuckerrohr und Honig für das Balché und Harz für den Weihrauch. Er schneidet und gerbt Baumrinden, für die heiligen Hu'un-Bänder. Er modelliert Opferfiguren aus Gummi. Und schließlich bereitet er Pfeil und Bogen, Pfeilspitzen, eine Machete und eine Netztasche für die eigentliche

K'in aus Nahá schöpft Balché aus dem „Kanu"

Einführungszeremonie vor und setzt reichlich Balché für die Götter und alle Gäste an. Der alte Mann braucht seine ganze Kraft für die vielen langwierigen und komplizierten Vorbereitungen, bis er endlich allen in Nahá die Feier verkünden kann.

Aber als der T'o'ohil lange vor Sonnenaufgang, mitten in der Nacht vor Mek'chähäl, sein Götterhaus betritt, fühlt er sich wieder wohl und zufrieden. Vergessen sind die Aufregung und die Anstrengung der letzten Tage. Langsam und sorgfältig malt er im Licht eines Ocoté-spans mit der Farbe für die Hu'un-Bänder rote Kreise und Punkte auf seine Tunika. Ehrfürchtig und zugleich liebevoll behandelt er seine Gott-Töpfe wie gut vertraute, alte Freunde. Er begrüßt sie feierlich, stellt sie auf den mit Palmblättern bedeckten Boden und entzündet in ihnen mit dem Ocoté die kleinen Harzkugeln. Sofort tauchen die Flammen den dunklen Raum in ihr rötlich-warmes Licht. Einen Moment lang hockt Chan K'in sich fröstelnd in die Nähe der flackernden heiligen Feuer. Die Nacht ist kalt im Dschungel. Doch dann steht er auf, als ob er sich plötzlich an den eigentlichen Grund seiner nächtlichen Feier erinnert hätte, und holt die Opferspeisen, die Koh in der Zeremonienküche bereitgestellt hat. Jedem Gott-Topf legt er ein Stück Tamale auf die Lippen, jedem gibt er Pozol. In der Art, wie er die Speisen verteilt, ist wieder jene tiefe, ja intime Vertrautheit, die ihn mit seinen Göttern verbindet, zu spüren. Noch ist der alte Mann allein mit ihnen bei seiner Feier, und er genießt diesen Augenblick. Murmelnd bewegt er seine Lippen, um sich während des Mahls ein wenig mit den Göttern zu unterhalten, um ihnen zu erzählen, von seinen Sorgen um die Menschen

Die Männer von Nahá haben sich im Götter-Haus zum Weihrauchopfer versammelt

und den Wald, von den Mühen der letzten Tage und auch davon, wie gut es tut, mit ihnen zusammen wieder sich selbst zu finden.

Als die ersten gräulich-hellen Streifen am Horizont den nahen Morgen erkennen lassen, kommen die anderen Männer von Nahá als Gäste zu der Zeremonie des T'o'ohil. Noch ein wenig verschlafen hocken sie sich auf die Schemel aus Mahagoniholz und beginnen eine Unterhaltung, die um so lebhafter wird, je mehr Balché aus den beiden randvollen, ausgehöhlten Baumstämmen neben dem Götterhaus hereingebracht wird. Obwohl auch für die Götter reichlich Balché in die Luft gespritzt wird, ist mehr als genug für die Männer übrig. Als K'ayum das Götterhaus betritt, haben die meisten schon einen angenehmen Rausch. Er wird zu der für ihn vorbereiteten Hängematte geführt, wo er sich niederläßt. „Paß auf, wenn Koh, die Frau deines Vaters und Paten, das Götterhaus betritt!"

Nach kurzer Zeit kommt Koh von der Opferküche, wo sie mit den anderen Frauen Balché getrunken hat, unter das Dach des Götterhauses. Würdevoll, wenn auch ein wenig schwankend, tritt der alte Chan K'in auf sie zu und sagt mit fester Stimme: „Koh, meine Frau, nimm auch du von diesem köstlichen Balché, dem Getränk unserer Götter. Sieh, ich bin schon sehr betrunken. Aber ich werde jetzt unseren Sohn tragen, auf meiner Hüfte. Schaut alle, wie ich ihn durch das heilige Haus führe!"

Während Koh in langen Zügen die gereichte Schale leert, führt der Vater K'ayum an der Hand herum. Er zeigt ihm die übrigen Gott-Töpfe auf ihrem Gestell, das Xikal-Brett für die Weihrauchkugeln, die heiligen Hu'un-Bänder und den Reisigbesen zur Reinigung des Lehmbodens. „Nun, K'ayum, bin ich dein Mek'ul. Ich habe dir alles gezeigt. Komm zu mir, wenn du Hilfe brauchst."

Danach verlassen die beiden mit Pfeil und Bogen, der Machete und den Netzen das Götterhaus. Sie gehen ein Stück auf den Wald zu, bevor der alte T'o'ohil feierlich erklärt: „Siehe, K'ayum, wenn du auf die Jagd gehst, so benutze diese Pfeile und diesen Bogen. Für jedes Tier gibt es einen Pfeil, behalte sie gut! Und wenn du zu deiner Milpa gehst, so benutze diese Machete und dieses Netz, um die Früchte des Feldes darin zu tragen. Wenn du aber Weihrauch zu Ehren der großen Götter verbrennen willst, so gehe nach Kilutalk'in, dem Osten, dort findest du das Harz der Pinien für das Copal. Und sieh diese mächtigen Stämme. In ihnen wird das Getränk der Götter zubereitet. Wenn du Wasser für das Balché brauchst, so hole es immer mit diesem Tonkrug. Tu es so, wie die Alten es getan haben. Und nun folge mir wieder in das Haus unserer Götter. Nimm hier von ihren eigenen Speisen. Sie sind aus Mais, und sie werden dir Gedanken geben. Habe immer Gedanken, und werde ein Hach Winik, ein Wahrer Mensch. Nimm von den Speisen der Götter, bis nichts mehr davon übrig ist. Sie haben bereits gegessen."

Zum ersten Mal hockt sich K'ayum neben seinen Vater vor die Gott-Töpfe. Seine Augen verfolgen die schwarzglänzende Spur des verbrannten Harzes, das langsam aus den Töpfen hinunter auf die Palmenblätter tropft. Nachdenklich betrachtet er die krümeligen Reste der Tamales auf ihren Lippen. Dann nimmt er selbst von den Opferspeisen und geht kauend zu seiner Hängematte zurück.

Der alte Chan K'in hat inzwischen die heiligen Hu'un-Bänder, die vorher um die Gott-Töpfe geschlungen waren, wieder abgenommen. Er bindet jedem Gast eines davon in die Haare. Auch den Frauen vor dem Götterhaus, damit ihnen, genau wie den Männern, die Kraft der mächtigen Götter zuteil wird. Als er wieder unter das Dach in den stickig-heißen, verräucherten Raum tritt, durch dessen offene Wände an diesem schwülen Tag noch nicht einmal der Hauch eines Windes gedrungen ist, bringt der U Yum Balché, der von ihm ernannte Herr des Balché, große Töpfe mit frischem Balché, aus denen er jedem Gast zu trinken gibt. Die schwitzenden Männer, die bisher ruhig und aufmerksam der Zeremonie gefolgt sind, nehmen begierig, aber auch dankbar die Schalen mit dem erfrischenden Getränk der Götter entgegen. Und gleich darauf entspinnen sich wieder ihre fröhlichen und angeregten Gespräche.

Die flammendrote Kugel der Abendsonne hängt schon tief am Horizont zwischen den Bäumen des Waldes. Ein überdimensionaler Lampion für das Fest der Götter. Das Crescendo von gelben, purpurroten und violetten Farbtönen am Himmel ergänzt auf dramatische Weise die bizarren Wolkenformationen über dem abendlichen Tropenwald. Über

Antonio verteilt vor dem Götter-Haus die Hu'un-Bänder an die Frauen aus Nahá

das Gras auf der Lichtung um das Götterhaus kriechen langsam die ersten Nebelschwaden der Nacht heran.

Aber die Menschen von Nahá sind immer noch beim Balché versammelt. Ein wenig unsicher beugt sich K'ayum aus seiner Hängematte vor: „Tet, lieber Vater. Wie köstlich ist dies Balché. Ich könnte immer mehr davon trinken. Das ist wirklich ein Getränk der Götter."

Chan K'in blickt stolz auf seinen Sohn: „So trinke, mein Sohn, werde so betrunken wie ich. Auch die Götter sind betrunken. Und sie lieben es, die Wahren Menschen so betrunken zu sehen, wie sie selbst es sind."

Jetzt lacht auch K'ayum mit den anderen Männern, die Spannung ist endlich von ihm gewichen. Nur fallen ihm schon fast die Augen zu, so müde und betrunken ist er. Aber erst, wenn er die ganze Zeremonie am nächsten Tag noch einmal durchlaufen hat, wird er endlich zu den erwachsenen Wahren Menschen in Nahá zählen.

Nachdenken über Nahá

Hier könnte diese Geschichte eigentlich zu Ende sein. Aber sind K'ayum und sein Bruder Chan K'in Presidente, sind der junge Mateo und der schöne K'in Garcia wirklich noch Hach Winik? Ist es ihnen gelungen, den unaufhaltsam in den Dschungel vordringenden Veränderungen zu entkommen? Geschäftstüchtige Reiseveranstalter und Journalisten rühmen, wenn auch aus anderen Gründen, ebenso wie lautere Wissenschaftler noch heute eifrig das ursprüngliche Leben der Wahren Menschen in Nahá.

Und diese Versuchung ist groß. Noch immer wird, wer nach Nahá kommt, zunächst von dem märchenhaften Glitzern der idyllischen, von Seerosen bewachsenen Lagune bezaubert. Staunend beobachtet er den phantastischen Wechsel des Lichts und der Farben unter den am Tropenhimmel dahinrasenden Wolkentürmen. Ein wenig versteckt steht in einer grasbewachsenen Lichtung am Rande des Waldes auch noch das geheimnisvolle Götterhaus. Majestätisch überragen die Baumriesen des Regenwaldes sein sorgfältig mit Palmenblättern gedecktes Dach. Ein Bild friedlicher Harmonie. Aber es ist das letzte den Göttern in Nahá verbliebene Heim. Längst hat nicht mehr jeder erwachsene Mann sein eigenes Götterhaus. Seit beinahe wöchentlich Touristengruppen nach Nahá kommen, finden die Männer in der Siedlung einfach nicht mehr die notwendige Ruhe für ihre Gespräche mit den Göttern. Und selbst in dem abseits gelegenen Götterhaus blieben sie nicht lange ungestört. Auch deswegen wird die wochenlange Mensik K'uh-Zeremonie zur Erneuerung der Gott-Töpfe schon seit vielen Jahren nicht mehr begangen, so daß die dicke, schwarze Kruste einer sie vollständig bedeckenden Rußschicht diese wichtigsten Heiligtümer der Lacandonen fast unbrauchbar gemacht hat. Die Veränderungen erfassen Nahá beinahe unmerklich, zumindest für den Fremden auf den ersten Blick kaum sichtbar, und langsamer als andere Siedlungen in der Selva. Die Autorität der alten Männer Chan K'in und Mateo, ihr unerschütterliches Festhalten an der Tradition haben die Menschen in Nahá bisher vor den schlimmsten Auswüchsen der „Zivilisierung“ und „Mexikanisierung“ der Indianer bewahrt. Und doch haben auch sie nicht alles abwehren können. Nicht die Einwegfeuerzeuge auf dem Boden des Götterhauses, nicht die Plastikschüssel in der Opferküche und auch nicht die Bierflaschen, mit denen einige Männer übriggebliebenes Balché nach einer Zeremonie nach Hause transportieren.

Überhaupt ist dieses Götterhaus das letzte ganz in der traditionellen Bauweise errichtete Haus des Dorfes. Denn auch die frühere Siedlungsweise der Lacandonen gibt es nicht mehr. Keine Spur ist von den ehemals weit voneinander entfernten, abgeschlossenen Gehöften übriggeblieben, in deren Einsamkeit die Menschen sich zurückziehen konnten, wenn sie allein sein oder auch die Verbreitung einer ansteckenden Krankheit verhindern wollten.

Heute stehen die Häuser nebeneinander am Randes des Flugfeldes und noch dichter gedrängt inmitten der großen Rodung auf der anderen Seite der Straße. Die wellblechgedeckten Bretterbuden auf dem Lehmboden der Lichtung, der sich unter den Füßen der Menschen während der Regenzeit in einen knöcheltiefen Morast verwandelt, würden, stünden sie am Rande einer Großstadt, schlicht als Slumhütten bezeichnet werden. Unter den Metalldächern wird die stickige Hitze des Innenraumes schon nach ein paar Stunden Sonnenschein schier unerträglich, zumal die vernagelten Bretterwände keinen Luftzug durchlassen. In den winzigen Bungalows am Flugfeld läuft das Schwitzwasser der Betonteile an den Wänden herunter auf den feucht-kalten Fußboden, auf dem jeder auch in der größten Hitze schon nach wenigen Minuten eiskalte Zehen hat. Diese traurige Ansammlung von Fehlkonstruktionen, die den Lacandonen durch sogenannte Regierungs-Hilfsprogramme und skrupellose Händler angedreht wurden, ist der ideale Nährboden für Krankheiten aller Art. So litten zur gleichen Zeit wie zwei Frauen aus Mateos großem Haushalt auch Antonio und seine ganze Familie an hohem Fieber und Mandelentzündung. Die Schwiegermutter des jungen Mateo schien eine Lungenentzündung zu haben, und seinem kleinen Sohn verfaulten vom billigen Zuckersirup alle Zähne im Mund bis auf die Wurzeln. Dieser fatalen Erscheinung der angeblich so segensreichen westlichen Zivilisation stehen die zähen, ausdauernden und trotz ihrer geringen Größe erstaunlich kräftigen Lacandonen genauso hilflos gegenüber wie den Krankheiten der fremden Ts'ul: Malaria, Gelbfieber, Erkältungen und Wurmerkrankungen.

Diese erst durch Mahagonifäller, Siedler und Viehzüchter in die Selva geschleppten Seuchen dezimierten die Zahl der Lacandonen in den letzten hundert Jahren so drastisch, daß gerade die isolierten kleinen

Gruppen mehr und mehr verfielen. Inzwischen bedroht jenes traurige Schicksal, dem die Gruppe am Jataté schon zum Opfer fiel, auch die Menschen von Nahá.

Bis heute haben erst einige junge Männer, darunter sogar ein Sohn des alten Chan K'in, ihr traditionelles Zentrum verlassen, um in Lacanhá zu leben. Aber wer weiß, ob es nicht bald mehr werden? Denn sie ahnen nicht, daß die von ihnen oft bewunderten Altersgenossen in Lacanhá, versehen mit den Insignien des modernen Mexikaners – kurzen Haaren, westlicher Kleidung, Aktenkoffer und Sonnenbrille –, dem geballten Ansturm von Missionaren, Kaufleuten und Bürokraten genauso unterlegen sind wie ihre Väter. Wie sie nahmen sie die scheinbar so großzügig und friedfertig vorgetragenen Angebote, an den Segnungen der Zivilisation, an Handel und Tausch teilzuhaben, an, um durch den Verkauf ihrer eigenen Produkte immer mehr der reizvollen neuen Waren dieser Geschäftemacher erstehen zu können. Wenn überhaupt, dann bemerkten sie erst viel zu spät, wie sie durch den Verkauf von Mahagonibäumen und anderen Edelhölzern, durch die zügellose Jagd auf Papageien, mit deren Federn sie Pfeile und Bogen für Touristen schmückten, selbst zu der von Viehzüchtern und neuen Siedlern begonnenen Zerstörung ihres Lebensraumes beitrugen. Auch in Nahá brauchen sie nun plötzlich dringend das Geld, mit dem sie vorher Tzeltalen für die Arbeit auf ihren Milpas mieteten, um mehr Zeit für andere Geschäfte zu haben. Sie müssen die verheerenden Wellblechdächer kaufen, weil es in der Umgebung von Nahá nicht mehr genügend große Palmen für ihre traditionelle Bauweise gibt. Und wenn sie endlich begreifen, daß ihre neuen Lastwagen, die Radios und selbst die billigsten Kleider mehr Geld verschlingen, als sie einnehmen, dann sehen sie keinen anderen Ausweg, als noch mehr Holz zu verkaufen oder gar statt nur Pfeil und Bogen, den Touristen in Palenque auch billige Nachbildungen ihrer Gott-Töpfe anzubieten.

Die moralische Entrüstung, die dagegen von scheinheiligen Konservatoren der indianischen Kultur laut wird, könnte man getrost übergehen. Kaum jemand hat sich über die billigen Plastikhemden erregen können, die den Schweiß auf dem Rücken der Tzeltal-Indianer beinahe gefrieren lassen. Niemand scheint die viel zu großen Gummischuhe an den Füßen der Lacandonen bemerkt zu haben, in denen das Gemisch aus hereinlaufendem Schlamm und Schweiß Ekzeme und Hautausschlag hervorruft. Erst das Bild eines Lacandonen, der mit wehenden langen Haaren auf einem Dreitonnen-Chevrolet-Truck durch den Dschungel fährt oder Mateos Vorliebe für jene Filterzigaretten, die seinen westlichen Besuchern den Geschmack von Freiheit und Abenteuer verschaffen sollen, empörten ausgerechnet solche Leute, die selbstverständlich mit oder sogar von diesen Dingen leben. Ernster ist es schon, daß auch gutgemeinte Hilfsaktionen zum Scheitern verurteilt sind, die die Lacandonen vor dem weiteren Ausverkauf ihres Lebensraumes bewahren wollen. Denn immer noch ist ihnen der Kreislauf des Geldes und der Waren zu fremd, um ihn zu beherrschen, aber sie sind zu tief in ihn verstrickt, um ihm zu entkommen. Sie müssen verkaufen, um kaufen zu können, und sie müssen kaufen, um leben zu können.

Trotz alledem sitzen Gertrude Duby und der alte T'o'ohil Chan K'in noch oft zusammen in der großen Hütte ihres Lagers an der Lagune. Zwei alte Menschen, die nicht nur sich viel zu sagen haben. Manchmal sitzen sie auch nur schweigend nebeneinander. Ihre Gefühle brauchen nicht immer und unbedingt viele Worte, wenn ihre Gedanken weit fort sind, in einer anderen Zeit. Aber gerade in diesen Momenten der Ruhe und Nachdenklichkeit kommt häufig die alte Kraft der großen Wut zu ihnen zurück.

Dann schreibt Gertrude Duby in ihrer schwungvollen Schrift einen bitter-anklagenden Artikel: „Ich heiße Selva, ich brauche Hilfe!" Sie macht rigorose Eingaben bei höchsten Regierungsstellen, um die den Lacandonen und ihrem Wald zugesicherten Rechte einzulösen, ohne daß sie dabei einen Gedanken an politische Opportunitäten oder eine vielleicht zu gefährdende Karriere verschwenden müßte wie viele andere zunächst oft zur Hilfe bereite Mexikaner.

Und der alte Mann steht auf und vertreibt eigenhändig alles Vieh aus der Gegend von Nahá, dessen Weiden den Wald nur weiter zerstören. Wenn jemand es wagen sollte, sich ihm entgegenzustellen, dann droht der weise T'o'ohil, mit seinen Göttern Nahá zu verlassen. Eine noch immer wirkungsvolle Drohung. Er schreckt nicht einmal davor zurück, einem Kundschafter der Mahagonigesellschaft all seine mühsam gesammelten Baumproben abzunehmen. Die Bäume der alten Götter sind ihm heilig und wichtiger als alles Geld der Welt.

Die Leidenschaft und die Kraft, mit der der alte Mann sich zur Wehr setzt, mag begeistern oder sentimental berühren. Aber kann sein mutiger Widerstand noch etwas bewirken, kann er gar den Lacandonen einen Ausweg aus ihrem Dilemma weisen?

Allein sein Sohn K'ayum Ma'ax hat damit begonnen, einen Ausweg zu suchen. Er versucht, im unvermeidlichen Umgang mit der mexikanischen Zivilisation, alles zu vermeiden und abzuwehren, was seinem unabhängigen Leben im Wald schaden könnte. Er versucht indessen auch, all jenes zu lernen und zu behalten, was ihm nützlich und wertvoll erscheint. So hat er Lesen und Schreiben gelernt und angefangen, die Mythen und Legenden seines Volkes nach den Erzählungen seines Vaters aufzuschreiben und zu illustrieren. Er will sich die alten Traditionen bewahren, wenn auch auf moderne Art und Weise. Obwohl sein Wort in Nahá schon jetzt etwas gilt, ist ungewiß, ob andere seiner Gruppe diesen Weg verstehen oder gar bereit sind, K'ayum darauf zu folgen. Aber es wäre auch genauso vermessen wie bequem, die Verantwortung für die Erhaltung eines ganzen Volkes und seiner Kultur, an

Noch brennt das heilige Harz in den Gott-Töpfen von Nahá

deren Vernichtung so viele mitgewirkt haben, auf einen einzigen jungen Mann abschieben zu wollen.

So wird eines Tages, wenn das Weihrauchfeuer im letzten Gott-Topf erloschen ist, eine der ältesten Kulturen der Welt zerstört sein. Dann wird die fast viertausendjährige Tradition des Glaubens und der Lebensweise von klassischen Mayas und Lacandonen endgültig beendet sein. Noch brennt das heilige Harz bei feierlichen Zeremonien im Haus der Götter von Nahá. Aber die Flammen flackern nur noch schwach.

Chicleros an der Laguna Lacandón

Vicente Bor Yuk tanzt für die letzten Götter am Rio Jataté

Heimatlos: Vicente Bor Yuk und Kinder einer Tzeltalen-Kolonie

Flüchtlinge im eigenen Land:
Vicente Bor Yuk mit seinen Söhnen K'in und K'ayum

Pedro K'ayum vom Rio Jatatè

Lacandonen aus Nahá

Hach Winik – Ein Wahrer Mensch

Chan K'in Viejo und Koh

Lacandonen auf der Jagd

K'in aus Nahá

Na Bor vom Rio Jatató

Morgennebel über der Lagune Ocotal Grande

Santos, Seelen und Schamanen

Pulsierender Mittelpunkt von San Cristóbal Las Casas ist ohne Zweifel der tägliche Markt. Unter offenem Himmel, in Bretterverschlägen, unter Plastikplanen und in einer dunklen, stinkenden Halle werden hier alle Reichtümer, die Chiapas hervorbringt, feilgeboten: Mais und lebende Truthähne, Wolle und Tomaten, Kaffee und Limonen, primitive Möbel und frisches Zuckerrohr, riesige Wasserbehälter aus Ton und kleine, scharfe Chilischoten, Amulette und gebratene Fische, Salz und Kerzen, frische Blumen und getrocknete Kräuter, Synthetikstoffe und handgewebte Chamarros, bunte Bohnen und halbwelke Kürbisblüten. Das Angebot ist so unübersehbar wie der Markt selbst, der sich bis in die Seitenstraßen hinein ausdehnt. Keine der auf dem Boden hockenden Händlerinnen hat eine Waage. Chilischoten und Kaffee werden in kleinen Schalen oder Körben abgemessen, Kartoffeln und Tomaten in sauber gezimmerten Holzschachteln. Ordentlich und geduldig schichten sie ihre so aufgeteilte Ware zu Türmchen oder Häufchen auf, zu jener Menge, die später die Hausfrau aus San Cristóbal kaufen wird. Auch die Männer, die in einer Ecke des Marktes mit Mais handeln, kennen keine Gewichte. Sie füllen die gelben, schwarzen, weißen oder roten Körner in Litermaße aus Blech. Hier haben sich bis auf den heutigen Tag präkolumbische Handelssitten erhalten, die die Spanier um Cortés in Ratlosigkeit stürzten, weil sie zwar Unmengen von Gold, aber keine einzige Waage in Tenochtitlán fanden.

Schon am frühen Morgen, wenn die Nebelschwaden noch wie eine dicke Watteschicht tief über den Tälern schweben, machen sich die Menschen aus den weiter entfernten Dörfern wie Tenejapa, Santa Magdalena oder San Andrés auf den Weg zum Markt. Ein Kind an der Hand, eines mit einem Schal an den Leib gebunden, auf dem Rücken die Früchte ihrer Felder oder handwerkliche Erzeugnisse, den Kopf von der an einem Tragriemen hängenden Last leicht gebeugt, ziehen die Indianerinnen die verschlungenen Pfade und staubigen Straßen entlang. Auch die Chamulas und die Zinacanteken legten früher die wenigen Kilometer, die ihre Gemeinden von San Cristóbal trennen, zu Fuß zurück. Heute jedoch benutzen die meisten die kleinen Lastwagen mit offener Ladefläche, die regelmäßig zwischen ihren Dörfern und der Stadt verkehren. Viele nutzen den Besuch des Markts, um eine Apotheke aufzusuchen oder in einem Laden der Calle Real eine handgewebte Bluse gegen einen blau emaillierten Kochtopf, ein paar Netze gegen einen Blecheimer, einen schweren Chamarro gegen eine neue Machete einzutauschen. Das Städtchen lebt zu einem nicht geringen Teil von diesem primitiv anmutenden Handel, und die Indianer, die noch vor ein paar Jahrzehnten ohne weiteres von einem Weißen vom gepflasterten Bürgersteig in den Schmutz der Straße gestoßen werden konnten, bilden das wirtschaftliche Rückgrat des Hochlandes. Der hochmütige Bankbeamte in Schlips und Kragen hat wenig Grund, verächtlich auf die baumwollfarbene, mit roten und braunen Streifen geschmückte Tunika und die nackten, braunen Beine des Tzeltalen aus Oxchuc herabzusehen, denn ohne ihn und die anderen indianischen Bauern gäbe es vielleicht gar kein stilvoll mit Holz und Schmiedeeisen geschmücktes Bankgebäude.

Ackerbau, Handwerk und Handel – Gaben der Götter

Am Nachmittag kehren die Menschen in ihre Dörfer zurück. Aus dem mit Wasser und Kalk gekochten Mais bereitet die Frau die unerläßlichen Tortillas für das Abendessen. Tortillas sind nicht nur ein wichtiges Grundnahrungsmittel, sie dienen auch als Ersatz für Messer, Gabel und Löffel: mit ihnen fischt man Bohnen, Tomaten oder Kürbisstücke und manchmal auch Fleisch aus den brodelnden Töpfen. Bei den Tzeltalen, auf deren kargem Boden nur wenig anderes als Mais wächst, gibt es oft zu den Tortillas auch eine Art Nudelsuppe, deren Grundlage, Makkaronis, die sie in San Cristóbal, Tenosique oder Comitán kaufen. Während die Frau sich um das Abendessen kümmert, holt der Mann neues Brennholz, damit in der Nacht das Feuer nicht ausgeht, auf dem der Mais für die Tortillas am nächsten Morgen vor sich hin kocht. Mann und Frau bilden in den indianischen Gemeinden eine unteilbare ökonomische und soziale Einheit, in der der eine ohne den anderen nicht existieren kann. Die wichtigste Aufgabe des Mannes besteht in seiner Sorge für den Mais. Nur er und seine Söhne bohren mit einem Pflanzstock Löcher in die Erde, legen Saatkörner hinein und decken sie dann mit Mist zu. Und wenn die Kolben groß und stark geworden sind und die Regenzeit hereinbricht, knicken die Männer der Familie die Maisstauden ab, damit kein Wasser das reife Korn verderben kann. Die Frauen dagegen kümmern sich um die Pflanzen in ihren Gärten, vor allem um Bohnen und Kürbis.

Der Mais wurde den Menschen von der Sonne, von Ch'ultotik, zu der die Männer beten, gegeben. Bohnen und Kürbis dagegen sind ein Geschenk von Ch'ulmetik, der Mutter der Sonne, wie der Mond bei den Hochlandindianern heißt. So haben die Große Mutter und der Große Vater mit ihren Gaben auch die Tätigkeiten der Männer und Frauen unter den Menschen bestimmt. Unter den vielen Göttern, Geistern und Heiligen der Indianer des Hochlandes nimmt „Unsere Mutter, die Erde“ eine herausragende Stellung ein. Man entschuldigt sich für alles,

Frauen vor der Kirche in Chenalho

was man ihr antut: daß man auf sie tritt und sogar auf ihrem Gesicht seine Notdurft verrichtet. Die Erde ist unbestritten weiblich, und sie ist das ursprüngliche Element der Frauen. Die Männer hüten sich, mit diesem Element, das nicht das ihre ist, in allzu enge Berührung zu kommen. Während die Frauen barfuß laufen, tragen die Männer, das Gesicht der Sonne zugewandt, Schuhe, die sie vor dem direkten Kontakt mit der Erde bewahren sollen. In ihren Hütten hocken die Frauen an der qualmenden Feuerstelle auf dem Boden, die Männer sitzen daneben auf kleinen Schemeln. Selbst auf dem Markt in San Cristóbal sind es die Frauen, die sich inmitten des Gewühls vor einer Handvoll Bohnen, ein paar Tomaten und Kartoffeln auf dem Pflaster niederlassen, wogegen die Männer ihren Mais im Stehen verkaufen.

Neben dem Ackerbau als einem Pfeiler der Ernährung gehören zu einem indianischen Haushalt auch etwa zehn Hühner und ein oder zwei Schweine. In San Juan Chamula werden auch viele Schafe gehalten, die ausschließlich den Frauen gehören. Aus ihrer Wolle werden die schweren Chamarros gewebt, Umhang und Decke zugleich und unerläßlicher Schutz gegen die Kälte des Hochlands. Die Frauen aus San Juan Chamula sind für dieses Produkt ihrer Webkunst berühmt und verkaufen die Chamarros nicht nur an die Menschen in ihrer Nachbargemeinde Zinacantan oder an die Touristen in San Cristóbal, sondern auch in weit entfernte Dörfer wie Tenejapa und San Andrés. Das Fleisch der Schafe freilich wird niemals gegessen, und wenn ein Schaf stirbt, dann wird das als heilig geltende Tier auf einem eigens dafür eingerichteten Friedhof bestattet.

Ein anderer Wirtschaftszweig von San Juan Chamula ist die Herstellung von einfachen Möbeln aus rohem, unbehandeltem Holz. Wenn die Männer nicht mit Aussaat, Pflege oder Ernte des Maises beschäftigt sind, zimmern sie niedrige Betten, Schemel und Stühle, kleine Tische und Truhen. Manche dieser Handwerker stellen auch seltsam zirpende Gitarren und Violinen aus dem gleichen Holz her. Im nahen Zinacantán bietet der Handel mit Salz eine zusätzliche Einnahmequelle, der wie so vieles aus dem Leben der Indianer im Hochland auf einen mythischen Ursprung zurückgeführt wird.

Die Heilige Jungfrau von Salinas erschien eines Tages einem jungen Mann aus Zinacantán, als er unter einem Avocadobaum saß. Sie stellte sich als die jüngste Schwester der Virgen im Gemeindezentrum und der Virgen von Ixtapa vor. Wie ihre beiden älteren Schwestern wollte auch sie in einer Kirche wohnen. So sprach sie zu dem Jungen: „Es wird hier Salz geben, ihr werdet es kochen, dann werdet ihr es verkaufen, ihr werdet essen und Wasser trinken, ihr werdet kein Salz mehr zu kaufen brauchen, ihr werdet euer eigenes Salz haben, wenn ihr mir wie meinen älteren Schwestern ein Haus baut." Dann verschwand die Virgen, ohne daß der Indianer gesehen hätte, wohin sie gegangen war. Er fragte seinen Großvater, was er tun sollte. Er fragte seinen Vater. Er fragte seine Freunde. Schließlich bauten sie der Heiligen Jungfrau von Salinas ein Haus, und sie gab ihnen das Salz. Es ist ein gutes Haus geworden, eine schöne, große Kirche, die Männer opfern der Virgen an ihrer Fiesta, sie bringen ihr Weihrauch, Kerzen und Essen. Seit dieser Zeit handeln die Männer von Zinacantán mit Salz.

Wie das Salz zu Zinacantán, so gehört die Töpferei zu Amatenango de Valle. Vor den Häusern, wo Mais und Chili getrocknet werden und Obstbäume die köstlichsten tropischen Früchte tragen, sitzen die Frauen mit ihren schönen, bestickten Blusen, in den Haaren bunte Bänder, und formen aus der lehmhaltigen Erde riesige Wasserbehälter und kleine Schalen, Weihrauchgefäße und Näpfe. Sie kennen keine Töpferscheibe und keinen Brennofen. Die Gefäße werden in der Sonne getrocknet und schließlich im offenen Feuer gehärtet. Braune Linien und Tupfer bilden ein einfaches Dekor. Die kleinen Mädchen helfen ihren Müttern bei der Arbeit und formen kleine Tiere oder Aschenbecher, die sie den Touristen selbstbewußt und lautstark mehr aufdrängen als anbieten. Die Bewohner von Oxchuc haben sich vor allem auf Erzeugnisse aus Palmfasern spezialisiert. Aus dem großen Zentrum der Tzeltalen kommen die Netze, die an einem Lederriemen über der Stirn

In der Kirche von San Juan Chamula

getragen werden und in denen unter Umständen sogar ein ganzes junges Schwein Platz findet.

All diese handwerklichen Tätigkeiten werden neben der Arbeit auf dem Feld, im Garten oder im Haus verrichtet. Nur wenn jemand einmal unbedingt Geld benötigt, etwa um ein Amt zu übernehmen, um eine Heirat oder ein Begräbnis zu finanzieren, verläßt er für eine bestimmte Zeit seine Gemeinde, um auf den Plantagen im Tiefland zu arbeiten. Die Werber der Zuckerrohr- und Kaffeefincas heuern die Tzeltalen, Tzotzilen und Tojolabalen für ein paar Wochen zur Zeit der Ernte an. Der Lohn ist gering, die Arbeitsbedingungen sind schwer, und oft werden die des Lesens und Schreibens unkundigen Indianer betrogen, aber es ist fast die einzige Möglichkeit, an eine größere Geldsumme zu kommen. Wenn der Mann seine Familie verläßt, um einige Zeit in der Tierra caliente zu arbeiten, dann befeuchtet er zuvor einen Faden mit seinem Speichel und bindet ihn um die Taille seines Kindes, damit es ihn nicht vergißt.

In der Mitte der Welt

Trotz dieser Kontakte zur nichtindianischen Außenwelt, bleibt die eigene Gemeinde der Angelpunkt des Lebens. Von ihren Schutzheiligen und Göttern hängt es ab, ob die Ernte gut wird, ein Kind gesund zur Welt kommt und ob man vor Naturkatastrophen bewahrt wird. Nur hier werden die richtigen Feste gefeiert, die die Schutzheiligen gnädig stimmen und so Unheil abwehren. Das Zentrum eines indianischen Dorfes ist der unverrückbare Mittelpunkt der Welt; einer Welt, die aus drei rechteckigen Scheiben besteht: aus der Unterwelt, die jedoch nicht das Reich der Toten ist, aus der von Wasser umgebenen Erde und aus dem Himmel, wo sich die Verstorbenen aufhalten. Der Himmel wird von vier Pfeilern getragen, und genau nach diesem Modell ist die indianische Hütte ein kleines Abbild des Universums. Exakt im Schnittpunkt der Diagonalen der Erdscheibe liegt Zinacantán. Oder San Juan Chamula. Natürlich auch San Pablo. Genau wie San Andrés oder Chenalho. Was sich für Außenstehende verwirrend anhört, ist für die Dorfbewohner vollkommen klar. Hält man einem Mann aus Chamula vor, auch die Zinacanteken würden für sich in Anspruch nehmen, daß sich ihr Zentrum in der Mitte der Welt befindet, ist er um eine Antwort nicht verlegen. „Erstens war San Juan Chamula schon immer der Nabel der Welt", wird er einwenden, „und dann weiß doch jedes Kind, daß in Zinacantán nur Lügner wohnen." Die gleiche Antwort wird natürlich im umgekehrten Fall auch ein Zinacanteke geben. Oder der Mann aus San Pablo, wenn man ihn auf Chenalho anspricht. Jedes Dorf ist nicht nur der Nabel der Welt, sondern führt seine Gründung immer auf seinen Schutzheiligen zurück.

Als San Tomás, der Schutzheilige von Oxchuc und der wichtigste Heilige für die Tzeltalen und Tojolabalen, Ante Cristo, der den Menschen Böses wollte, endlich überwunden hatte, wandelte er über die Erde. Eine Schlange begleitete ihn. Sie sollte ihn zum Nabel der Welt führen. Tagelang wanderten San Tomás und die Schlange durch die Ebenen und über die Berge. Wo die Schlange sich niederlassen würde, da würde der Mittelpunkt der Erde sein. Als sie in die Gegend von Ocosingo kamen, senkte die Schlange den Kopf. San Tomás, der der langen Reise überdrüssig war, machte sich sofort daran, ein Dorf zu gründen. So entstand Ocosingo. Aber es zeigte sich, daß er sich getäuscht hatte. Denn die Schlange hatte sich nur ausgeruht. Also zogen sie weiter. Als sie den Ort erreicht hatten, wo sich heute Oxchuc befindet, verschwand die Schlange in der Quelle Yash-Nichén, was gelbgrüne Blume heißt. Dort wurde Oxchuc gegründet.

Am 20. und am 21. Dezember kommen Tausende, um den Festtag von San Tomás zu feiern. Sie bitten ihn um Wasser für ihre Felder, um Wasser, damit der Mais wächst, um Wasser, damit sie nicht zu hungern brauchen. San Tomás, der von der Schlange, die auch den Regengöttern der alten Mayas, den Chacoob, folgte, begleitet wurde, wird es ihnen geben. Es ist der alte Wassergott, der sich in einem anderen Gewand und unter anderem Namen in die katholische Kirche geschlichen hat, in der er zumindest in Oxchuc den wichtigsten Platz einnimmt.

Das Fest des Schutzheiligen ist in jedem Ort das größte Ereignis des Jahres. Daneben gibt es viele weitere Fiestas, bei denen die anderen

Tzeltalen opfern den Heiligen Weihrauch

Heiligen gefeiert werden, und Carnaval, der vor allem in San Juan Chamula ein einzigartiges, mehrtätiges Spektakel ist. Diese Veranstaltungen sind die Achse, um die sich das gesamte gesellschaftliche, religiöse und politische Leben in den indianischen Gemeinden dreht. In San Andrés gibt es allein achtundzwanzig wichtige Festtage, also etwa alle zwei Wochen einen, die weniger bedeutenden nicht mitgezählt. Nur im Juli finden im allgemeinen keine Fiestas statt, da in diesem Monat alle Mitglieder der Gemeinde zu sehr von der Feldarbeit in Anspruch genommen werden.

Fiesta in San Bartolomé

Keine Fiesta ohne Posh

Das Fest eines wichtigen Heiligen dauert meist mehrere Tage. Für die richtige Durchführung sind die Mayordomos und Alfereces verantwortlich. Sie legen dem Heiligen seine Festtagskleider an, sie schmükken die Kirche und ihre Hausaltäre mit Kiefernzweigen und Blumen, sie kaufen in San Cristóbal die notwendigen Kerzen, erstehen Feuerwerkskörper und sorgen für reichhaltige Festmähler, vor allem aber sind sie für den Vorrat an Posh, dem Rum des Hochlands, verantwortlich. Ohne Posh ist eine indianische Fiesta undenkbar. Nun ist es zwar in Mexiko verboten, ohne Lizenz Schnaps herzustellen, und es gibt auch zwei offizielle Brennereien in San Cristóbal, aber viele Chamulas ziehen es doch vor, sich in dieser wichtigen Angelegenheit nicht auf die Ladinos zu verlassen, und destillieren das beißende Getränk lieber selber heimlich in den Bergen. Posh heißt auf Tzotzil-Maya auch Medizin, und ohne den Schnaps kann keine Heilungszeremonie stattfinden. Dabei wird er aber nicht von dem Patienten getrunken, sondern von dem Schamanen und seinen Helfern, auf daß sie das Leiden des Kranken besser erkennen und behandeln können. Unzählige Legenden winden sich um die Entstehung dieses bedeutungsvollen Gebräus. Schon die Mayas in präkolumbischer Zeit kannten die berauschende Wirkung des Alkohols. Nach dem Popol Vuh, dem heiligen Buch der Quiché-Mayas, bereiteten die Götter im letzten Schöpfungsakt neun aus Mais fermentierte Getränke zu, die den Menschen Kraft und Wissen verliehen.

Wenn man den Tzeltalen glauben will, dann hat ihr wichtigster Heiliger San Tomás den Menschen den Posh gegeben. Sie erzählen, daß Jesus Christus früher einmal ein strenger Richter gewesen sei. Er bestrafte jeden Fehltritt der Menschen, und war er auch noch so klein, mit grausamer Härte. San Tomás aber hatte Mitleid mit den Menschen, deren Schwächen er wohl kannte. Als er eines Tages Jesus Christus traf, berührte er den Unbarmherzigen am Ellbogen, und es floß Posh aus seiner Armbeuge. Von diesem Moment an hatte Jesus Christus mehr Verständnis für die Menschen. San Tomás aber machte den Posh den Menschen zum Geschenk. Und sie lernten, wie man Posh trinkt, um zu den Göttern zu sprechen, und daß man den Heiligen Posh opfert, damit auch sie etwas zu trinken haben.

Die höchsten politischen und religiösen Würdenträger haben das Recht, Posh zu verkaufen um ihre Ausgaben zu decken. Wer eine Beschwerde oder eine Bitte vorbringen will, tut gut daran, bei ihnen etwas Alkohol zu kaufen und sie so seiner Angelegenheit geneigt zu stimmen. Wenn ein paar Tzeltalen miteinander trinken, heißt das „yaig pas be yotan“, was soviel bedeutet wie „etwas in Übereinstimmung bringen“. Der Schnaps, den San Tomás aus der Armbeuge von Jesus Christus hervorzauberte, bietet sogar ein wenig Schutz vor den Angrif-

Würdenträger aus Tenejapa trinken Posh

fen evangelischer Missionare auf das soziale Gefüge der Tzeltal-Gemeinde. Als die Protestanten einmal schon fast die Hälfte der Bewohner von Oxchuc von ihrer Religion überzeugt hatten, hielt der Erfolg ihrer Bekehrung nicht lange an. Nach einiger Zeit kehrten viele zu ihrem alten Glauben zurück, weil sie es einfach leid waren, nicht mehr mit ihren alten Freunden trinken zu dürfen.

Der Genuß von Posh unterliegt strengen Regeln. Normalerweise ist der erste Schluck für den, der die Flasche bezahlt hat, der zweite für den, der ausschenkt, und dann macht das kleine, trübe Glas, das immer exakt bis zum Querbalken eines eingezeichneten Kreuzes gefüllt werden muß und aus dem alle trinken, die Runde. Wenn die Männer fertig sind, wiederholen die verheirateten Frauen unter sich das gleiche Ritual. Bevor ein Indianer in der Kirche Posh zu sich nimmt, wird er immer ein paar Tropfen auf den mit Piniennadeln bedeckten Boden spritzen, damit die Heiligen ihren Teil erhalten. Bei religiösen Feiern trinkt zunächst der, der das höchste Amt innehat, und derjenige mit dem niedrigsten Rang muß warten, bis alle anderen zugegriffen haben. Es ist undenkbar, daß ein Würdenträger während einer Fiesta einen Schnaps, der ihm angeboten wird, nicht annimmt. Um die mehrtägigen Feierlichkeiten, bei denen er kaum Schlaf findet, überhaupt durchstehen zu können, bleibt ihm nur die Möglichkeit, eine Flasche und einen kleinen Trichter mit sich zu führen und den Posh in diese Flasche zu füllen. Auf die gleiche Art und Weise verfahren auch die Frauen und sogar manche Männer bei den Hochzeitsfeierlichkeiten. Bietet der Bräutigam seiner künftigen Schwiegermutter ein Glas des nicht ganz klaren Rums an, kann sie zwar nicht ablehnen, aber sie wird ihn vielleicht in einen Behälter an ihrer Seite kippen. Am nächsten Tag wird dann der so aufbewahrte Posh wieder zusammengegossen, und es wird fröhlich weitergefeiert.

In Zinacantán werden eine Flasche mit Posh und eine Schale mit Salz auf das obere Ende einer Festtafel gestellt. Der roh behauene Holztisch, der nur bei solchen Anlässen benutzt wird, ist vorher sorgfältig auf einer Linie zwischen Ost und West ausgerichtet worden. An der Schmalseite, die dem Ort des Sonnenaufgangs zugewendet ist, nimmt als erster der ranghöchste Würdenträger Platz. Nach ihm setzen sich auch die anderen Teilnehmer, Vertreter der örtlichen Regierung und Männer, die ein religiöses Amt innehaben, wobei sie streng darauf achten, daß die von der Hierarchie festgelegte Tischordnung eingehalten wird. Zur Eröffnung des zeremoniellen Mahls wird dann die erste Runde Posh ausgeschenkt. Anschließend waschen sich alle die Hände und spülen sich den Mund aus. Erst danach kann mit dem eigentlichen Essen begonnen werden. Dazu haben die Frauen schon vorher ein oder mehrere Hühner geschlachtet und sie, wie die Regeln es vorschreiben, gekocht. Niemals wird etwas Gebratenes serviert, das Kochen von Fleisch ist die einzig zulässige Zubereitungsart. Natürlich hat die Frau des Mayordomos mit Hilfe anderer Frauen aus der Familie und der Nachbarschaft auch unzählige knusprige, gelbbraune Tortillas gebacken, die mit den gräulichen, zähen Maisfladen, wie sie in mexikanischen Restaurants angeboten werden, nichts, aber auch gar nichts gemeinsam haben. Als ersten Gang servieren die Frauen die noch warmen Tortillas und die mit Chili scharf gewürzte Hühnerbrühe, deren Fettaugen in kleinen Kürbis- oder Tonschalen glänzen. Erst wenn der oberste Würdenträger unter den Anwesenden zu essen begonnen hat, dürfen auch die anderen zugreifen. Nach der Suppe kommt das Fleisch der Hühner mit neuen, duftenden Bergen von Tortillas auf den Tisch. Auf dieses reichliche und fette Essen folgt die zweite Runde Posh. Während die Männer dem Zeremoniell folgend trinken, kochen die Frauen Kaffee, den sie zusammen mit süßen Brötchen reichen. Das einfache Gebäck wird von Ladinos in San Cristóbal hergestellt, und es darf bei keinem Festessen, sei es anläßlich einer Fiesta, einer Hochzeit oder eines Begräbnisses, fehlen. Wenn alle satt und zufrieden sind, reinigen sie sich noch einmal Hände und Münder. Schließlich hört das Mahl auf, wie es begonnen hat: mit einer Runde Posh. Nun ist der offizielle Teil beendet, was aber nicht ausschließt, daß man danach nicht weitertrinken kann, so lange, bis die Männer Schwierigkeiten haben, sich auf den wackeligen Holzschemeln aufrecht zu halten und nur noch mit Mühe den Weg nach Hause finden.

Eine Fiesta bietet neben Festmählern, Musik und Tänzen und dem Abschießen von selbstgebauten Raketen, die einen fürchterlichen Krach machen, noch andere Abwechslungen. Oft wird ein großer

Markt abgehalten, oder man nutzt die Gelegenheit zu einem Besuch im Zentrum oder in einer benachbarten Gemeinde. Wenn die Virgen del Rosario von Salinas, sich mit einem der wichtigsten Heiligen von Zinacantán, Señor Esquipulas, trifft, dann wird sie auf ihrem stundenlangen Weg von vielen Menschen begleitet. Einmal im Jahr bleibt die Heilige Jungfrau vom Rosenkranz von Freitag bis Montag im zinacantekischen Nabel der Welt; und ihre Diener aus Salinas feiern mit ihren Kollegen aus dem Gemeindezentrum an diesem langen Wochenende ein rauschendes Fest.

Die Sünden der Heiligen

Für die Menschen, die nordwestlich von San Cristóbal in kleinen, abgeschiedenen Dörfern leben, ist eine Fiesta ein gern wahrgenommener Anlaß, ihren Schutzheiligen bei seinem Besuch in einer benachbarten Gemeinde zu begleiten. In Mitontic, dessen Name eine indianische Verballhornung von „Nitontic", „Steinerne Nasen" ist – eine Bezeichnung, die sich auf die vielen Felsvorsprünge in der Gegend bezieht –, gibt es zu diesem Zweck sogar zwei Ausfertigungen ihres wichtigsten Heiligen. Der große San Miguel bleibt immer in der Kirche, während der kleinere San Miguelito auf Reisen gehen darf, denn er ist viel leichter zu transportieren als sein schwereres anderes Ich. So hat nur San Miguelito das Vergnügen, bei der Fiesta von Santa Magdalena die beiden schönsten Damen des Hochlandes zu treffen: die Schutzheilige des Dorfes und Santa Marta. Die beiden Heiligen bestechen nicht durch ein kunstvoll geschnitztes Gesicht, einen demütigen Ausdruck oder gar durch eine zierliche Figur, sie machen im Gegenteil einen stämmigen, imposanten Eindruck, denn beide tragen die von den Frauen ihrer Dörfer kunstvoll gewebten Huipiles. Was auf diesen blusenartigen Überwürfen auf den ersten Blick als Stickerei erscheint, sind sorgsam eingewebte Wollfäden, die in zeitraubender Arbeit mit den Fingern durch die Kettfäden des Webstuhls gezogen wurden. Jede Frau aus Santa Marta und Santa Magdalena macht den schönsten und kostbarsten Huipil, den sie gewebt hat, ihrer Schutzheiligen zum Geschenk. Daher besitzen die beiden Heiligen so viele dieser für sie eigentlich viel zu großen Kleidungsstücke, daß sie ein halbes Dutzend übereinander anziehen können und die anderen große Truhen füllen, die den Schatz der Heiligen darstellen und sorgfältig gehütet werden.

Gertrude Duby, häufige Besucherin in Mitontic und den umliegenden Gemeinden, liebt deren kleine Feste, zu denen kaum jemals ein Fremder kommt. Im Laufe der Zeit ist ihre Anwesenheit sogar bei dem fast schon intimen Ritual der Kleiderwäsche zu einer Selbstverständlichkeit geworden. Vorsichtig nehmen die Frauen Santa Marta und Santa Magdalena die schweren Huipiles ab. Sie werden auf einem

Waschbrett aus Mahagoni gedrückt und geschlagen, bis der Staub der Kirche und der Straße, der sich im Laufe eines langen Jahres darin festgesetzt hat, verschwunden ist. Die anstrengende Arbeit des Auswringens übernehmen die Männer. Dabei wird sorgfältig jeder Tropfen aufgefangen, denn das Waschwasser gilt als heilig. Am Ende der Zeremonie erhält jeder, der dabei war, zwei Tassen voll mit dem kostbaren Naß. Eine schüttet man auf den Kopf, und eine wird getrunken. Als die Wäscherinnen eines Tages dabei Gertrude Duby miteinbeziehen wollen, fühlt sie sich zwar sehr geschmeichelt und läßt sich auch das Wasser über den Kopf gießen. Aber als sie an der Reihe ist, die Kürbisschale mit der grauen Flüssigkeit zu leeren, zieht sie es doch vor zu verschwinden. So heilig will sie nicht unbedingt werden.

Der Staub eines Jahres wird aus den Kleidern von Santa Marta und Santa Magdalena gewaschen

Gertrude Duby spricht von den Heiligen wie von guten Bekannten. Sie weiß nicht nur, daß sie Regen senden, aber auch Unwetter über benachbarte Gemeinden bringen können, sondern sie kennt genausogut wie die Indianer die Schwächen etwa von San Pablo oder Santiago. Bis vor ein paar Jahren wurde Santiago in dem gleichnamigen Dorf immer von Santa Marta und Santa Magdalena besucht. In der Nacht jedoch mußte immer ein menschlicher Wächter in der Kirche bleiben, da die Gläubigen meinten, man könne ja nie wissen, was nachts zwischen einem Herrn und zwei Damen passieren würde. Die indianischen

Heiligen sind nämlich wegen sexueller Ausschweifungen bekannt. San Tomás zum Beispiel hat zwei Frauen, die er auch einmal skrupellos dazu benutzte, den grimmigen Jesus Christus etwas fröhlicher zu stimmen. Auch von San Pablo weiß man, daß er es mit der ehelichen Treue nicht so genau nimmt. „Deshalb und nur deshalb“, meint ein alter Mann aus San Pablo bedauernd, „gibt es auch in unserem Dorf Männer, die Ehebruch begehen.“ Über Santa Marta und Santa Magdalena, die Jahr für Jahr eine gemeinsame Nacht mit Santiago in dessen Kirche verbrachten, ist nichts dergleichen bekannt. Schließlich war ja auch immer ein Wächter da, der aufpaßte, daß nichts Unsittliches passierte. Aber eines Nachts muß sich dessen wachsames Auge doch geschlossen haben, sei es, daß er einfach müde war, sei es, daß er zuviel Posh getrunken hatte, jedenfalls war am nächsten Morgen der gesamte Schmuck von Santa Marta und Santa Magdalena verschwunden. Die beiden Damen zogen daraufhin empört von dannen, um fürs erste nie mehr wiederzukehren. Santiago schien als Dieb überführt und hat sich bis auf den heutigen Tag nicht von diesem schweren Verdacht befreien können. Aber warum soll auch ein Schutzheiliger besser sein als die Bewohner seines Dorfes? Und werden nicht in Santiago manchmal Leute erwischt, die ihren Nachbarn etwas gestohlen haben?

Schon die Götter der klassischen Mayas hatten zwei Gesichter. Manche von ihnen gehörten sowohl zum Himmel als auch zur Unterwelt, sie konnten sowohl Gutes wie Böses tun. Die spanischen Missionare, die sich nicht nur der Macht ihres Gottes sondern auch der Gewalt der Heerscharen ihres Mutterlandes sicher waren, taten sich schwer, die heidnischen Indianer von dem Wunder der unbefleckten Empfängnis Marias zu überzeugen. Wieso sollte sie eine Heilige Jungfrau sein, wenn sie doch einen Sohn geboren hatte, dessen Vater noch nicht einmal der Mann war, mit dem sie verheiratet war? Aber schließlich lösten die Mayas doch das Rätsel, das ihnen die Missionare vergeblich zu erklären suchten. Natürlich, Santa Maria war niemand anderes als ihre Mondgöttin Ch'ulmetik, die dafür bekannt war, daß ihr ein einziger Mann noch lange nicht genügte. So ging der zweifelhafte Ruf Ch'ulmetiks auf die Virgen Maria über, die noch heute dafür verantwortlich gemacht wird, wenn eine ansonsten angesehene Ehefrau aus San Pablo ihren Mann betrügt.

Natürlich werden Santa Maria trotzdem Blumen gebracht, werden ihr Kerzen, Weihrauch, Eier und Posh geopfert. Viele beten zu ihr, um sich ihrer Hilfe und ihres Schutzes zu vergewissern. Sollte aber sie oder ein anderer Heiliger, obwohl ihnen doch so viele Gaben dargebracht werden, versagen, dann werden sie tüchtig ausgeschimpft. Schließlich kann ein Heiliger noch froh sein, wenn ein enttäuschter Gläubiger seinem Zorn nur in Worten Luft macht.

Frans Blom hat in den zwanziger Jahren noch Tojolabalen getroffen, die das Popol Vuh kannten. Trotzdem beteten sie zu den Heiligen mit

Ein Würdenträger aus Santiago betet zur Sonne

den christlichen Namen. Sie sorgten auch dafür, daß ihr Schutzheiliger, der allein war und immer so sehnsüchtig nach Comitán blickte, endlich eine Frau bekam. Als einmal eine fürchterliche Trockenheit herrschte und der Mais zu sterben drohte, trugen sie ihn in einer feierlichen Bittprozession nach draußen. Kurz darauf fiel ein heftiger Regen, der gar nicht mehr aufhören wollte. Nachdem es tagelang geregnet hatte, Felder und Wege sich langsam in eine Schlammwüste verwandelten, stellten sie kurzerhand ihre Jungfrau in das unbequeme Naß. „Schau", sagten sie zu ihr, „was dein Sohn angerichtet hat." Und ungerührt ließen sie die Virgen so lange vor der Kirche stehen, bis es endlich aufhörte zu regnen.

Noch härter verfuhren einmal die Zinacanteken mit einem ihrer wichtigsten Heiligen, mit San Lorenzo. Ein junger Zinacanteke hatte San Lorenzo im Wald gefunden. Seine Kleider waren abgerissen, und er hatte Hunger. Da sprach San Lorenzo zu dem jungen Mann: „Höre. Ich möchte gern bei euch wohnen. Ich möchte gern ein Haus haben. Dafür werde ich euch beschützen. Geh in das Cabildo und erzähl eurem Präsidenten von meinem Wunsch." Es wurde alles so gemacht, wie es San Lorenzo gesagt hatte. Die Zinacanteken bauten ihm eine Kirche. Sie holten ihn aus dem Wald, gaben ihm neue Kleider und stellten ihn auf den Platz über dem Altar, wo ihn alle sehen konnten. Eigentlich waren alle sehr zufrieden mit ihrem neuen Heiligen, nur die Ältesten entdeckten einen entscheidenden Fehler an ihm: er sprach. Sprechende Heilige hatten nicht nur Unruhe für die spanische und mexikanische Regierung gebracht – die Aufstände der Hochlandindianer von 1712 und 1869/70 werden auf die Ratschläge redender Heiliger zurückgeführt –, sie waren eine ständige Quelle des Ärgernisses im eigenen Dorf und sind es bis heute geblieben.

Immer wieder gibt es eine Familie, die erzählt, sie habe einen sprechenden Heiligen im Wald oder in einer Höhle gefunden, und sie verwahre das Bild oder die kleine Statue in ihrem Haus. Dieser Heilige könne nicht nur Worte von sich geben. Sie können auch Krankheiten heilen und sie sogar bei Feinden verursachen. Für ein paar Flaschen Posh sind sie gerne bereit, das Gebrechen eines anderen Zinacanteken durch ihren Heiligen kurieren zu lassen. Aber häufig schlägt diese Zeremonie fehl, und der Betrogene geht zu seiner örtlichen Regierung und verlangt, daß ihm der Rum und die anderen Dinge, mit denen er bezahlt hat, zurückgegeben werden. Dann muß ein Gerichtsverfahren eingeleitet werden, zu dem der Eigentümer des sprechenden Heiligen vorsichtshalber erst einmal ohne sein wundertätiges Bild oder seine heilende Figur erscheint. Wird der Heilige dann von den Mayores, den Polizisten, geholt, erweist sich, daß er vor dem Präsidenten nicht reden mag. Was bleibt den Ältesten da anderes übrig als ihn zu konfiszieren und seinen Besitzer in das Gefängnis zu werfen?

Um solchen Ärger von vornherein zu vermeiden, versammelten sich einst die höchsten Würdenträger von Zinacantán und gossen kochendes Wasser über San Lorenzo. Seitdem hat der Heilige seine Sprache verloren.

Neben den vielen Heiligen in einer indianischen Kirche spielt Jesus Christus nur eine untergeordnete Rolle. Bei den Tzeltalen ist er sogar der böse Gegenpart zu ihrem guten Schutzheiligen San Tomás. Für die Tzotzilen in San Pablo ist „senyor Hesugristo“ nur einer von vielen Namen, mit denen sie den Sonnengott anrufen. Salvarol, wie er auch genannt wird, ist allen technischen Neuerungen gegenüber sehr aufgeschlossen. In präkolumbischer Zeit hatte er dreizehn Helfer, die ihn auf seinem täglichen Weg von Osten nach Westen begleiteten. Aber als die Spanier in Mexiko die ganze Pracht ihrer kolonialen Herrschaft entfalteten, da saß auch der Sonnengott in einer reichgeschmückten dreizehnspännigen Kutsche. Heute fährt er natürlich in einem Auto, und dreizehn Diener leisten ihm Gesellschaft.

Götter der Berge

Neben den Santos wird der Pantheon der Hochlandindianer von Berggöttern und Wassergöttinnen bevölkert. Sie beherrschen die Naturkräfte, und ihre Hilfe wird vor allem bei Fruchtbarkeitszeremonien, aber auch bei Heilungsritualen benötigt. Obwohl diese Götter nur den Indianern bekannt sind und keine Bezüge zum Christentum aufweisen, sind sie durch Hautfarbe, Kleidung und Lebensart eindeutig als Ladinos ausgewiesen. Niemand hat sie jemals gesehen, aber jeder kann sie beschreiben.

Die Tzeltalen kennen den Herrn der Berge und Tiere unter dem Namen „Sombrerón". Bei Nacht tritt er aus seiner Höhle hervor und besteigt ein mächtiges schwarzes Pferd. Niemand kann sein Gesicht sehen, denn es wird von einem riesigen schwarzen Sombrero beschattet. Wehe dem einsamen Wanderer, der dieser Gestalt im Dunkeln begegnet. Sombrerón bringt nämlich die Menschen vom Wege ab, so daß sie sich in den Bergen verirren und seiner finsteren Macht ausgeliefert sind.

Auch bei den Tzotzilen sind die Berggötter Ladinos, und wie diese züchten sie Vieh. Aber auf ihren Weiden im Innern der Berge grasen keine Rinder, sondern Rehe, Hirsche und Jaguare. Die Berggötter sind zugleich auch die Herren des Regens, weil die Wolken aus den Bergen kommen. Ihre Töchter heißen „Mutter des Hagels", „Mutter des Frostes" und „Mutter des Maisfeldes". Nur die letztgenannte ist eine Indianerin, alle anderen sind Ladinas. Sie ernähren sich ausschließlich von Weihrauch und Kerzen. Auch die Wassergöttinnen, die in den Quellen leben, sind Ladinas. Zu ihnen wird jedoch nur gebetet, wenn eine Prozession, die um eine gute Ernte oder die Heilung eines Kranken bittet, an ihnen vorüberzieht oder wenn jemand, der gut zu den Göttern sprechen kann, ihren Namen als einen unter vielen bei seiner Anrufung der übernatürlichen Mächte nennt.

Im Innern des Berges Muk'ta Vits

Es erfordert ein großes Wissen sowie jahrelange Erfahrung, bis jemand weiß, zu welchem Zweck man welche Götter anrufen muß. Wichtiger als der Priester und mindestens ebenso geachtet wie die offiziellen religiösen Würdenträger sind die Schamanen. Die Indianer nennen sie H'iloletik, und H'ilol heißt wörtlich „Der, der sieht". Ihre wesentliche Aufgabe ist die Krankenbehandlung, aber sie werden auch gerufen, wenn ein neues Feld oder ein neues Haus eingeweiht wird oder wenn es endlich wieder regnen soll. In manchen Dörfern erwirbt der H'ilol seinen Ruf dadurch, daß er verschiedene religiöse Ämter mit Erfolg und zur Zufriedenheit der anderen ausgeführt hat. In Zinacantán dagegen, wo es etwa einhundertsechzig Schamanen gibt, von denen ein Drittel Frauen sind, die jedoch nur bestimmte Heilungsriten durchführen dürfen, entscheidet es sich im Alter von zehn oder zwölf Jahren, ob jemand für diese Aufgabe geeignet ist.

Drei Träume muß man haben. Im ersten erscheint dem Kind die Seele

Schamanen aus Zinacantán

eines der Mayores aus dem Haus des Senior Alcade. Zusammen gehen sie zu dem Berg Bankilal Muk'ta Vits, in dessen Innerem das spirituelle Alter Ego des obersten Würdenträgers von Zinacantán seinen Wohnsitz hat. Der Traum scheint Wirklichkeit zu sein. Die Seelen, die das Kind trifft, sehen genauso aus wie die Menschen aus Fleisch und Blut, zu denen sie gehören. Innerhalb der Erde gelten die gleichen Regeln wie auf der Erde. Wie es sich gehört, sitzt der Senior Alcade auf seinem Ehrenplatz am östlichen Ende der langen Tafel, vor die der Novize nun geführt wird. Er blickt in die Gesichter all der Männer, von denen er manche kennt und deren Kleider keinen Zweifel daran lassen, daß sie alle Schamanen seines Dorfes sind. Sittsam bleibt das Kind an der dem Westen zugewandten Schmalseite des Tisches stehen. Ehrfurchtsvoll begrüßt es die Anwesenden mit einem tiefen Neigen des Kopfes. Den Novizen überfällt leises Grauen, aber auch erwartungsvolles Schaudern, als der Senior Alcade das Wort an ihn richtet. „Willst du", so fragt er ihn, „deine Kraft dazu benutzen, kranke Menschen zu heilen? Oder willst du die Mächte, die in dir wohnen, für dich behalten? Willst du das ehrenvolle Amt eines Schamanen übernehmen? Oder willst du diese schwere Aufgabe nicht erfüllen?" Das Kind weiß sogar noch im Traum, daß es darauf nur eine Antwort gibt. Würde es die im donnernden Ton vorgetragene Frage verneinen, dann müßte es unweigerlich sterben.

Also hebt der verängstigte Novize den Kopf und sagt mit leiser, aber vernehmlicher Stimme: „Ja.“ Als hätte er nur auf dieses eine Wort gewartet, steht ein alter Mann mit einem verwitterten Gesicht auf und zeigt dem künftigen Schamanen die Werkzeuge seiner Arbeit. Er erklärt ihm die Bedeutung der Blumen, die man vor dem Bett eines Kranken oder auf den Gipfeln der heiligen Berge niederlegen muß. Er spricht über die Kerzen, darüber, daß man bei einer einfachen Zeremonie im Hause des Kranken die kaum kleinfingerdicken verwendet, daß man aber bei schweren Fällen nicht zögern darf, die großen für vier oder fünf Pesos anzuzünden. Auch die Farben spielen eine wichtige Rolle. Grüne Kerzen verhelfen zu einer guten Ernte, weiße erhalten die Gesundheit, gelbe bringen Wohlstand in das Haus dessen, der sie geopfert hat. Der alte Schamane spricht lange über den heiligen Weihrauch, wieviel man davon bei der einen oder anderen Zeremonie verwenden muß und in welchem Moment des Rituals ein neues Stück Copal in das Feuer geworfen wird. Als dem jungen Novizen schon der Kopf brummt und er nicht weiß, ob er das alles noch nach dem Erwachen wissen wird, erhält er endlich die Insignien seiner neuen Würde. Feierlich streift man ihm einen schweren schwarzen Chamarro über, der sorgfältig aus der feinsten Wolle gewebt ist, und überreicht ihm Sandalen aus derbem Rindsleder, die einen bis zu den Waden reichenden Fersenschutz haben. Nun winkt ihn der Senior Alcade an seine Seite, läßt ihn niederknien und schlägt langsam das Zeichen des Kreuzes über seiner Stirn. Noch einmal muß der Novize geloben, sein Amt als Schamane anzunehmen und auszuüben. Aber der schwerste Teil seiner Prüfung liegt noch vor ihm. Schweißperlen treten auf seine Stirn, und er weiß nicht, ob das beißende Feuer und der viel zu warme Chamarro oder das drückende Gefühl eines Alptraums daran schuld sind. Denn jetzt führen zwei Mayores einen Patienten herein, den ersten Kranken, den er heilen soll. Mit Fingern, deren Zittern er zu verbergen sucht, greift er nach dessen Puls. Zögernd beginnt der neue Schamane zu sprechen. Vorsichtig wählt er seine Worte. Obwohl seine Augen nur auf den fiebernden Mann vor ihm gerichtet sind, spürt er doch, wie die Männer um ihn herum näher und näher rücken und daß ihren aufmerksamen Augen und Ohren nichts entgeht. Sorgfältig wählt er die drei Kiefernzweige, die er zu Füßen des Kranken in die Erde steckt. Sieben schlanke Kerzen stellt er in einem Kreis auf. Drei Stücke Weihrauch verbrennt er, während er die Götter anruft und um ihre Hilfe bei der Heilung bittet. Als das letzte Wort des heiser gesprochenen Gebets verklungen ist, bleibt der erschöpfte Novize noch ein paar Minuten in Schweigen versunken. Hat er auch nichts vergessen? Hat er alles richtig gemacht, so wie die Regeln es vorschreiben?

Am nächsten Morgen, lange bevor die Sonne ihren Weg von Osten nach Westen antritt, starrt ein Kind mit schreckgeweiteten Augen gegen das mit Gras gedeckte Dach der elterlichen Hütte. Fröstelnd zieht es die kratzenden Wolldecken um sich. War es wirklich im Inneren des Berges Bankilal Muk'ta Vits gewesen? Hat seine Seele wirklich all die anderen Seelen der Schamanen und des Senior Alcade getroffen? Die Antwort wird es erst in ein paar Jahren wissen. Wenn seine Seele wiederum vor die versammelten Schamanen treten wird, um diesmal eine Frau und das nächstemal ein Kind zu heilen. Drei Träume muß das Kind haben, und erst wenn es an der Schwelle zum Erwachsensein steht, wird es sich zeigen, ob es wirklich zum Heilkundigen berufen ist. Dann nämlich befällt den jungen Mann, der als Kind diese abenteuerlichen, aber auch bedrückenden Dinge träumte, eines Tages eine unerklärliche Krankheit. Nun weiß er, daß nicht nur seine Seele, sondern daß er sich jetzt selbst seiner Berufung stellen muß. Er geht in das Dorfzentrum, um einen Liter Posh zu kaufen. Dann macht er sich auf den Weg zu dem angesehensten Schamanen. Wird dieser seine Gabe annehmen? Wird er ihn von diesen seltsamen Schmerzen heilen? Wird er ihm Glauben schenken? Der junge Mann weiß, daß er dem Schamanen nur die Wahrheit seiner Träume erzählen darf, daß schon die kleinste Lüge einen schrecklichen Tod für ihn bedeuten würde. Erst als der alte Mann sein Geschenk angenommen hat und der Junge während des gemeinsamen Trinkens stockend von seinen Erlebnissen im Innern des Berges Bankilal Muk'ta Vits berichtet, fällt langsam seine Angst von ihm ab. Erleichtert und etwas betrunken lauscht er dem langen Gebet des Schamanen, der die Berggötter mit all ihren Namen anruft und schließlich dem Novizen die Erlaubnis gibt, ins Tiefland zu ziehen und sich dort einen Bambusstock, das Zeichen seiner neuen Würde, zu schneiden. Nach seiner Rückkehr wird sich der junge Mann einen anderen erfahrenen Schamanen suchen, unter dessen Anleitung er seine erste Heilzeremonie auf der Erde durchführen wird.

Auf der Suche nach der Seele

Ob jemand eine schwere Grippe, Malaria oder heftige Bauchschmerzen hat, der Grund seines Leidens ist nach dem Glauben der Indianer im Hochland immer der gleiche: ein oder mehrere Teile seiner Seele – Ch'ulel – sind verlorengegangen. Der Schamane stellt zunächst eine Diagnose, das heißt er klärt, wie viele und welche Teile der Seele, die Ch'uleletik, verschwunden sind. Die Kunst seiner Therapie besteht in der mit Hilfe der Götter erfolgreichen Suche nach den Ch'uleletik. Es gibt viele Ursachen für das plötzliche Entweichen der Seele. Der Kranke kann gestolpert oder erschrocken sein. Feindliche Mächte können Ch'ulel entführt haben. Der Grund eines Leidens kann auch darin bestehen, daß dem tierischen Schicksalsgefährten eines Menschen etwas zugestoßen ist. Das komplizierte – und auch von den eifrigsten Ethnologen bis heute nicht vollständig erforschte – Gebilde der Seele der

Prozession der Schamanen und Würdenträger in San Juan Chamula

Hochlandindianer tritt nämlich nicht nur an mehreren Orten, sondern auch in verschiedenen Gestalten auf. Ch'ulel kann so aussehen wie der Mensch, zu dem sie gehört, und sich in dessen Kopf befinden. Zur gleichen Zeit kann sie wiederum ein Tier sein – ein Wiesel, eine Eule oder ein Jaguar –, das im Innern eines heiligen Berges oder auch einfach in der Wildnis lebt. Diese Wesen sind die Schicksalsgefährten des Menschen. Sie werden mit ihm geboren und werden mit ihm sterben. Stößt ihnen etwas zu, dann muß auch ihr menschlicher Doppelgänger leiden. Deshalb verschweigen die Indianer die Namen ihrer tierischen Begleiter, denn sonst könnte ein Feind sie verletzen oder sogar töten und so dem Menschen Schaden zufügen. Diese Tiere und die Seele tragen auf Tzotzil-Maya den gleichen Namen: Ch'ulel, „das Heilige".

Angesichts dieser komplizierten Strukturen benötigt ein Schamane einige Hilfsmittel, um die verlorengegangenen Teile einer Seele wieder aufzuspüren. Zunächst einmal fühlt er den Puls des Patienten. Seine Finger ruhen erst in der rechten, dann in der linken Beuge des Ellbogens. Das Pochen des Blutes gibt ihm erste Hinweise auf die Ursache der Krankheit, es „spricht" zu ihm. Doch oft genügt die Botschaft des Blutes allein nicht, um eindeutig festzustellen, wie viele Teile der Seele verschwunden sind. Dies kann nur mit Hilfe des heiligen Maises ermittelt werden. Sorgfältig zählt der Schamane die Maiskörner in eine Schale mit heißem Salzwasser, dreizehn vom gelben, dreizehn vom weißen, dreizehn vom roten und dreizehn vom schwarzen Mais. Gespannt beugen sich alle über das Gefäß. Die Körner nämlich, die nicht auf dem Topfboden liegen bleiben, sondern an der Oberfläche schwimmen, geben die Zahl der verlorengegangenen Segmente der Seele an. Doch die Sprache der bunten Samen ist schwer zu verstehen. Da fällt ein Korn hinab und ein anderes steigt plötzlich aus der Tiefe des Wasser auf. Ein Assistent des Schamanen bringt ihm einen qualmenden Kienspan, damit er besser sehen kann. Aber entweder liegt es an dem die Augen rötenden Rauch des Feuers oder an den vielen Gläsern Posh, die während der Zeremonie getrunken worden sind, oder einfach an dem mutwilligen Spiel der Körner, die Anwesenden können sich jedenfalls nicht über die Botschaft des Maises einig werden. Nach einer heftigen Diskussion steht schließlich fest, daß der Kranke sechs Teile seiner Seele entbehrt.

Die Diagnose ist nun beendet, und die Therapie kann beginnen. In einem schier endlosen Gebet ruft der Schamane die Götter an. Er nennt ihre Namen: die vier Träger des Himmels, den Schutzpatron seiner Gemeinde, Santa Maria, die Berggötter, die Heiligen aus anderen Gemeinden. Sie alle sind seine Helfer. Er fragt sie, wo der Kranke seine Seele verloren hat. Er bittet um Auskunft, wo sie gefangengehalten wird, wohin sie entführt worden ist. Der Schamane gibt ihnen Weihrauch, Blumen und Kerzen. Diese Opfergaben sind die Mittel, mit denen die Götter die Riemen durchtrennen, die Stricke durchschneiden

Carnaval in Chenalho

sollen, mit denen die Seele des Patienten gefesselt ist. Bei besonders schweren Fällen wird auch für einen Mann ein Hahn, für eine Frau ein Huhn geopfert. Wenn das lange Gebet schließlich zu Ende gegangen ist und der Schamane die Götter das letzte Mal aufgefordert hat, die Seele des Kranken zu befreien, haben die Frauen des Hauses den Hahn gekocht, und ein gemeinsames Mahl beendet die Zeremonie, nach der der Kranke hoffentlich gesunden wird.

In der Vorgehensweise des Schamanen spiegelt sich eine uralte Mystik der Zahlen. Drei Kiefernzweige hat er in die Erde vor das Bett des Kranken gesteckt. Drei Schichten des Himmels kennen die Zinacanteken und die Chamulas. Drei Namen trägt auch der bedeutende Maisgott der Mayas: der Überflußspender, der Gott der Reife und der Vermehrer des Maisbreis. Vier verschiedene Maissorten hat der Schamane in das Wasser geworfen, und vier verschiedene Schöpfungsperioden, die heute noch den Chamulas geläufig sind, erwähnt das Popol Vuh: die Erschaffung der Tiere, der Menschen aus Lehm, der Menschen aus Holz und der Menschen aus Maisbrei. Weiter gibt es die vier Träger der Welt, die bei den Zinacanteken Vashakmen heißen. Die vier Maissorten symbolisieren auch die vier Himmelsrichtungen, der rote Mais den Osten, der gelbe den Süden, der schwarze den Westen und der weiße den Norden. Neun Zellen eines Gefängnisses, wo die Seele des Kranken festgehalten werden könnte, hat der Schamane den Göttern genannt. Aus neun Schichten aber besteht die Unterwelt, die die Sonne des Nachts durchwandert. Dreizehn Körner von jeder Maisart hat der H'ilol in den Topf gezählt, und dreizehn Schichten haben der Himmel und auch die Seele des Menschen. Die Zahl Dreizehn spielt ebenso wie die Neun im alten Kalender der Mayas eine bedeutende Rolle. Im System dieses Kalenders wird ein Datum nicht wie in dem bei uns gebräuchlichen allein durch die Umlaufzeit der Erde um die Sonne berechnet. Die Methode der Mayas war genauer, weil sie diese Zeit mit der Umlaufzeit der Venus und dem Zeitraum, den der Mond benötigt, um einmal die Erde zu umkreisen, kombinierten. Das nach diesem Kalender von den Mayas errechnete Jahr endete mit den fünf „verlorenen Tagen", in denen die Herren der Nacht den Menschen ihren Schutz entziehen. Unter dem Einfluß der spanischen Missionare verschmolz diese Zeit mit dem Gedanken des Carnaval zu einem einzigen großartigen Ereignis, das einerseits von den politischen und religiösen Würdenträgern ausgerichtet wird und strengen Regeln unterliegt, andererseits aber von den Späßen der vielen verkleideten Menschen lebt, die derbe Scherze machen, einmal im Jahr alle Verhaltensvorschriften vergessen und sich an Unmengen von Posh und reichhaltigen Festmählern laben.

Von Bullen und Schwarzen Männern – Fiesta ohne Ende

In Zinacantán beginnt die Zeit der Masken und Stegreifspiele schon an Weihnachten. Am 24. Dezember wird aus Strohmatten und einem Holzgestänge ein Stier gemacht, in dessen Innerem sich ein Mensch verbergen und so den Bullen bewegen kann. Er wird von zwei Engeln, zwei Großvätern und zwei Großmüttern begleitet. Die Großmütter werden von Männern dargestellt, was Anlaß zu vielem Gelächter gibt, etwa wenn sie sich bemühen, mit besonders hoher Stimme zu sprechen, oder kokett die Röcke heben, um zu zeigen, daß sie „wirklich" Frauen sind. Die zwiespältigste Rolle jedoch spielt der Bulle. Manche erzählen, der Bau eines Stiers am Heiligabend geschehe aus Erinnerung an die Geburt Jesu. Es war eine bitterkalte Nacht, und Santa Maria hatte nichts, um das frierende Kind einzuwickeln. Da bat sie die Tiere, ihren kleinen Sohn zu wärmen. Aber keines unter ihnen wollte ihr den Gefallen tun. Nur der mächtige Ochse kam zu ihr und gab dem kleinen Christus die Wärme, die er brauchte.

Aber es gibt auch andere Geschichten über den Stier, die nicht so schmeichelhaft sind. Die Zinacanteken glauben, daß die Hexen des Nachts die Gestalt von Kühen annehmen und in dieser Form Krankheiten über die Menschen bringen. Der Bulle aus Stroh ist jedenfalls in der Zeit zwischen Weihnachten und dem 6. Januar ein aggressives Tier. Immer wieder kämpft er mit einem der beiden Großväter und verletzt sie dabei spielerisch vorzugsweise am Stolz ihres Geschlechts. Dann ist der Jammer der Großmütter groß. Sie weinen über die verlorene Manneskraft ihrer Gatten, beschimpfen den Stier in den höchsten Tönen und zeigen den Umstehenden mit eindeutigen Gebärden, wo

Am Vorabend des Regierungswechsels versammeln sich die Tzotzilen in Mitontic

sich die Wunde befindet. Die leidenden Großväter winden sich am Boden und schreien nach der Hilfe eines Heilkundigen, der schließlich von einem mitleidigen Würdenträger oder einem Musikanten geholt wird. Nach einer kurzen Parodie auf eine Heilzeremonie springt der gesundete Großvater wieder auf und preist sich lautstark als Überwinder des gefährlichen Bullen. Bis zum 6. Januar werden die Großmütter, Großväter, die Engel und der Ochse aus Stroh nicht müde, dieses Spiel zu wiederholen. Dann aber ist unwiderruflich das Ende des Stiers gekommen. Nach seiner rituellen Tötung gibt es ein großes zeremonielles Mahl, bei dem die Zinacanteken jedes Jahr aufs neue die Überwindung des Bösen feiern.

Der 31. Dezember ist in jeder Gemeinde ein wichtiges Datum, denn an diesem Tag findet der Regierungswechsel statt. In San Juan Chamula versammeln sich schon am frühen Morgen alle politischen Würdenträger. Es kommen die Männer aus allen Barrios: aus San Sebastian, aus San Pedro und aus San Juan. Der Präsident ist bei diesem Ereignis selbstverständlich anwesend, wie auch alle anderen fünf Mitglieder der konstitutionellen Regierung, obwohl sie nach mexikanischen Recht gewählt werden und drei Jahre im Amt bleiben. Dennoch ist der Wechsel der traditionellen Oberhäupter auch für sie ein wichtiger Tag. Dreiundsechzig Männer geben heute ihr Amt an ihre Nachfolger ab, die im kommenden Jahr für die gerichtlichen Entscheidungen, die Finanzen und die Ordnung in ihrer Gemeinde zuständig sein werden. Die drei Barrios haben als Zeichen ihrer Würde und Macht hölzerne Stangen mitgebracht, neunzehn davon gehören dem wichtigsten Bezirk der Gemeinde, San Pedro; San Sebastian hat drei und San Juan sechs oder sieben. Natürlich ist eine solche Zeremonie ohne Posh undenkbar. Allein zehn Literflaschen stehen zu Füßen des Präsidenten, und zu der langen Reihe der hölzerenen Stangen verläuft eine ebenso lange Parallele von Schnapsflaschen. Nicht nur die Männer, auch die Frauen, die sich der Bedeutung ihrer Rolle als Gattin eines angesehenen Richters oder Steuereintreibers wohl bewußt sind, sprechen dem klaren, beißenden Getränk zu.

In Mitontic vollzieht sich der Regierungswechsel mitten in der Nacht beim flackernden Schein der Fackeln. Schon am Morgen des 31. Dezember sind die Menschen aus den umliegenden Parajes in das Tal, wo das Gemeindezentrum liegt, heruntergekommen. Auf dem großen Platz zwischen der alten und der neuen Kirche, der Schule und dem Waschhaus versammeln sie sich in ihren schönsten Kleidern. Wenn die Abendkälte die Menschen leise frösteln läßt, werden die ersten Feuer angezündet. Besondere Aufmerksamkeit wird der Feuerstelle, um die die Ältesten sitzen, zuteil. Sorgfältig sind die hölzernen Stäbe in einem Kreis angeordnet worden. Als Sitzgelegenheit dienen große, vom Wasser rundgewaschene Steine. Wenn der Vater, die Sonne, fortgegangen ist und am Himmel der Venusstern aufzieht, gehen die Mayores des alten Jahres zwischen den dichtgedrängten Menschen herum und suchen ihre Nachfolger für das unterste Amt in der politischen Hierarchie Mitontics. Der gelbe Schein des Feuers beleuchtet die dunklen Gesichter. Kinder schreien. Ein Hund heult den Mond an. Jemand fängt an zu beten. Über dem Platz erhebt sich das Summen des melodiösen Tzotzil-Mayas, das halb gesungen, halb gesprochen wird. Fackelträger schieben sich durch die Menge. Sie fordern die Männer, die im kommenden Jahr ihr Paraje verlassen und den Dienst im Gemeindezentrum antreten

sollen, auf, den Eid auf ihr neues Amt abzulegen. Inzwischen ist der Himmel schon tiefschwarz geworden, nur die Sterne glitzern in unendlicher Ferne. Trotz der Wärme der Feuer und des Posh wird die Kälte langsam schneidend. Aber die Zeremonie ist noch lange nicht zu Ende. Die auf dem Boden hockenden Menschen ziehen ihre wollenen Überwürfe und Decken enger um sich. Immer wieder stimmt jemand ein neues Gebet an, und es sind lange noch nicht alle Würdenträger für das neue Jahr gefunden. Wenn die Nacht sich geneigt hat, tritt in einer

Wenn am Morgen nach dem Regierungswechsel das Feuer langsam erlischt, haben die Ältesten ihre Plätze verlassen

symbolischen Handlung der Präsident als letzter sein Amt an. Er ist zwar für drei Jahre gewählt worden, aber er würde seine Funktion nicht mehr lange ausüben können, würde er nicht diesem uralten Ritus folgen.

Für die Zinacanteken ist die Zeit zwischen Weihnachten und Carnaval ein einziges nur von kurzen Pausen unterbrochenes Fest. Nur acht Tage nachdem sie die rituelle Tötung des Bullen aus Stroh gefeiert haben, beginnt die Fiesta des heiligen Sebastian, die bis zum 25. Januar dauert und die wichtigste Feier in Zinacantán ist. Schon am 6. Januar werden Steuern für diese aufwendige Veranstaltung eingetrieben. In der ersten Hälfte des Monats machen die Würdenträger des vergangenen Jahres jeweils drei Besuche bei den Hütern der Schätze des heiligen Sebastian und bringen ihnen Posh und Brot. Diese rituellen Objekte sind ein rotgoldner Ring, der bei Kampfspielen als Zielscheibe dient, und eine besondere Trommel. Aber das eigentliche Fest ist ein Spektakel, das die verkleideten religiösen und politischen Würdenträger aufführen und das auf einer Mischung zwischen erinnerter Geschichte und Aberglauben beruht. Die zwei spanischen Kavaliere, die dabei eine Rolle spielen, werden von zwei Alcades, die sonst politische Ämter innehaben, dargestellt. Zu ihnen gehören zwei spanische Damen, die auch Frauen aus Oaxaca genannt und von den Alfereces von Santo Domingo und San Lorenzo gespielt werden. Der erste und zweite Regidor, die sonst ihre Gemeinde nach innen politisch vertreten, stellen nun den jüngeren und den älteren Weißhaarigen dar. Diese beiden Charaktere sind auch unter dem Namen Moctezuma oder als Azteken bekannt. In der zweiten Gruppe gibt es noch den jüngeren und den älteren Lacandonen, die beiden Jaguare, zwei gefiederte Schlangen, die Bemoosten und schließlich die verrufenen Schwarzen Männer, die von den Mayores dargestellt werden.

Die beiden seltsam anmutenden Gruppierungen, die der Spanier auf der einen und die um die Lacandonen auf der anderen Seite, haben einen konkreten historischen Hintergrund. 1555, 1559 und 1696 kämpften die Tzotzilen und Tzeltalen zusammen mit den Spaniern gegen die sich der christlichen Missionierung hartnäckig widersetzenden Lacandonen. Noch heute blicken die Bewohner des Hochlands verächtlich auf die Menschen im Tiefland herab. Bei der Fiesta von San Sebastian und im Carnaval von San Juan Chamula spielen die Lacadonen immer eine negative Rolle. Zwar töten sie in einem Spiel vor der Kirche die Jaguare als Symbol des Bösen, aber sie nehmen danach auch zwei Knaben aus der Zuschauermenge, die immer Chamulas sind, gefangen und erschießen sie mit Pfeil und Bogen. Auf diese Weise durch eine Übertragung der Seelen wieder lebendig geworden, springen die als Jaguare verkleideten Männer auf, feiern ihre Wiedererstehung mit Posh und treiben mit den anderen Mitgliedern ihrer Gruppe bis zum Ende der Fiesta derbe Späße.

Carnaval – verrückter Februar

In Zinacantán, San Juan Chamula und Chenalho dauert der Carnaval vier oder fünf Tage. Er ist in allen Gemeinden eine wichtige Veranstaltung, aber am prächtigsten wird dieses Ereignis in San Juan Chamula gefeiert. Eine Woche vor Beginn des Carnaval wird dieser von einem eigens dazu bestellten Ausrufer angekündigt. Vor dem Cabildo hält er seine Rede:

„Chamulas!
Verrückter Februar!
Heute ist der (und er nennt das Datum des Tages).
Der erste Soldat kam nach Mexiko.
Er kam nach Guatemala.
Er kam nach Tuxtla Gutierrez.
Er kam nach Chiapa de Corzo.
Er kam nach San Cristóbal Las Casas.
Er kam mit Fahnen.
Er kam mit Trommeln.
Er kam mit Trompeten. Hurra!"

„Hurra!" schreien die vielen Menschen, die sich auf dem Platz vor dem Cabildo drängen. Und der Ansager wiederholt die gleiche Rede, daß der zweite Soldat kam, wohin er ging und was er mitbrachte. Der letzte Soldat führte Raketen, Kanonen, Pfeifen und Hörner mit.

„Mariano Ortéga und Juan Gutierrez kamen und mit ihnen Nana María Cocorina. Sie gingen zusammen in die Wälder und liebten sich. Als sie zurückkamen, aßen sie Bonbons, süßen Kürbis und Blutwurst. Es lebe Mariano Ortéga! Bomba!"

„Bomba!" antworten begeistert die Zuhörer, und der Sprecher freut sich, daß er nichts von seiner langen, genau vorgeschriebenen Ansprache vergessen hat. Juan Peréz Jolote, der Ausrufer des Jahres 1931, hat erzählt, daß bei seiner Amtsübernahme die Notizen seines verstorbenen Vorgängers so unleserlich waren, daß er sie nicht entziffern konnte. Voller Angst sah er dem Tag seines Auftritts entgegen, bis ihm eines Nachts Domingo dela Cruz Chato, einer der Ältesten von San Juan Chamula, im Traum erschien und ihm die Worte sagte, die er sprechen sollte. Diese Rede, die Juan Perez Jolote im Morgengrauen bei dem Schein einer Kerze notierte, hat sich bis heute wortwörtlich erhalten. Die Städte und Länder, durch die die drei namenlosen Soldaten ziehen, sind Anspielungen auf geschichtliche Ereignisse: auf die Eroberung Mexikos durch Cortés, die französische Intervention von 1861–1867, den darauffolgenden Aufstand der Chamulas und die mexikanische Revolution. Der genannte Mariano Ortéga, dessen historisches Vorbild eigentlich Juan Ortéga hieß, war ein treuer, reaktionär Anhänger der Kirche und rief sich während der Herrschaft der Franzosen zum Kaiser von Chiapas aus. Obwohl er nur bis 1864 San Cristóbal besetzen und so

auch Chamula und Chenalho unter seine Herrschaft bringen konnte, wird er mit denen identifiziert, die die große Rebellion 1870 niederschlugen. Juan Gutierrez war ein Anhänger der Autonomiebestrebungen für Chiapas und wurde 1830 Gouverneur. Die Begleitung der beiden Männer, Nana María Cocorina, war die Mätresse des ehemaligen Kaisers von Chiapas und stellt zugleich einen Charakter dar, der dem der Malinche ähnelt, jener Aztekenprinzessin, die ihr eigenes Volk verriet und die Geliebte des schweinsköpfigen Cortés wurde. Im Carnaval wird sie von einem Mann dargestellt, der ein mit Weihrauch gefülltes Becken trägt und die Passiones, die großen religiösen Würdenträger, begleitet.

Während der Zeit des Carnaval sind die einzelnen Parajes von San Juan Chamula fast menschenleer. Nur die gebrechlichen Alten und Kranken bleiben in ihren Hütten, alle anderen strömen in das Gemeindezentrum, das aus allen Nähten zu platzen droht. In der Menschenmenge fallen vor allem die Mashes, die Affen, durch ihre Verkleidung und den Unsinn, den sie treiben, auf. Sie sind wie die Schwarzen Männer in Zinacantán die Unruhestifter, die bösen Buben, die mit ihren aus dem Penis eines Bullen gefertigten Peitschen auf alles und jedes einschlagen, was durchaus auch blaue Flecke zur Folge haben kann, ohne daß es ihnen jemand besonders übelnimmt. Die allerschlimmsten unter ihnen sind die, die nicht den Passiones unterstehen und die man die unabhängigen Affen nennt. Sie betteln um Essen und trinken so viel Posh, wie sie nur bekommen können. Ihr Kostüm ist eine wilde Mischung aus der Uniform der französischen Grenadiere im 19. Jahrhundert, den präkolumbischen Maya-Sandalen mit dem hohen Fersenschutz und steil aufragenden Mützen aus Affenfell. Damit sie auch wirklich niemand mehr erkennen und ihnen etwas nachtragen kann, verhüllen sie ihre Gesichter zusätzlich mit bunten Tüchern und in neuester Zeit auch besonders gerne mit verspiegelten Sonnenbrillen.

Der einzige Schutz vor den Affen ist die Maske des Jaguars, die von der örtlichen Regierung an je ein Mitglied der drei Bezirke vergeben wird. Das Kostüm ist mit Schellen geschmückt, und sein Träger erhält gleichzeitig eine Fahne, deren Spitze der „Kopf Gottes“ ist und ihn so vor den Streichen der Mashes bewahrt. Die Affen sind nämlich Dämonen oder auch Juden, die Jesus Christus umgebracht haben, und der Jaguar ist ihr guter Gegenpart, der versucht, Gott zu verteidigen. Wenn der Schellenjaguar sein „Fell“ einem anderen Chamula umhängt, dann muß dieser mit ihm tanzen, eine Weigerung würde als Weigerung, Gott vor den Dämonen zu schützen, gelten. Während sich die Mashes nach den ersten Opfern ihrer Untaten umsehen, kommen aus dem Gebirge die Straßenkehrer mit ihren Besen, die einem alten Brauch zu Folge achtundfünfzigmal den großen Platz der Gemeinde fegen. Sie bilden drei Gruppen, eine aus jedem Barrio. Die Mashes tanzen um sie herum, pfeifen schrill und laut, um sie anzufeuern, und ehe sich ein Mann mit

Mashes aus San Juan Chamula

Raketen begleiten den Carnaval in San Juan Chamula

dem Reisigbesen versehen hat, hat er zwischendurch von der zischenden Peitsche eines Affen einen Schlag abbekommen. Inzwischen sind auch die Würdenträger eingetroffen, die in heiligen Kisten die silbernen Spitzen und die bunten Bänder für die Stöcke, die bei den Läufen über den gefegten Platz getragen werden, aufbewahren. Sie werden von den Männern mit den Affenfellmützen und von Musikanten begleitet. Zirpende Harfen- und Gitarrentöne mischen sich unter das Pfeifen der Mashes und die „Bomba"-Rufe der Zuschauer. Die Affen rennen über den großen Platz und raufen sich mit ihren Kollegen aus den anderen Barrios. Ein besonders schöner Anblick ist der Lauf der politischen Würdenträger, deren Baumwollhemden und -hosen in der strahlenden Sonne leuchten und deren Hutbänder mit den langen Stoffstreifen an den Standarten um die Wette flattern. In den Häusern der Führer sind großartige Festmähler ausgerichtet, zu denen Trommler und Flötenspieler die Tafelmusik machen. Der Tumult wird vollständig durch das donnernde Getöse der Raketen, die bis in die tiefe Nacht hinein abgeschossen werden.

Am Montag des Carnaval werden die Bullen geschlachtet, einer für das Barrio San Pedro und seine Würdenträger, einer für San Juan und einer für San Sebastian. Das mächtige Tier wird gefesselt, bis es fast bewegungsunfähig ist und nur noch den Kopf ein wenig drehen kann.

Ein eigens dafür bestimmter Mann durchsticht ihm mit einem langen Messer die Halsschlagader. Seine Hände färben sich glänzend rot vom Blut des sterbenden Tieres. Dreimal sticht der Schlächter zu, und immer noch zuckt der an Kraft verlierende Stier. Wenn er endlich verendet ist, wird ihm der Kopf abgeschlagen und im von Raketenschüssen begleiteten Triumphzug umhergetragen. Auf dem Schlachtplatz bildet das geronnene Blut langsam eine braune Kruste auf der Erde. Die Männer lösen die Fesseln des Bullen, und unter lautem Gelächter geht der erste auf den Rumpf zu und berührt den Penis mit den Lippen. Zoten und Scherzworte werden gewechselt, während einer nach dem anderen den Kopf zwischen die Hinterbeine steckt. Besonderen Beifall erntet eine Frau, die fest mit den Zähnen zupackt und heftig am Geschlechtsteil zieht. Wenn fast alle Anwesenden blutverschmierte Hände und Gesichter haben, hat der Stier als Spielzeug ausgedient. Die Frauen kochen noch am selben Tag eine Blutsuppe und die Leber. Dem Rindfleisch wird eine große Kraft zugeschrieben, es ist unerläßlicher Bestandteil der Bankette anläßlich großer Fiestas, wird aber sonst nie gegessen.

Der letzte Tag des Carnaval beginnt schon um drei Uhr morgens. Alle Würdenträger und die Mashes versammeln sich auf dem großen Platz im Gemeindezentrum. Dreimal ziehen sie über diese Stätte, von Fackelträgern und dem ungeheuren Lärm der Trommeln, Harfen, Gitarren, Pfeifen, Schellen und Feuerwerkskörper begleitet. Anschließend beginnt die große Prozession auf den Gipfel des Kalvarienberges, zu den drei großen Holzkreuzen, die von weitem wie christliche Symbole aussehen, bis man bei näherem Hinsehen einen Einschnitt am Längsbalken bemerkt, der von Kiefernzweigen verdeckt wird. So ist es zugleich das alte Zeichen der Mayas, das gleichschenklige Kreuz, das die vier Himmelsrichtungen verkörpert. Nach dem langen Marsch bis zum höchsten Punkt des Hügels stärken sich die Männer erst einmal mit einem kräftigen Schluck Posh. Ein großes Freudenfeuer wird entzündet, die Schellenjaguare hängen jedem ihr Fell um und führen wilde Tänze auf, die Würdenträger opfern Weihrauch und Kerzen. Wenn der Himmel sich im Osten zu röten beginnt, steigt die Prozession wieder in das Tal hinab. Sie gehen zur heiligen Quelle, wo die Frauen ein köstliches Mahl aus dem Fleisch des gestern geschlachteten Stieres bereitet haben. Für die höchsten Würdenträger ist ein Tisch gedeckt, die anderen essen im Stehen. Alle trinken reichlich Posh und Chicha, das trübe Maisbier.

Am Abend findet das letzte große Ereignis des Carnaval statt: der Feuerlauf. Auf dem großen Platz im Gemeindezentrum ist Gras und Gestrüpp geschichtet. Bei einbrechender Dunkelheit züngeln Flammen durch den trockenen Brennstoff. Von lautem Geschrei der Umstehenden begleitet laufen die Männer, die für die Zeremonie des Carnaval verantwortlich sind, durch das Feuer. Nicht wenige verbrennen sich dabei die Beine, aber wieder und wieder rennen sie hindurch, bis aus der

Tzotzilen kehren von einer Fiesta nach Hause zurück

roten Glut schwarze Asche geworden ist. Endlich ist die Reinigungszeremonie und damit auch das Fest beendet. Feierlich verkündet der Ansager den Schluß des Carnaval. Müde vom vielen Feiern, Trinken, Schreien und Tanzen gehen die Menschen auseinander. Manchem von ihnen wird der lange Heimweg recht schwerfallen. Bald liegt der große Platz still und verlassen im matten Licht des Mondes. Am Aschermittwoch gibt es ein großes Fischessen im Haus der Señora Nana María Cocorina. Die Männer, die die Silberspitzen der Stangen und die bunten Bänder verwahren, suchen sie zusammen und packen sie sorgfältig in die heiligen Kisten. Aus der Kirche ertönt leise Musik. Dort legen die Alfereces den Heiligen ihre Werktagskleidung an. Der Alltag kann wieder beginnen.

Ein religiöser Würdenträger aus Tenejapa

Auf dem Heimweg

Nachmittag in Tenejapa

Reiter vor der Kirche ihres Schutzheiligen Santiago

Gebet zu Salvarol, dem Herrn der Sonne

San Andrés

Beten zu San Miguel

Prozession in Mitontic, 1960

Feuerlauf beim Carnaval in San Juan Chamula

„Verrückter Februar!“
Carnaval in San Juan Chamula

Musikanten aus Huistan

Die Fiesta ist zu Ende

Nachwort: Die Geschichte dieses Buchs

Im Oktober 1980 kommen wir nach einer langen, anstrengenden Fahrt in das Hochland von Chiapas. Hinter uns liegen die Sümpfe von Tabasco, wo die Palmen sterben und man kaum noch atmen kann, weil die expandierende Ölindustrie die Atmosphäre verpestet. Wir haben Bohrtürme, Ölfelder und Industrieanlagen gefilmt, mit Gewerkschaftsbossen und Slumbewohnern der Boom-Stadt Villahermosa gesprochen. Nun sind wir auf dem Weg nach Na Bolom, um mit Gertrude Duby-Blom ein Interview über die ökologischen Auswirkungen des Öl-Rausches zu führen. Langsam legt sich die Dunkelheit über die Berge. Die klare, kühle Abendluft erscheint uns nach der tropischen Hitze von Villahermosa und Reforma wie ein Geschenk.

In Na Bolom erwartet uns Gertrude Duby-Blom schon beim Abendessen. Wir glauben uns in eine andere Welt versetzt. Der große Speisesaal ist eine einzigartige Mischung aus europäischem und mexikanischem Lebensstil, der von der Patriarchin des Hauses bestimmt wird. Sie präsidiert an der langen Tafel, überwacht das Auftragen der Speisen, führt mit allen eine lebhafte Konversation in mehreren Sprachen. Unter schwarz und scharf gezeichneten Brauen blitzen ihre blauen Augen um die Wette mit ihrem bizarren Silberschmuck. Die achtzig Jahre ihres Lebens sind ihr nicht anzusehen, und doch hat sie die Würde des Alters; sie verbreitet eine Aura um sich, die aus ihren Gästen respektvolle Zuhörer macht, und bedenkt im nächsten Moment verschüchterte Volontäre mit einer Geste echter Herzlichkeit. Dann wieder bietet diese tatkräftige, zupackende Frau ein Bild der Ruhe und Besinnlichkeit, wenn sie sich in ihrem langen Kleid erhebt, um auf einem Holzkasten das in Na Bolom selbstgebackene Brot für die Besucher zu schneiden.

Am nächsten Tag fahren wir mit Gertrude Duby-Blom nach Mitontic, wo wir einen Teil des Interviews drehen wollen. Es dauert nicht lange, bis wir die asphaltierte Straße auf einem Feldweg verlassen, auf dem die Autos nur langsam vorwärtskommen. Während wir an sonnenüberfluteten Berghängen, an Maisfeldern und vereinzelten Indianerhütten vorbeikommen, erzählt uns Gertrude Duby-Blom von ihren vielen Reisen nach Mitontic. Sie hat diese Strecke immer auf einem Maultier zurückgelegt und dabei die verschlungenen Pfade der Indianer benutzt. „Eigentlich hätten wir ja auch reiten können, das ist doch viel schöner als in so einer stinkenden Benzinkutsche zu sitzen", meint sie mit leiser, aber unüberhörbarer Kritik. Tatsächlich erweist sich der Feldweg als Fahrstraße gänzlich ungeeignet. Wir bleiben bald im Morast stecken. Unserem Fahrer steht der Schweiß auf der Stirn, als er seinen Bus durch die Schlammlöcher steuert und der Dreck meterhoch aufspritzt. Gertrude Duby-Blom läßt sich von diesen Unterbrechungen nicht erschüttern, ungerührt stampft sie durch den aufgeweichten Lehmboden und lehnt alle Angebote, sie am Arm durch den Matsch zu führen, energisch ab.

Als wir endlich Mitontic erreichen, ist sie sofort von einer Schar lachender und kreischender Kinder umringt. Die beiden indianischen Lehrer begrüßen Gertrude Duby und führen sie zu einer Baumgruppe, die sie vor einem Jahr gepflanzt hat. Die Besucherin freut sich, daß ihre Geschenke so gut gedeihen. Aber sie sieht auch mit scharfen Augen die Veränderungen in Mitontic. Uns erscheint diese abgelegene Gemeinde eine von westlichen und mexikanischen Einflüssen weitgehend unberührte Idylle zu sein. Die Männer tragen noch die alten weißen Baumwollhosen, viele Hütten haben noch das traditionelle, hochaufragende, grasgedeckte Dach und Wände aus Lehm, und die Frauen weben immer noch Huipiles mit den aus der Vergangenheit überlieferten Mustern, deren Bedeutung für viele schon verlorengegangen ist. Gertrude Duby macht uns auf die andere Seite von Mitontic aufmerksam: auf die Wellblechdächer, auf das moderne Waschhaus aus Beton und auf die unaufhaltsam in sich zusammensinkende alte Kirche, deren schlichte Schönheit niemand erhält. Trotzdem liegt für uns über Mitontic der faszinierende Zauber einer fremden, geheimnisvollen Welt.

Es ist Nachmittag geworden, höchste Zeit, von Mitontic Abschied zu nehmen. Ein Mann aus dem Dorf hat Gertrude Duby berichtet, daß ein anderer Weg, der in einem großen Bogen über die Bergrücken vorbei an Chenalho und Tenejapa zurück nach San Cristóbal führt, in einem besseren Zustand sein soll als der direkte, auf dem wir gekommen sind. Und wirklich ist nicht nur der Weg besser. Das großartige Panorama des Hochlandes, das sich weit vor uns ausbreitet, nimmt uns schier den Atem. Immer wieder halten wir an, weil der Kameramann Chuy Elizondo diesen Anblick in einem langen Schwenk festhalten will. Wir sind begeistert vom Kontrast der schroffen, grün-blau schimmernden Bergrücken und den sich sanft im Wind bewegenden Maispflanzen, fasziniert von den versteckt liegenden Hütten und vereinzelten kleinen Kirchen, die plötzlich mitten in der einsamen Landschaft stehen. So bemerken wir erst nach einer ganzen Weile, daß der zweite Wagen des Teams uns nicht mehr folgt. Wir halten an und warten. Minute um Minute verstreicht, keine Spur von dem feuerroten, klappernden Dodge. Wir warten schon eine halbe Stunde, als Chuy Elizondo sich entschließt, allein zurückzufahren, um nach den anderen zu sehen. Die Sonne steht schon tief über den Bergrücken, die langen Schatten zeichnen schwarze, bizarre Muster in die Landschaft. Es wird merklich kühler. Da schlägt Gertrude Duby vor, doch ein Stück zu Fuß zu gehen. Wir folgen zügig ausschreitend dem lehmigen Pfad, der zwischen einzelnen Felsbrocken zum nächsten Bergrücken hin ansteigt.

Aus einigen Hütten weiter unten im Tal steigen dünne Rauchfahnen auf. Der Geruch von frischen Tortillas weht zu uns herüber. Der Himmel wechselt ständig seine Farbe, wird orange und dann tiefrot, um bald darauf in Violett und Nachtblau überzugehen. Gertrude Duby spricht ein paar Worte mit zwei uns entgegenkommenden Chamulas.

„Also bis San Cristóbal kann ich nicht mehr laufen", meint sie dann. „Das können noch zwanzig Kilometer sein. Aber vielleicht schaffe ich es noch bis zur Radiostation am Tsonte Vits. Irgendwo muß dort auch eine Schule sein. Da können wir bleiben. Früher haben wir oft in Schulen übernachtet."

Wir beginnen gerade, uns mit dem Gedanken anzufreunden, ohne Essen und Decken in einem kahlen Betonbau zu nächtigen, als sich ein knatterndes Motorengeräusch nähert. Die Aufnahmeleiterin des Teams erreicht uns mit der Nachricht, daß der schwere Dodge in einen Graben gerutscht sei und abgeschleppt werden müsse. Trotz aller Sorgen um die frierenden Kollegen fahren wir weiter. Wir brauchen noch volle zwei Stunden, bis wir in der Dunkelheit San Cristóbal erreichen.

Dort geht Gertrude Duby sofort daran, alles für eine schnelle „Rettungsaktion" zu veranlassen. In der Küche werden Lebensmittel, Tee und Tequila für die in der eiskalten Nacht beim Bus ausharrenden Freunde vorbereitet. Gleichzeitig telefoniert sie mit dem Bürgermeister und dem Polizeichef, setzt Charme, Ansehen und Autorität ein, bis sich mitten in der Nacht ein Abschleppwagen unter dem Schutz von zwei müden und fluchenden Polizisten auf den Weg in die Berge macht.

Am nächsten Tag können die Dreharbeiten wie vorgesehn weitergehen.

Wie alle Besucher von Na Bolom sind auch wir und unser Team von den Photographien Gertrude Dubys begeistert, die ihrem Haus sein unverwechselbares Gepräge geben. Immer wieder blicken wir auf den Gängen, im Comedor, in der Bibliothek oder in unseren Zimmern auf faszinierende Gesichter und Szenen. Um uns eine Freude zu machen, zeigt Gertrude Duby-Blom an einem Abend eine Dia-Serie über die Fiestas der Hochlandindianer. Selbst unser Kameramann, ein abgeklärter Hollywood-Profi, ist von diesen Bildern begeistert. Wir fragen nach Veröffentlichungen, denn wir wollen mehr als nur eine Postkartenserie davon mit nach Hause nehmen. „Nein", lautet ihre Antwort, „es gibt kein Buch mit diesen Photographien. Was ich früher einmal gemacht habe, ist schon lange vergriffen."

Wir können es nicht fassen. Soll diese Fülle von Material, dessen künstlerischer und dokumentarischer Wert unübersehbar ist, nur für einige Touristen in Na Bolom zu sehen sein? Die Aufnahmen von Gertrude Duby-Blom haben uns neugierig gemacht auf das Leben der Mayas und ihre Kultur, die sich uns für einige Momente in Mitontic und auf dem Markt von San Cristóbal offenbart hat. Wir reden an diesem Abend noch lange mit Gertrude Duby über ihr photographisches Werk und ihre Erlebnisse mit den Indianern von Chiapas. Noch bevor das Kaminfeuer verlischt, ist der Plan zu einem Buch geboren.

Ein Jahr später ist es soweit: wir kehren nach Na Bolom zurück, um mit der Arbeit an diesem Projekt zu beginnen und aus den über zwanzigtausend Bildern die beeindruckendsten auszuwählen. Die Fray-Bartolomé-Bibliothek wird für die nächsten zweieinhalb Monate zu unserem Arbeitsplatz. Auf dem runden Tisch im Lesezimmer türmen sich bald verblaßte Zeitungsartikel über Frans und Gertrude Blom, vergilbte Manuskripte aus den vierziger und fünfziger Jahren und die dickleibigen Werke der Anthropologen über Tzotzilen, Tzeltalen und Lacandonen. Am Lichttisch im Foto-Archiv sehen wir über zwölftausend Dias. An vielen von ihnen ist die Zeit nicht spurlos vorübergegangen. Na Bolom hat erst seit zwei Jahren eine klimatisierte Kammer, wo die wertvollen Negative und Diapositive gelagert werden. Etliche faszinierende Aufnahmen aus den vierziger und fünfziger Jahren sind von einem Netz wie aus kleinen Sternen überzogen, die Luftfeuchtigkeit hat sie zerstört. Bei anderen sind die Farben verblaßt oder haben sich so stark verändert, daß sie nicht mehr zu gebrauchen sind. Und bis heute ist es offensichtlich keinem der vielen Helfer in Na Bolom gelungen, die Dias in eine sinnvolle Ordnung zu bringen. Immer wieder stoßen wir in einer Ecke des AV-Raumes auf kleine Schachteln, in denen sich Bilder aus Nahá oder San Bartolomé verbergen. Als wir endlich glauben, wirklich jedes Dia von Gertrude Duby gesehen zu haben, treiben Barry Norris und Ken Nelson, zwei der ältesten Mitarbeiter von Na Bolom, aus irgendwelchen Winkeln noch nicht entdeckte Schätze für uns auf.

Mit Barry Norris, der sämtliche Laborarbeiten erledigt, sehen wir auch die Schwarz-Weiß-Negative durch. Oft stehen wir zusammen in der Dunkelkammer und prüfen, ob ein Bild zur Vergrößerung geeignet ist oder nicht.

Nachdem wir eine erste Auswahl getroffen haben, führen wir mit Gertrude Duby-Blom mehrere Wochen lang täglich Gespräche über die Photographien, die wir in das Buch aufnehmen wollen. Obwohl wir mittlerweile die wichtigsten Veröffentlichungen über die Mayas im Hoch- und Tiefland von Chiapas kennen, werden diese Interviews zu einer Quelle neuer Informationen. In den Berichten Gertrude Duby-Bloms werden Anekdoten und anthropologisch interessante Beobachtungen, Erinnerungen an frühere Zeiten und die Kritik der gegenwärtigen Entwicklung zu einem einheitlichen Bild, das den unverwechselbaren Stempel ihrer Persönlichkeit trägt. Wenn sie uns die Namen der abgebildeten Lacandonen nennt, ist es, als blättere sie in einem Familienalbum. Sie erzählt uns von den schwierigen Bedingungen, unter denen manche Aufnahmen entstanden; wie sie in San Juan Chamula die Kamera auf den Boden der Kirche stellte und so unauffällig wie möglich auf den Auslöser drückte, oder wie sie schnell den Photoapparat aus der Satteltasche zog, um den Augenblick zu erhaschen, in dem ein aufziehendes Gewitter die Berge von Chiapas mit einem einzigartigen Glanz überzog. Momente, die Jahrzehnte zurückliegen, werden auf einmal wieder lebendig.

Als Gertrude Duby von einer Reise nach Nahá zurückkehrt, wird sie von K'ayum Ma'ax begleitet, der in San Cristóbal sein gebrochenes Schlüsselbein kurieren soll. Wir freunden uns schnell mit dem jungen Lacandonen an, der unsere Fragen geduldig beantwortet. Zusammen mit ihm durchstreifen wir das Pantheon der Lacandonen-Götter und entdecken mit seiner Hilfe vieles, was zwischen den Buchdeckeln der Fray-Bartolomé-Bibliothek nicht zu finden ist. K'ayum erzählt uns auch, als sei das selbstverständlich, daß er einen Freund hat, der aus Hamburg kommt und schon oft bei ihnen in Nahá gewesen ist. Mit dem nächsten Flugzeug, das aus dem Dschungel kommt, trifft der Anthropologe Christian Rätsch in Na Bolom ein. Der Freund K'ayums, der fließend Lacandón-Maya spricht, hilft uns bei vielen Fragen der Transkription und übersetzt für uns „Das Lied des Mannes an die Frau". Er berichtet von den Zeremonien in Nahá, an denen er teilnehmen durfte, der Arbeit auf dem Feld, den Mahlzeiten, die er mit der Familie des alten Chan K'in teilte und von der Heilkunst der Lacondonen, der sein besonderes Interesse als Ethnomediziner gilt.

Im Laufe der Zeit begegnen wir in dem wissenschaftlichen Zentrum Na Bolom einigen der bekanntesten Anthropologen, die in Chiapas arbeiten: Henning Siverts, der einmal im Monat von seinen Feldforschungen in Oxchuc zu Gertrude Duby kommt, um die Vorteile eines gut organisierten Haushaltes zu genießen; und Robert Bruce, der auf seinem Weg nach Nahá in San Cristóbal Station macht.

Es sind vor allem die jungen Wissenschaftler, die uns bereitwillig ihre Beobachtungen mitteilen und uns ihre Arbeiten zur Verfügung stellen. Amos Megged von der Hebrew University of Jerusalem spielt uns die Tonbandaufnahmen vor, die er von den gesungenen, von Trommeln begleiteten Gebeten der Tzeltalen gemacht hat. Abends sitzen wir oft beim Schein des Kaminfeuers zusammen, und Amos erzählt von dem kümmerlichen Leben der Indianer von Chanal, von ihrer unzureichenden medizinischen Versorgung, dem mangelnden Wissen über Hygiene, aber auch von ihren Legenden über San Tomás und Sombrerón. Thor Anderson läßt uns den Carnaval von San Juan Chamula im Film erleben. Er erklärt die verwirrende Vielfalt der Titel der religiösen und weltlichen Würdenträger von San Juan Chamula, die spanische Namen und Bezeichnungen übernahmen und sie – manchmal leicht verändert – in ihre Sprache und Kultur integrierten. So wurde aus dem spanischen „alcalde" der indianische „Alcade", der mit dem westlichen Verständnis des Bürgermeisters nichts mehr gemein hat.

Mit Joan und Barry Norris fahren wir zum erstenmal selbst nach San Juan Chamula. Unter ihrer Anleitung lernen wir, Posh zu trinken, sie lehren uns die einzelnen Qualitätsstufen des indianischen Rums zu unterscheiden. Beim Besuch der Kirche von San Juan Chamula, wo die Tzotzilen vor Eiern, Kerzen und Coca Cola auf dem mit Piniennadeln bedeckten Boden knien, blicken wir zum erstenmal in die Gesichter ihrer

Gertrude Duby-Blom in der Selva Lacandona, 1960

Heiligen. Ein junger Mayor zeigt uns San Mateo und San Juan, Hesugristo in der Kiste, die Virgen del Rosario und die Virgen María. Unsere Ausflüge nach Aguacatenango, nach Amatenango del Valle und San Bartolomé bereichern unser Wissen über die Indianer des Hochlands. Aber bei diesen Gelegenheiten merken wir auch, wie sehr das moderne Mexiko, das durch den Aufbau neuer Industrien und profitorientiertes Denken geprägt wird, auch auf die indianischen Gemeinden übergreift. In einer Industrienation gibt es keinen Platz mehr für tagelang währende Fiestas. In Tenejapa sehen wir, was von der Fiesta der Virgen del Rosario übriggeblieben ist: ein einsamer Zug alter Männer.

Die Ladinos und die ladinisierten Indianer von Tenejapa hören nicht mehr auf den Klang der Trommeln und Posaunen. Der rotgekleidete Capitan kann nur noch im hinteren Teil der Kirche vor den indianischen Heiligen tanzen, denn vor dem Altar sind Bänke für den katholischen Gottesdienst errichtet. Wir nehmen gerne die Einladung des Mayordomos zu einem Glas Posh an, aber als wir mit den Würdenträgern vorbei an den modernen Häusern zu einer der letzten indianischen Hütten ziehen, merken wir, daß wir die einzigen sind, die ihnen folgen.

Immer noch spielen die Mashes, die Männer mit den Affenfellmützen und den Uniformen der französischen Grenadiere, an Allerseelen in Romerio die Musik ihres Volkes. Die jungen Chamulas nehmen sie mit riesigen Kassettenrecordern auf. Die Platten und Kassetten mit der Musik der Hochlandindianer, die Na Bolom vertreibt, werden nicht nur von Touristen, sondern oft auch von den jungen Tzotzilen gekauft. Aber wenn auch die Würdenträger aus Zinacantán und Chenalho kommen, um im Museum ihre eigenen, alten zeremoniellen Huipiles anzuschauen, dann wird unübersehbar, wieviel von der lebendigen Kultur der Mayas in den letzten Jahrzehnten verlorengegangen ist.

Trotz dieser – zunächst manchmal kaum merklichen und dann doch so einschneidenden – Veränderungen halten viele Indianer im Hochland hartnäckig an ihrer Kultur fest. In anderen Teilen Mexikos ist die indianische Tracht fast ganz aus dem täglichen Leben verschwunden; wer aber den Markt von San Cristóbal besucht, sieht immer noch die typischen Chamarros aus San Juan Chamula, die weißen, bestickten Umhänge der Frauen aus Oxchuc, die roten Ponchos aus Zinacantán und die prachtvollen Huipiles aus Santa Marta und Santa Magdalena. In einigen Orten haben sich indianische Kooperativen zusammengefunden, die die alten Webmuster erhalten und die Wolle wieder mit Pflanzen färben. Die Würdenträger von Zinacantán, San Juan Chamula oder San Pablo sind sich der Bedeutung ihrer Ämter bewußt und scheuen sich auch nicht, aufdringliche Besucher in ihre Schranken zu weisen. So scheint es, daß die Mayas des Hochlandes im Gespräch mit den Heiligen, den Göttern der Berge und den Göttinnen des Wassers doch noch eine Chance haben, dem Ansturm des modernen Mexiko und der Touristen standzuhalten ...

Unsere Zeit in San Cristóbal Las Casas neigt sich langsam ihrem Ende entgegen. Wochen, bis an den Rand vollgestopft mit Gelesenem und Erlebtem, mit Gesprächen und Bildern liegen hinter uns. Die Eindrücke haben sich in unseren Köpfen zu einem genauen Bild von den Nachkommen der geheimnisvollen versunkenen Maya-Kultur verdichtet: eine Vorstellung, die wir fortwährend mit uns herumtragen, die uns andauernd beschäftigt. Jede Indianerin in einem traditionellen Huipil löst bei uns Gespräche über die Herkunft der Webmuster oder die Echtheit der Farben und Stoffe aus. Jeder Tzeltale, der seine kurzen Baumwollhosen noch nicht gegen die westlichen Jeans eingetauscht hat, erregt unsere Bewunderung. Unsere Köpfe laufen fast über von dem neu erworbenen Wissen. Nun möchten wir endlich selbst berichten, ein wenig davon mitteilen.

Und doch beschleicht uns während dieser letzten Tage in Na Bolom auch ein ganz anderes Gefühl, ein Gefühl der Unsicherheit, als hätten wir eben erst angefangen, uns mit diesem Land und seinen Menschen zu beschäftigen, als würden uns die wichtigsten Informationen noch fehlen, als hätten wir noch nicht gefunden, was uns endlich den Schlüssel zum Verständnis der Maya-Völker von Chiapas und der Persönlichkeit von Gertrude Duby liefern würde. Plötzlich finden wir in der Bibliothek neue Artikel, von denen wir keine Ahnung hatten, stoßen auf verstaubte und vergessene Manuskripte, die offenbar immer als unwichtig galten. Die Menge dessen, was wir noch nicht wissen, scheint größer anstatt kleiner zu werden.

Trotzdem ist uns bewußt, daß wir nicht endlos in Na Bolom weiterarbeiten können, daß wir zu einem Ende finden müssen. Da macht Gertrude Duby uns einen Vorschlag: Wir sollen alle zusammen mit Chan K'in Presidente und K'in Garcia, die gerade zu Besuch in Na Bolom sind, auf ihrem Lastwagen nach Nahá fahren. Wir selbst hatten kaum noch an eine solche Möglichkeit geglaubt, die uns vielleicht genau die fehlende, auf jeden Fall aber eine weitere und gewiß wesentliche Erfahrung zuteil werden lassen könnte. Wir sind begeistert.

Am ersten Morgen unserer Reise in die Selva legt sich unsere Euphorie jedoch bald. Stunde um Stunde schaukeln wir auf der zugigen Ladefläche des Lkws über staubige Straßen, die eigentlich nur stellenweise diesen Namen verdienen. Im strahlenden Licht der Vormittagssonne passieren wir Oxchuc und Ocosingo. Am Fuße der Sierra sehen wir die Überreste einiger Ausläufer der Selva. K'in Garcia, dessen lange Haare im Fahrtwind flattern, bemerkt grinsend unsere aufgeregte Neugier angesichts dieses „Dschungels".

„Ganz nett", meint er gelassen. „Aber bei uns in Nahá ist es viel schöner. Dort ist der wirkliche Dschungel." Der Wirkung seiner Worte wohl bewußt, lehnt er sich mit einem tiefen Zug aus seiner Filterzigarette zurück.

Was wir am nächsten Tag von der Selva Lacandona zu sehen bekommen, läßt eher das Gegenteil dessen vermuten, wovon K'in Garcia gesprochen hat. Immer wieder fahren wir an Lastwagen und Baumaschinen vorbei. Die Arbeiter der staatlichen mexikanischen Ölgesellschaft Pemex bessern den in der Regenzeit an vielen Stellen eingebrochenen Weg aus, um ihn auch für größere Wagen befahrbar zu machen. Wir entdecken riesige Flächen verbrannten Urwaldes, aus denen vereinzelt die verkohlten Reste eines Baumes herausragen. Sie sind das verheerende Ergebnis der Versuche neuer Kolonisten, im unbekannten Wald ihre Felder anzulegen. Und schließlich sehen wir auch die großen Viehweiden der Fincas. Trotz der vielen Gespräche mit Gertrude Duby-Blom, bei denen sie immer wieder von der Zerstörung des Waldes erzählt hat, sind wir nun maßlos enttäuscht. So haben wir uns den tropischen Regenwald nicht vorgestellt. Wieder scheint K'in Garcia in unseren Gesichtern lesen zu können. „Wartet nur ab. Es ist nicht mehr weit." Und nach einer Pause fügt er hinzu: „Nur noch ein paar Stunden."

Schon bald erfährt sein Zeitplan eine unvorhergesehene Korrektur. Beim letzten Regen ist die Holzbrücke über einem nicht sehr breiten, aber wild schäumend dahintosenden Urwaldfluß zusammengebrochen. Zwei nebeneinanderliegende, feucht-glitschige Baumstämme sind der einzig vorhandene Ersatz. Obwohl Chan K'in Presidente – wie viele junge Lacandonen – ein exzellenter Fahrer ist, steigen wir vorsichtshalber alle ab und balancieren zu Fuß zum gegenüberliegenden Ufer, bevor er den Lkw gekonnt über die Stämme lenkt.

Was nur eine lästige und zeitraubende Unterbrechung der Fahrt hätte sein können, erweckt in uns neue Hoffnungen. Im Dschungel ist es doch nicht so einfach, Straßen und Brücken zu bauen. Wenn die Natur einmal richtig ihre Zähne zeigt, ist sie selbst moderner Technologie manchmal noch überlegen. Vielleicht war das ein Zeichen, daß der Urwald jetzt erst beginnt. Und wirklich scheinen die Bäume neben der Straße mit einem Mal größer zu sein, das Dickicht zwischen ihnen erscheint plötzlich undurchdringlich. K'in Garcia deutet auf den mächtigen Stamm eines Mahagonibaumes, die weit ausladende Krone einer Ceiba, Chico Zapote und Che'chem, auf wilde Vanille, Kakao-Büsche und die leuchtenden Blüten einer Orchidee. Die magischen Namen des Urwaldes werden Wirklichkeit.

Und dann sehen wir das grünlichblaue Wasser eines Sees durch die Bäume scheinen. Die Lagune von Nahá, über die wir so viel gelesen und von der Gertrude Duby und K'ayum Ma'ax immer wieder erzählt haben. Wir sind angekommen.

Noch zwei Kurven und der Lkw biegt auf die Grasfläche des Flugfeldes ab, auf den berühmten „airstrip", neben dem jetzt die kleinen Betonhäuser stehen, die auf den ersten Blick wie die Bungalows einer Feriensiedlung aussehen. Vor einem davon steht K'ayum Ma'ax winkend im hohen Gras. Woher weiß er von unserem Besuch? fragen wir uns, denn wir können uns nicht vorstellen, daß er in einem Bungalow statt in einer palmengedeckten Hütte wohnen sollte. Andere vielleicht, aber nicht der Sohn des T'o'ohil. Doch die Wirklichkeit ist anders. Er hat das Häuschen selbst gebaut und ist stolz darauf. Als Chan K'in Presidente am Ende des Flugfeldes anhält, springt Gertrude Duby als erste aus dem Lkw. Wer in San Cristóbal auf die Idee kommen könnte, auch bei ihr mache sich das Alter manchmal bemerkbar, insbesondere wenn die nachlassende Kraft ihrer Augen sie einmal verunsichert, der wird hier eines Besseren belehrt. Im Dschungel bewegt sie sich geschickt und mit unglaublicher Ausdauer.

„Los, los, runter vom Wagen!" Mit weithin vernehmlicher Stimme treibt sie uns zur Eile an. „Die Männer nehmen die großen Gepäcksäcke, die Frauen die Taschen und Hängematten!"

Kaum haben wir Gertrude Dubys idyllisches Camp erreicht, ein paar Sachen verstaut und die Hängematten aufgespannt, beginnen auch schon die Vorbereitungen für den Empfang zur „social hour" gegen fünf Uhr nachmittags. Von einem nahen, glasklaren Bach, an dem Kolibris eine schwarze Orchideenrispe umschwirren, muß Wasser in großen Eimern herangebracht werden. In der Küchenhütte entfacht jemand das Feuer für den Kaffee, während daneben der obligatorische Schokoladenpudding angerührt wird. Ähnlich den roten Waldameisen auf dem Boden hasten wir noch geschäftig hin und her, als die ersten Lacandonen eintreffen. K'ayum Ma'ax kommt mit seinem Bruder Chan K'in Presidente. K'in Garcia, der noch auf dem Lkw modische Jeans trug, hat inzwischen wieder sein Xikul, die traditionelle Tunika angelegt. In der Begleitung des alten Mateo findet sich schließlich auch der T'o'ohil Chan K'in bei der Küchenhütte des Lagers ein.

Mit freundlichen Worten begrüßt er die Besucher. Der Ausdruck seines sympathischen Gesichts, in dem unzählige Falten sich um die ewig strahlenden Augen herum zu einem feinen Ornament verdichten, verrät, was uns von seinem eigentümlichen Spanisch zunächst unverständlich bleibt. Dann setzt er sich in den eigens für ihn aufgebauten Expeditionsstuhl und nimmt freudig eine große Portion Pudding und ein aus Na Bolom mitgebrachtes Stück Kuchen entgegen. Erst nachdem alle Lacandonen versorgt sind, macht Gertrude Duby es sich in ihrer geliebten Hängematte bequem und beginnt eine lange, intensive Unterhaltung mit dem alten T'o'ohil. Währenddessen hocken wir anderen in und vor der offenen Hütte, genießen Kaffee und Pudding, reden, lachen über die unnachahmlichen Witze des alten Mateo und versuchen etwas von den auf Lacandón-Maya gerufenen Zwischenbemerkungen seiner jungen Begleiter zu verstehen. Die Zeit vergeht wie im Fluge, bis sich die Indianer bei Einbruch der Dunkelheit auf ihren Weg zurück nach Hause machen.

Nach dem kurzen Abendessen, das unsere pudding-strapazierten Mägen auf eine ernste Bewährungsprobe stellt, berichtet Gertrude Duby von den Neuigkeiten, die sie eben von Chan K'in gehört hat, und ergänzt sie durch Erzählungen von früheren Expeditionen. Sie spricht temperamentvoll von Missionaren, Chicleros und Abenteurern und überläßt sich romantischen Erinnerungen an ihren Mann, Frans Blom. Dann erhebt sie sich ruckartig und meint: „So. Im Dschungel geht man früh schlafen. Buenas noches, everybody."

Ungläubig schauen wir sie an. Es ist noch nicht einmal halb neun. Wir haben an diesem Tag so viel erlebt, daß sich niemand vorstellen kann, jetzt einfach in die Hängematte zu steigen und einzuschlafen. Der Lebensrhythmus der Selva ist uns noch fremd. So sitzen wir beim flackernden Licht der Petroleumlampe und reden, während Gertrude Duby schon längst unter dem Dach ihrer winzigen Hütte in der Hängematte schlummert, die sie seit 1952 auf jede Expedition mitnimmt. Sie verläßt sich gern auf Dinge, die sich immer wieder in der feuchten Schwüle des Dschungels bewährt haben. Selbstverständlich hat sie auch ihre schwere holzverstärkte Ledertasche mit ihrer Photo-Ausrüstung dabei. Gut geschützt bewahrt sie darin ihre beiden großen 6×6-Kameras auf. Eine Rolleiflex für die Schwarz-Weiß Aufnahmen und eine Yashica für Farbdias. Ein altertümlicher Belichtungsmesser vervollständigt ihre Ausrüstung, mit der alle Aufnahmen entstanden, seit sie die vorsintflutliche Agfa Box nicht mehr hat, der sie noch heute nachtrauert. Denn damit belichtete sie jene beeindruckenden Bilder von der bescheidenen Revolutionärin Ventura Garcia,

Gertrude Duby-Blom, 1978

von ihrer Freundin Petrona aus der Lacandonen-Siedlung Chunk'unché und von den holzschnittartigen Gesichtern der alten Würdenträger aus dem Hochland von Chiapas. Diese ersten Aufnahmen, die sie in den vierziger Jahren gemacht hat, haben nichts von ihrer Intensität eingebüßt. Dabei hat sie bis heute weitgehend auf technische Finessen verzichtet. Sie benutzt nur Normal-Objektive und Filmmaterial, das in einer kleinen Drogerie in San Cristóbal erhältlich ist. Ihr Anliegen ist nicht die Stilisierung, sondern sie möchte dokumentieren, was sie sieht. Immer wieder gelingt es ihr aus der Fülle dessen, was sie vorfindet, Augenblicke und Details auszuwählen, die mehr auszudrücken vermögen, als die oft verwirrende Ansicht des Ganzen. Diese Arbeitsweise setzt nicht nur Sensibilität und ein genaues Urteilsvermögen voraus, mehr noch verlangt sie Zeit – und die Ruhe, sich mit den Menschen zu beschäftigen, um eine fast intime Nähe zu ihnen herzustellen, bevor auf den Auslöser gedrückt wird.

Nur so konnten Gertrude Dubys Photographien zu Dokumenten einer langen und tiefen Freundschaft werden, in denen sich ihre Liebe zu den Menschen und der Natur im Süden Mexikos widerspiegelt.

Seit sich für ihre Form der Arbeit kaum noch eine Gelegenheit findet, photographiert Gertrude Duby-Blom nur noch wenig in der Selva Lacandona. Wenn sie, wie nur allzu häufig, mit Freunden oder Touristen unterwegs ist, dann leidet sie selbst am meisten unter der Hektik des Besuchsprogramms. Dabei braucht es heute mehr Zeit denn je, um noch etwas von der geheimnisvollen und fremdartigen Schönheit des Dschungels zu entdecken. Sie ist selten geworden und nur noch in wenigen, schwer zugänglichen Gebieten der Selva zu finden.

Offensichtlicher und beeindruckender ist die maßlose Zerstörung des Regenwaldes. Trotzdem fühlen sich nur die von ihr berührt, die sie selbst erlebt haben, obwohl längst bekannt ist, daß ihre Folgen nicht nur eine kleine Region, sondern ganze Länder und Kontinente erfassen.

Heute photographiert Gertrude Duby vor allem den Prozeß der Zerstörung. So, wie sie darüber schreibt, hält sie ihn auch in Bildern fest: anklagend, zur Umkehr und zum Umdenken mahnend. Sie sieht deutlich das Ausmaß der Vernichtung der Natur und fürchtet deren Auswirkungen auf die Menschen – nicht nur in der Selva Lacandona. Die alte Dame zieht sich mit ihren Sorgen nicht zurück. Sie gibt nicht auf. „Das Ende meines Lebens geht wieder im Kampf auf", erklärt sie lakonisch.

Von dieser Aussicht ist sie keineswegs begeistert. Sie nimmt sie eher hin, als selbstverständliche Notwendigkeit angesichts einer Welt, die mit blinder Konsequenz daran geht, sich selbst zu zerstören. Und doch kennt auch sie nur allzugut die Augenblicke des Zweifels, in denen die bohrende Frage auftaucht, was sich überhaupt noch ausrichten läßt gegen eine scheinbar weltweit konzertierte Aktion menschlicher Lemminge. Aber es sind wirklich nur Augenblicke. Danach zeigt sich plötzlich wieder die Energie und der Mut, das ganze Durchsetzungsvermögen der über achtzigjährigen alten Dame. So lange ein Funken Leben in ihr steckt, wird sie nicht aufgeben und alles in ihrer Macht stehende dazu beitragen, daß wenigstens die Mayas in Chiapas, ihre Lebensweise und ihr Land noch eine kleine Chance haben.

Bibliographie

Von Christian Rätsch

In dieser Bibliographie sind die wesentlichen Arbeiten zur Ethnographie der Selva Lacandona und des zentralen Hochlandes von Chiapas sowie die wichtigsten Publikationen von Gertrude Duby und Frans Blom enthalten.

Abkürzungen

A. de INAH	*Anales* des Instituto Nacional de Antropología e Historia, México, D.F.
AA	*American Anthropologist*
A. Antq.	*American Antiquity*
AI	*América Indígena*, México, Instituto Nacional Indigenista
ASK	Arbeitsbereich für Altamerikanische Sprachen und Kulturen der Universität Hamburg, Johnsallee 35
BI	*Boletín Indigenista*, Instituto Interamericano Indigenista
ECM	*Estudios de Cultura Maya*, Universidad Nacional Autonoma de México
GR	*The Geographical Review*
HMAI	*Handbook of Middle American Indians*, Austin/ London
ICA	Akten der Internationalen Amerikanistenkongresse (wechselnde Erscheinungsorte)
JAR	*Journal of Anthropological Research* (ehemals *SWJA)*
JSAP	*Journal de la Société des Américanistes de Paris*
MAP	*Middle American Papers*, Middle American Research Series, Tulane University, New Orleans
MA	*El México Antiguo*, México, D.F.
MGGH	*Mitteilungen der Geographischen Gesellschaft in Hamburg*
NMAE	*Notes on Middle American Archaeology and Ethnology*, Carnegie Institution of Washington
SWJA	*Southwestern Journal of Anthropology*
ZfE	*Zeitschrift für Ethnologie*

ADAMS, Robert M. „Changing Patterns of Territorial Organization in the Central Highlands of Chiapas" in: *AAntq.* 26: 341–60, 1961

AGUIRRE BELTRAN, VILLA ROJAS, ROMANO u.a. *El indigenismo en acción* México, D.F., 1976

ALBORES G., Eduardo J. *Chiapas prehispánica* Tuxtla Gutierrez, 1959

AMRAM, David W. jr. „Eastern Chiapas" in: *GR* 27: 19–36, 1937
„The Lacandon, Last of the Maya" in: *MA* 6: 15–26, 1942
Notes on Lacandon Religion and Astronomy ms., 1944
„Eastern Chiapas Revisited" in: *GR* 38: 120–26, 1948

ANDERS, Ferdinand *Das Pantheon der Maya* Graz, 1963

ANGUIANO, Raúl *Expedición a Bonampak: diario de un viaje* México, D.F., 1959

Anonym *„Die Lacandones-Indianer"* in: *Globus* 43: 270–71, 1883
„Exploración preliminar de la zona lacandona" in: *BI* 9 (1): 80–81, 1949
„Die Zerstörung des Urwalds von Chiapas: Die Nachfahren der Mayas in Bedrängnis" in: *Neue Zürcher Zeitung* 12.4.79, 1979
„Los lacandones en el Estado de Chiapas" in: J.J. MANGUEN & I. MONTESINOS (eds.), *Compendio Cultural de Chiapas:* 105–08, San Cristóbal de Las Casas, 1980

ANTON, Ferdinand *Im Regenwald der Götter* Wien/Heidelberg, 1970

ARIZPE, Lourdes „El capitalismo lacandón" in: *Las Universitarias*, México, D.F., 1977

AUBRY, Andrés *Cinco antitesis sobre la Selva Lacandona* San Cristóbal de Las Casas (Apuntes de Lectura, No. 6), 1980

BAER, Philip & Mary BAER „The Lacandón Song of the Jaguar" in: *Tlalocan* 2 (4): 376, 1948
„Notes on Lacandon Marriage" in: *SWJA* 5: 101–06, 1949
Lacandón Ethnographic Material University of Chicago, ms., Microfilm no. 34, Sixth Series, 1952
„Testing the Fire-god's Prowess" in: *AI* 19 (4): 269–73, 1959
„The Discovery of Bonampak: The Lacandon View" in: *Tlalocan* 6 (1): 63–67, 1969
„The Rabbit and the Mountain Lion: A Lacandon Myth" in: *Tlalocan* 6 (4): 268–75

BAER, Philip & William R. MERRIFIELD „Report on Lacandone Research" in: *AI* 29 (1): 303–08, 1969
Two Studies on the Lacandones of Mexiko Norman, 1971
Los lacandones de México: dos estudios México, D.F., 1971

BALLINAS, Juan *El desierto de los lacandones. Memorias 1876–1877,* (Intr. Frans BLOM), Tuxtla Gutierrez, 1951

BARAJAS M., J. & R. ECHENIQUE-MANRIQUE „Anatomía de madera de México. No. 2: Veinte especies de la Selva Lacandona" in: *Biotica* 4 (4), 1979

BASAURI, Carlos *Tojolabales, tzeltales y mayas* México, D.F., 1931

BASILIO, Concepción „Bibliografía sobre los indios lacandones" in: *AI* 19 (4): 264–65, 1959

BENNHOLT-THOMSEN, Veronika „Die stumme Auflehnung der Bauersfrauen. Bericht aus einem Dorf im Süden Mexikos" in: *Beiträge 3:* 49–56, München, 1980

BERLIN, Brent „Categories of Eating in Tzeltal and Navaho" in: *International Journal of American Linguistics* 33 (1): 1–6, 1967
Tzeltal Numeral Classifiers: A Study in Ethnographic Semantics Den Haag/ Paris, 1968

BERLIN, Brent, Dennis BREEDLOVE & Peter RAVEN *Principles of Tzeltal Plant Classification* New York etc. 1974

BERLIN, Heinrich „The Calendar of the Tzotzil Indians" in: Sol TAX (ed.), *The Civilizations of Ancient America*, Chicago, 1951

BLAFFER, Sarah C. *The Black-man of Zinacantan* Austin/ London, 1972

BLOM, Frans „Gaspar Antonio Chi, Interpreter" in: *AA* 30 (2): 250–62, 1928
Preliminary Report of the John Geddings Gray Memorial Expedition New Orleans, 1929
„The Maya Ball-game *Pok-ta-pok* (Called *Tlachtli* by the Aztec)" in: *MAP* 4: 485–530, 1932
„Commerce, Trade and Monetary Units of the Maya" in: *MAP* 4: 531–56, 1932
„The ‚Negative Batter' at Uxmal" in: *MAP* 4: 557–66, 1932
„Estadística sobre los lacandones" in: *BI* 4 (1): 60, 1944
La vida de los mayas México, D.F., 1944
„Noches en la Selva Lacandona" in: *Prometheus* 1: 203–06, 1949
„Ciudades misteriosas en la Selva Lacandona" in: *El Nacional, Suplemento 8.5.48: 6, México, D.F., 1949*
„Ossuaries, Cremation and Secondary Burial Among the Maya of Chiapas, Mexico" in: JSAP 43: 123–36, 1954
„La gran laguna de los lacandones" in: *Tlatoani* 2a (10): 4–9, 1956
„On Slotkin's ‚Fermented Drinks in Mexico'" in: *AA* 58: 185–86, 1956
„Historical Notes Relating to the Pre-columbian Amber Trade from Chiapas" in: *Amerikanistische Miszellen:* 24–27, Hamburg, 1959
The Conquest of Yucatan New York, 1971
History of the Lacandones ms., Typographie im Na Bolom, n.d.

BLOM, Frans & Gertrude DUBY „Entre los indios lacandones de México" in: *AI* 9 (2): 155–64, 1949
La Selva Lacandona Bd. 1, México, D.F., 1955
La Selva Lacandona: Andanzas Arqueológicas Bd. 2, México, D.F., 1957

BLOM, Frans & Oliver LA FARGE *Tribes and Temples* New Orleans, 1926

BOREMANSE, Didier *An Ethnographic Survey of the Modern Lacandon* Oxford, ms., 1974
„Northern Lacandon Relationship Terminology" in: *Folk* 19–20: 133–49, 1977/8
The Social Organisation of the Lacandon Indians of Mexico Oxford, ms., 1978
„Magic and Poetry Among the Maya: Northern Lacandon Therapeutic Incantation" in: *Journal of Latin American Lore* 5 (1): 45–53, 1979
„L'alliance prescriptive et la nomenclature de parenté des Lacandons septentrionaux" in: *JSAP* 66: 265–83, 1979
„Final Link with Maya Indians" in: *Geographical Magazine,* January 81: 250–56, 1981
„A Comperative Study of Two Maya Kinship Systems" in: Sociologus 31 (1): 1–37, 1981
„A Southern Lacandon Maya Account of the Moon Eclipse" in: *Latin American Indian Literatures* 5 (1): 1–6, 1981

BREEDLOVE, Dennis E. *History of Botanical Exploration in Chiapas, Mexico* Modroño, 1971

BRETON, Alain *Les Tzeltal de Bachajon: Habitat et organisation sociale* Nanterre, 1979

BRICKER, Victoria Reifler „Algunas consecuencias religiosas y sociales del nativismo maya del siglo XIX" in: *AI* 33: 327–48, 1973
Ritual Humor in Highland Chiapas Austin/London, 1973

BRUCE, Robert D. „Jerarquía maya entre los dioses lacandones" in: *A.* de INAH 18: 93–107, 1967
Gramática del lacandón México, D.F., 1968
„Términos de parentesco entre los lacandones" in: *A.* de INAH 19: 151–57, 1968
El libro de Chan K'in México, D.F., 1974
„Figuras ceremoniales lacandonias de hule" in: *Boletín* (INAH): 25–34, 1974
Textos y dibujos lacandones de Najá México, D.F., 1976

„The Popol Vuh and the Book of Chan K'in" in: *ECM* 10: 173–208, 1978
Lacandon Dream Symbolism México, D.F., 1979
Death and Rebirth of the Gods México, D.F., ms., 1979
The Book of Chan K'in México, D.F./Naha', ms., 1981
BRUCE S., Roberto D., Carlos ROBLES U. & Enriqueta RAMOS CHAO *Los lacandones 2 – Cosmovision maya* México, D.F., 1971
BRUNHOUSE, Robert L. *Frans Blom – Maya Explorer* Albuquerque, 1976

CACERES, Carlos L. *Chiapas: Síntesis geográfica e historia* México, D.F., 1946
CANCIAN, Frank *Economics and Prestige in a Maya Community: The Religious Cargo System in Zinacantan* Stanford, 1965
Change and Uncertainty in a Peasant Economy: The Maya Corn Farmers of Zinacantan Stanford, 1972
Another Place: Photographs of a Maya Community San Francisco, 1974
CANCIAN, Francesca M. *What are Norms? A Study of Beliefs and Action in a Maya Community* Cambridge, 1975
CARDON, Charlotte „The Last of the Lacandones" in: *Aero Mexico Magazine* 3 (22): 10–12, 1976
CASO MIER, Vicente de „Among the Lacandones" in: *Three Americas* 1 (5): 10–14, 1935
CHARNAY, Désiré „La ville Lorillard au pays des Lacandons" in: *Revue d'Ethnographie* 2: 481–503, 1883
„Voyage au Yucatan et au pays des Lacandons" in: *Tour de Monde* 47: 1–96 / 48: 33–48, 1884
The Ancient Cities of the New World New York, 1888
„Les explorations de Téobert Maler" in: *JSAP* 1 (3): 3–22, 1904
CLINE, Howard F. „The Lore and Deities of the Lacandón Indians, Chiapas, México" in: *Journal of American Folklore* 57 (224): 107–15, 1944
COLBY, Benjamin Nick *Ethnic Relations in the Chiapas Highlands* Santa Fe, 1966
COLLIER, George A. *Fields of the Tzotzil* Austin/London, 1975
COLLIER, Jane Fishburne *Courtship and Marriage in Zinacantan, Chiapas, Mexico* New Orleans, 1968
Law and Social Change in Zinacantan Stanford, 1973
COLMONT, Bernard de „Les indiens Lacandon" in: *L'Illustration* 192 (48): 524–25, 1935
„Revisiting the Mysterious Lacandones" in: *The Sphere,* 1.2.: 291, 1936
„Recit d'un voyage chez les indiens Chamula et Lacandon" in: *JSAP* 38: 250, 1936
COMAS, Juan *Características físicas de la familia lingüística maya* México, D.F. (Fotos: Gertrude DUBY), 1966
COMISION DE ESTUDIOS DEL TERRITORIO NACIONAL *Zona Lacandona* México, D.F., Secretaria de Presidencia, 1974
CORDAN, Wolfgang *Geheimnis im Urwald* Düsseldorf/Köln, 1961
Popol Vuh – Mythos und Geschichte der Maya Düsseldorf/Köln, 1962
Tigerspur: Mythos und Gegenwart im Land der Maya Düsseldorf/Köln, 1964
CORTES, Hernán *Die Eroberung Mexikos* Frankfurt a.M., 1980
CORZO, Angel M. *Historia de Chiapas: la leyenda de la patria* México, D.F., 1943
CUMMINS, Harold „Dermatoglyphics in Indians of Southern Mexico and Central America (Santa Eulalia, Tzeltal, Lacandon and Maya Tribes)" in: *MAP* 4: 181–208, 1932

DAVIS, Virginia D. *Ritual of the Northern Lacandon Maya* New Orleans, ms., 1978
DUBY, Gertrude „Misión social entre los lacandones" in: *BI* 3 (2): 108–12, 1943
„La región lacandona de Chiapas" in: *BI* 4 (3): 208–14, 1944
„Algo sobre los lacandones, su historia y su vida de hoy" in: *Esta Semana en México* 10 (494): 25–29, 35, 1944
Los lacandones, su pasado y su presente México, D.F., 1944
„Los indios lacandones, su pasado y su presente" in: *Revista de Guatemala* 2 (4): 5–12, 1947
„Mueren de ambre los ultimos veinte lacandones?" in: *Impacto,* 20.5.50, México, D.F., 1950
„La razón de un viaje: La tragedia de Bor Yuk" in: *Sol del Sureste,* Oct.-nov., Tapachula, 1952
„Dioses, enfermedades y medicina" in: *Revista Médica* 4 (1): 5, 1953
„Eclipse de luna, los lacandones y el fin del mundo" in: *Tribuna Israelita* 11 (128): 2, 1955
„Bor Uech Yuk, lacandón de Jatató" in: *El Universal* 8.5.55, 1955
„Estado actual de los lacandones de Chiapas, México" in: *AI* 19 (4): 255–64, 1959
Chiapas indígena México, D.F., 1961
„Panorama general de la Selva Lacandona" in: *Memoria de la Primera Conferencia Regional de Geografía de Chiapas:* 195–202, México, D.F., 1974
„Selva me llama, pide ayuda" in: *Excelsior* 23.5.76ff., 1976
Newsletter San Cristóbal de Las Casas, 1978 ff.
The Lacandones (engl. Übersetzung & Bearbeitung Roland GOODEMAN) ms. (Typographie im Na Bolom), n.d.
DUBY, Gertrude und Frans BLOM „The Lacandon" in: *HMAI* 7: 277–97, 1969

FABREGA, Horacio & Daniel B. SILVER *Illness and Shamanistic Curing in Zinacantan* Stanford, 1973
FURST, Peter T. „Fertility, Vision Quest and Autosacrifice: Some Thoughts on Ritual Blood-letting Among the Maya" in: *Segunda Mesa Redonda de Palenque, Part III:* 181–93, Pebble Beach, Cal., 1976

GALINDO, Juan „Description of the River Usumacinta, in Guatemala" in: *Journal of the Royal Geographical Society* 3: 58–64, 1833
GARNETT, Eduardo „Los tzotziles defienden su patrimonio cultural" in: *México Indígena* 23: 9, 1979
GOSSEN, Gary „Temporal and Spatial Equivalents in Chamula Ritual Symbolism" in: W.A. LESSA & E.Z. VOGT (eds.), *Reader in Comperative Religion:* 135–49, New York, 1972
Chamulas in the World of the Sun, Cambridge, 1974
„Animal Souls and Human Destiny in Chamula" in: *Man* 10 (3): 448–61, 1975
„The Popol Vuh Revisited: A Comparison with Modern Chamula Narrative Tradition" in: *ECM* 11: 267–83, 1978
GREENE ROBERTSON, Merle *The Ritual Bundles of Yaxchilan* New Orleans, 1972
„The Giles G. Healey 1946 Bonampak Photographs" in: *Third Palenque Round Table, 1978, Part 2:* 3–44, Austin/London, 1980
GRUBER, Elmar „Reise nach Chiapas: Ein Lehrstück in Sachen Schamanismus" in: *Sphinx Magazin* 11: 6–10, 1980
GUITERAS HOLMES, Calixta „La familia tzotzil en la salud y en la enfermedad" in: *Tlatoani* 13, 1960
Perils of the Soul: The World View of a Tzotzil Indian New York, 1961
GYLES, Anna B. & Cloë SAYER *Of Gods and Men* London, 1980

HAMY, Ernest Theodore „Les Lacandons de la haute Usumacinta" in: *Revue d'Ethnographie* 4: 1–5, 1885
HARMAN, Robert C. *Cambios medicos y sociales en una communidad maya-tzeltal* México, D.F., 1974
HARTWIG, Vera „Integrationsprozesse der indianischen Bevölkerung Mexikos im Rahmen der landwirtschaftlichen und handwerklichen Produktion in Chiapas und Tabasco, Mexiko" in: *Ethnographisch-Archäologische Zeitschrift* 20 (2): 279–93, 1979
HAVILAND, John Beard *Gossip, Reputation, and Knowledge in Zinacantan* Chicago, 1977
HEALEY, Giles Greville „The Lacanja Valley" in: *Archaeology* 3: 12–15, 1950
„Lacandon Nasal Ornament" in: *AA* 53: 417–18, 1951
HELLMUTH, Nicolas M. „Preliminary Bibliography of the Chol Lacandon, Yucatec Lacandon, Chol, Itza, Mopan, and Quejache of the Southern Maya Lowlands, 1524–1969" *Katunob* 4, Greeley, 1970
„Progreso y notas sobre las investigaciones etnohistóricas de las tierras bajas maya de los siglos XVI–XIX" in: *AI* 32 (1): 179–244, 1972
„Cholti-Lacandon (Chiapas) and Petén-Ytzá Agriculture, Settlement Pattern and Population" in: N. HAMMOND (ed.), *Social Process in Maya Prehistory:* 421–48, London etc., 1977
HERMITTE, M. Esther *Poder sobre-natural y control social en un pueblo maya contemporáneo* México, D.F., 1970
HOLLAND, William R. „Tonalismo y nagualismo entre los indios tzotziles de Larrainzar, Chiapas, México" in: *ECM* 1: 167–81, 1961
„Relaciones entre la religión tzotzil contemporánea y la maya antigua" in : *A.* de INAH 13: 113–31, 1961
Medicina maya en los altos de Chiapas México, D.F., 1963
„Psicoterapía maya en los altos de Chiapas" in: *ECM* 3: 261–77, 1963
„Contemporary Tzotzil Cosmological Concepts as a Basis for Interpreting Prehistoric Maya Civilization" in: *A. Antq.* 29: 301–06, 1964
HOLLAND, William R. & Roland THARP „Highland Maya Psychotherapy" in: *AA* 66: 41–52, 1964
HOUWALD, Götz Freiherr von (ed.) *Nicolás de Valenzuela: Conquista del Lacandón y Conquista del Chol* (2 Bde.) Berlin, 1979
HUNN, Eugene S. *Tzeltal Folk Zoology* New York etc., 1977
HUNT, Eva *The Transformation of the Hummingbird: Cultural Roots of a Zinacantecan Mythical Poem* Ithaka/London, 1977
HURTADO, Manuel *Reminiscencia de una expedición a Yaxchilan ciudad sagrada del primer imperio maya* México, D.F., 1966

IRIGOYEN, Renán *Hamaca* Mérida/Yuc., 1974
IVANOFF, Pierre „Elusive Lacandones: The Tribe that turned its Back" in: *Geographical Magazin* 40: 179–85, 1967
Décourtes chez les maya Paris, 1968
En el país de los mayas Barcelona, 1970

KELLEY, David H. „The Birth of the Gods at Palenque" in: *ECM* 5: 93–134, 1965
KELSEY, Vera & Lilly de JONGH OSBORNE „Caribes y lacandones, dos tribus Guatemaltecas" in: *Revista Geográfica Americana* 22 (231): 136–40, 1955
KIDDER, A.V. „Discovery of Bonampak" in: *A. Antq.* 16: 85, 1950
KÖHLER, Ulrich *Gelenkter Kulturwandel im Hochland von Chiapas* Bielefeld, 1969
„Zur Geschichte und Ethnographie der Chiapaneken" in: *38. ICA*, Bd. 2: 413–22, 1970
„Huitzilopochtli und die präkolumbische Einteilung des Kosmos in links und rechts. Eine Kritik gängiger Lehrmeinungen" in: *40. ICA*, Bd. 2: 257–71, 1974
„Grundzüge des religiösen Denkens der Pablero im Hochland von Chiapas, Mexiko" in: *40. ICA*, Bd. 2: 321–28, 1974
„Zur Jagd auf die Schemel der Berggötter: Ein Gebetstext auf Tzotzil (Maya)" in: *Indiana* 2: 193–207, 1974
„Ein Zauberspruch auf Maya-Tzotzil zur Heilung von Schlangenbissen" in: *ZfE* 100: 238–47, 1975
„Mushrooms, Drugs, and Potters: A New Approach to the Function of Precolumbian Mesoamerican Mushroom Stones" in: *A. Antq.* 41 (2): 145–53, 1976
„Nachkommen der klassischen Maya? Kritische Anmerkungen zur Stellung der Tzotzil und ihrer Vorfahren in der Kulturgeschichte Mesoamerikas" in: *41. ICA*, Bd. 3: 48–55, 1976
Čonbilal Č'ulelal: Grundformen mesoamerikanischer Kosmologie und Religion in einem Gebetstext auf Maya-Tzotzil Wiesbaden, 1977
„Aztekische Reinkarnationsvorstellungen aus der Sicht neuerer ethnographischer Daten" in: *Indiana* 4: 75–84, 1977
KÖNIG, Viola „Stick- und Webmuster der Tzotzil von San Pablo Chalchihuitán und San Pedro Chenalhó, Chiapas, Mexiko" in: *Tribus* 27: 121–42, 1978

LANG, Hartmut & Eike HINZ *The Future of Zinacantan: A System-Analytic Study* Hamburg, ASK – M 2, 1978
LAS CASAS, Bartolomé de *Bericht von der Verwüstung der Westindischen Inseln* Frankfurt, 1981
LAUGHLIN, Robert M. „El símbolo de la flor en la religión de Zinacantán" in: *ECM* 2: 123–39, 1962
„The Tzotzil" in: *HMAI* 7: 152–94, 1969
Of Wonders Wild and New: Dreams from Zinacantan Washington, D.C., 1976
Of Cabbages and Kings: Tales from Zinacantan Washington, D.C., 1977
Of Shoes and Ships and Sealing Wax: Sundries from Zinacantan Washington, D.C., 1980
LEE, Thomas A. *Jmetic Lubton: Some Modern and Pre-hispanic Maya Ceremonial Customs in the Highlands of Chiapas* Provo, Utah, 1972
LENKERSDORF, Carlos „Relatos de los tojolobales, mayas de los altos de Chiapas, en México" in: *Indiana* 3: 67–83, 1975
LEON PINOLE, Antonio de *Relación sobre la pacificación y población de las provincias del Manché i Lacandón* Madrid, 1958
LEONARD, Juan „Los ultimos del Jatató" in: *Tiempo* 2.6.50: 25–28, México, D.F., 1950
„The Pierced Septum Among the Lacandon Indians" in: *MA* 8: 347–51, 1955
LEVENSON, Claude „Le Chiapas, splendide et menacé" in: *Maya News* 2: 70, 1980
LINN, Priscilla Rachun „Die Chamula in Chiapas, Mexiko" in: *Bild der Völker* 4: 226–33 Wiesbaden, 1974
LIPSCHUTZ, Alejandro *Los muros pintados de Bonampak – enseñazas sociológicas* Santiago de Chile, 1971

MAC LEOD, Barbara & Dennis E. PULESTON „Pathways into Darkness: The Search for the Road to Xibalba" in: *Tercera Mesa Redonda de Palenque, Part 4:* 71–77, Palenque, 1978
McQUOWN, Norman A. & Julian PITT-RIVERS *Ensayos de antropología en la zona central de Chiapas* México, D.F., 1970
MALER, Teobert „Mémoire sur l'Etat de Chiapas (Mexique)" in: *Revue d'Ethnographie* 3: 295–312, 1885
Researches in the Central Portion of the Usumatsintla Valley Cambridge (Memoirs of the Peabody Museum, Vol. 2, No. 1), 1901
Explorations of the Upper Usumatsintla and Adjacent Region Cambridge (Memoirs of the Peabody Museum, Vol. 4, No. 1), 1908
MALMSTRÖM, Dan *Musical Instruments and Vocal Music Among the Lacandon Indians of Chiapas, México* Uppsala, 1969
MANGUEN, Juan Jaime & Irma MONTESINOS *La guerra de castas – historia de Chiapas* San Cristóbal de Las Casas, 1979
MANGUEN E., Juan Jaime, Antonio GARCIA DE LEON & Oliverio ICHIN S. *La violencia en Chamula* San Cristóbal de Las Casas, n.d.
MANGUEN, J.J. & I. MONTESINOS (eds.) *La conquista de Chiapas* San Cristóbal de Las Casas, 1980
El carnaval en Chamula San Cristóbal de Las Casas, 1981
MARGAIN, Carlos R. „Los mayas ayer y hoy: Bonampak" in: *México en el Arte* 9: 37–54, 1950
MARIMON Y TUDO, Sebastian „Fray Antonio Margil über die Lacandonen" in: *ZfE* 14: 130–32, 1882
MARRET, Jeremy „Die Lacandonen in Mexiko" in: *Bild der Völker* 4: 216–25, 1974
MARTINEZ VAZQUEZ, Vicente „La Selva Lacandona: sus recursos naturales y su explotación" in: *Memoria de la Primera Conferencia Regional de Geografía de Chiapas:* 203–18, México, D.F., 1974
MATSON, G. Albin & Jane SWANSON „Distribution of Hereditary Blood Antigens Among Indians in Middle America: Lacandon and other Maya" in: *AA* 63 (6): 1292–1322, 1961
MAUDSLAY, Alfred & A.C. MAUDSLAY *A Glimpse at Guatemala* London, 1899
MEGGED, Amos *Some Reflections on the Benevolent-Malevolent Forces Among the Contemporary Mayas* Hebrew University of Jerusalem, ms., 1981
MENGET, Patrick „Death in Chamula" in: *Natural History* 77: 48–57, 1968
METZGER, Duane & Gerald E. WILLIAMS „Tenejapa Medicine I: The Curer" in: *SWJA* 19: 216–34, 1963
MODIANO, Nancy *La educación indígena en los altos de Chiapas* México, D.F., 1974
MOLINA, Cristóbal *War of the Castes: Indian Uprisings in Chiapas* New Orleans (Middle American Research Series No. 5), 1934
MONTAGU, Roberta „The Tojolobal" in: *HMAI* 7: 226–29, 1969
MONTAÑES, Pablo *Lacandonia o la historia tragica de la selva* México, D.F., 1961
MORRIS, Walter F. jr. „Chiapas Maya Weavers' Vision of Cosmos" in: *Archaeoastronomy Bulletin* 2 (3): 8–10, 1979
A Catalog of Textiles and Folkart of Chiapas México, D.F., 1979
MORRIS, Walter F. jr. & Pedro MEZA GIRON *Batz'i Luch: Diseños de la indumentaria tradicional en Chiapas* San Cristóbal de Las Casas, n.d.
MÜLLERRIED, Federico K.G. „Una expedición al desierto de los lacandones en tierras de Guatemala y Chiapas" in: *Futuro* 1: 15–25, 1933
„Las puntas de flecha de los lacandones actuales" in: *27. ICA*, Bd. 2: 322–36, 1939
„Existe actualmente una tribu de lacandones en el centro de la selva del oriente de Chiapas?" in: *Anales de la Escuela Nacional de Ciencias Biológicas* 4 (2–3): 289–308, 1946
MÜNZEL, Mark „Die Indianer des südlichen Mesoamerika: Die Maya" in: Wolfgang LINDIG & M. Münzel, *Die Indianer:* 275–302, München, 1978

NASH, June „The Logic of Behavior: Curing in a Maya Indian Town" in: *Human Organization* 26: 132–40, 1967
In the Eyes of the Ancestors: Belief and Behavior in a Maya Community New Haven/London, 1970
NASH, Manning „Witchcraft as Social Process in a Tzeltal Community" in: *AI* 20 (2): 121–26, 1960
NATIONS, James D. *Population Ecology of the Lacandon Maya* Dallas, ms. diss. no. GAX 79–20 363, 1979
„Snail Shells and Maize Preparation: A Lacandon Maya Analogy" in: *A. Antq.* 44 (3): 568–71, 1979
The Lacandon Maya Bow and Arrow Pachuca/Hidalgo, Mex. 1981
„The Rainforest Farmers" in: *Pacific Discovery* Jan/feb: 1–9, 1981
NATIONS, James D. & Ronald B. NIGH *Cattle, Cash, Food, and Forest: The Destruction of the American Tropics and the Lacandon Maya Alternative* Davis, Cal (Bull. der Anthropological Study Group on Agrarian Systems, No. 6), 1978
„The Evolutionary Potential of Lacandon Maya Substained Yield Tropical Forest Agriculture" in: *JAR* 36 (1): 1–30, 1980
NAVARRETE, Carlos *Un reconocimiento de la Sierra Madre de Ciapas* México, D.F., 1978
NORDYKE, Janet M. *The Individual in Lacandon Society* ms. (Typography im Na Bolon), 1971
The Texture of a Culture: The Lacandon Maya ms. diss., 1973

OLVERA, Jorge „Quién descubrió Bonampak?" in: J.J. MANGUEN & I. MONTESINOS (eds.), *Compendio Cultural de Chiapas:* 113–32, San Cristóbal de Las Casas, 1980
ORTLEPP, Gunar „Wir kamen die reißenden Flüsse herab" in: *Der Spiegel* 32: 152–54, 1979

PALACIOS, Enrique Juan *En los confines de la selva lacandona: Exploraciones en el Estodo de Chiapas, 1926* México, D.F., 1928
PENAGOS, Ranulfo „Los lacandones: expediciones a llevadas a cabo para someterlos. Su origen, idioma, religión y costumbres" in: *Chiapas y México* 1 (1): 28–30, 1908
PEREZ JOLOTE, Juan *Tzotzil: Lebensbericht eines mexikanischen Indios, aufgezeichnet von Ricardo Pozas* Zürich, 1979
PERRERA, Victor & Robert D. BRUCE *The Last Lords of Palenque: The Lacandon Mayas of Naha'* San Francisco, 1981
PETERSON, Frederick A. „Conversación sobre una laguna en Chiapas" in: *Tlalocan* 3 (2): 184–86, 1952
PETRYSHYN, Jaroslaw T. *El panteón maya de los lacandones de Nahá* San Cristóbal de Las Casas, 1968
„Ein lakandonischer Gottesdienst in der Höhle des Gottes Tsibana am heiligen See von Mensabok, Chiapas" in: *Archiv für Völkerkunde* 23: 169–76, 1969
Templos, Cuevas, Ruinas: Los tres lugares de adoración en la cultura de los Hach Winik Toronto, 1972
Worship in the Rain Forest: Ritual Sites of the Lacandon Mayas Toronto, 1972
Divine Onen in the Mythology of the Hach Winik (Lacandon Mayas) at Naha New Orleans, 1973
PIÑA CHAN, *Román Bonampak* México, D.F., 1961
PITT-RIVERS, Julian „Spiritual Power in Central America: The Naguals of Chiapas" in: M. DOUGLAS (ed.), *Witchcraft Confessions and Accusations:* 183–206, London, 1970
„Thomas Gage parmi les naguales: Conceptions européenne et maya de la sorcellerie" in: *L'Homme* 11: 5–31, 1971
„Die Völker Mexikos und Zentralamerikas" in: *Bild der Völker* 4: 144–47, Wiesbaden, 1974
POZAS, Ricardo *Chamula: Un pueblo indio de los altos de Chiapas* (2 Bde.) México, D.F., 1959
Chamula: Clásicos de la antropología mexicana México , D.F., 1977
PRECIADO, J. „Una colonia tzeltal en la Selva Lacandona Chiapaneca: Aspectos socio-económicos de su relación con el ecosistema" in: E. HERNANDEZ (ed.), *Agroecosistemas de México,* Chapingo/Mex., 1976
PRICE, Christine & Gertrude DUBY BLOM *Heirs of the Ancient Maya: A Portrait of the Lacandon Indians* New York, 1972
PRIEN, Hans-Jürgen „Informe preliminar de la exploración del conjunto de ruinas mayas de Kuná-Lacanhá" in: *38. ICA,* Bd. 1: 159–64, 1969

RÄTSCH, Christian *Brandrodungsbau der Lakandonen von Naha'/Chiapas* Hamburg, ms., 1981
Entwicklung eines Forschungsprojektes zur Ethnomedizin der Lakandonen von Naha', Chiapas, México Hamburg, ASK, 1982
„Höhlen als ‚Häuser der Götter'" in: *Die Höhle* 33 (1): 36, 1982
Echte Menschen oder Kannibalen: Kognitive Aspekte des Tourismus bei den Lakandonen Hamburg (in press), 1982
RÄTSCH, Christian & Heinz Jürgen PROBST „Ethnobotanische Untersuchung zum Mais" in: *Mexicon* 3 (6): 98, 1982
Le bàho': Mythologie, Jagd und Ethnozoologie bei den Maya und Lakandonen am Beispiel der Heterogeomys spp. Hamburg, ASK, 1982
„Indianische Geburtenkontrolle in Südmexiko: Praktiken indigener Kontrazeption und Abortation der Maya- und Lakandon-Indianer" in: *Sexualmedizin* 12 (1), 1982
REDFIELD, Robert & Alfonso VILLA ROJAS *Notes on the Ethnography of the Tzeltal Communities of Chiapas* Washington, D.C. (Carnegie Inst. Publ. 509, Contr. 28), 1939
REES, Dale Davis *Ritual and Music Among the Lacandon and the Itza Maya* New Orleans, Tulane University, ms., 1973
RIESE, Berthold *Geschichte der Maya* Stuttgart etc., 1972
Yaxchilán (Menché Tinámit), Dokumentation der Inschriften Hamburg, 1977
RIESE, Berthold & Marie-Luise HEIMANN „Nicolás de Valenzuelas ‚Relación' über die Lacandón-Expedition von 1695" in: *Indiana* 4: 105–10, 1977
RITTLINGER, Herbert *Ins Land der Lacandonen* Wiesbaden, 1959
Ich hatte Angst: Meine gefährlichsten Expeditionen Stuttgart, 1977
ROBICSEK, Francis *The Smoking Gods: Tobacco in Maya Art, History, and Religion* Norman, 1978
ROBLES URIBE, Carlos u.a. *Los Lacandones 1 – Bibliografía y reseña crítica de materiales publicados* México, D.F., 1967

RUPPERT, R., J.E.S. THOMPSON & PROSKOURIAKOFF *Bonampak, Chiapas* Washington, C.D. (Carnegie Inst. Publ. 602), 1955
RUS, Jan & Robert WASSERSTROM „Civil-religious Hierarchies in Central Chiapas: A Critical Perspective" in: *American Ethnologist* 7 (3): 446–78, 1980
RUZ LHULLIER, Alberto „The Mystery of the Temple of the Inscriptions, Palenque" in: *Archaeology* 6 (1): 3–11, 1953

SALDOVAL, Miguel de *Brujería y medicina en los altos de Chiapas* México, D.F., 1962
SAPPER, Karl „Ein Besuch bei den östlichen Lacandonen" in: *Ausland* 64: 892–895, 1891
„Altindianische Siedlungen und Bauten im nördlichen Mittelamerika" in: *Globus* 68: 165–69, 183–89, 1895
Das nördliche Mittel-Amerika nebst einem Ausflug nach dem Hochland von Anahuac Braunschweig, 1897
Mittelamerikanische Reisen und Studien aus den Jahren 1888 bis 1900 Braunschweig, 1902
„Choles und Chorties" in: *15. ICA* 2: 423–38, 1907
SATTERTTHWAITE, Linton „Incense Burning at Piedras Negras" in: *Bulletin* 11 (4): 16–22, University Museum of Pennsylvania, 1946
SCHMIDT, Hans-Joachim „Steinskulpturen vom Lago Miramar, Chiapas, Mexiko" in: *Mexicon* 1 (5): 62–64, 1979
SCHOLES, Frances V. & E.B. Adams *Relaciones histórico-descriptivas de la Verapaz, el Manché y Lacandón, en Guatemala* Guatemala City, 1960
SELER, Eduard „Von México über Land nach Guatemala" in: *Gesammelte Schriften* 2: 215–29, Graz 1960, 1897
Beobachtungen und Studien in den Ruinen von Palenque Berlin, 1915
SHAWCROSS, Mike *San Cristóbal de las Casas, Chiapas, México: City and Area Guide* San Cristóbal de Las Casas, 1980
SILBERT, Michael L. *Culture Change Among the Lacandon Indians of Chiapas, Mexico* ms. (Typographie im Na Bolon), 1973
SIVERTS, Henning „Social and Cultural Changes in a Tzeltal (Mayan) Municipio, Chiapas, Mexico" in: *32. ICA:* 177–89, 1958
Oxchuc: Una tribu maya de México México, D.F., 1969
„On Social Processes in Highland Chiapas" in: *38. ICA,* Bd. 2: 423–30, 1970
„Mexican Indians and Indigenismo" in: *Folk* 19/20: 113–32, 1977/8
SIVERTS, Henning (ed.) *Drinking Patterns in Highland Chiapas* Bergen, Oslo, Tronsö, 1973
SLOCUM, Marianna C. „The Origin of Corn and other Tzeltal Myths" in: *Tlalocan* 5 (1): 1–45, 1965
SODI, Demetrio „Einführung in die Ethnographie Mexikos" in: Pedro RAMIREZ VAZQUEZ, *Mexiko und seine Kunstschätze:* 177–251, Stuttgart, 1968
The Maya World México, D.F., 1976
SOUSTELLE, Georgette „Notes sur le rituel religieux chez les lacandons du Chiapas" in: *27. ICA,* Bd. 2: 408–18, 1943
„Observations sur la religion des lacandons du Mexique meridional" in: *JSAP* 48: 141–96, 1959
„Observaciones sobre la religión de los lacandones del sur de México" in: *Guatemala Indígena* 1 (1): 31–105, 1961
Collections Lacandons Paris, 1966
SOUSTELLE, Jacques „Notes sur les lacandons du Lac Petjá et du río Jetjá (Chiapas)" in: *JSAP* 25: 153–80, 1933
„Les lacandons de l'Etat de Chiapas et les Autorités locale" & „Deux films ethnologiques sur les indigènes du Mexique méridional" in: *JSAP* 27: 260, 1935
„Le totemism des lacandons" in: *Maya Research* 2: 325–44, 1935
„Les idées religieuses des lacandons" in: *La Terre et la Vie* 4: 170–78, 1935
Mexique – Terre Indienne Paris, 1936
„Recherches sur l'Usumacinta" in: *JSAP* 28: 262, 1936
La culture des indiens lacandon Paris, ms. No. 4° Pc. 334 in der Bibliothèque Nationale de Paris, 1937
„La culture matérielle des indiens lacandons" in: *JSAP* 29: 1–95, 1937
„The Lacandone Indians of Southern Mexico: Summary" in: *Man* 43: 117, 1943
„Lacandon Nasal Ornament" in: *AA* 53: 593, 1951
Die Kunst des Alten Mexiko Osnabrück, 1968
Die Olmeken: Ursprünge der mexikanischen Hochkulturen Zürich, 1980
STEIN, Guillermo „Ein Felsrelief am Lago Miramar, Chiapas, Mexiko" in: *Mexicon* 1 (5): 61–62, 1979
STEPHENS, John L. *Reiseerlebnisse in Centralamerika, Chiapas und Yucatan* Leipzig, 1854
STONE, Doris Zemurray „Some Spanisch *Entradas,* 1524–1695" in: *MAP* 4: 209–96, 1932

STROSS, Brian „Acquisition of Botanical Terminology by Tzeltal Children“ in: M.S. EDMONSON (ed.), *Meaning in Mayan Languages:* 107–41, Den Haag/Paris, 1973
Tzeltal Tales of Demons and Monsters Columbia, 1978
STUART, Gene S., „The Round of Life“ in: *The Mysterious Maya:* 145–95, Washington, C.D. (National Geographic Society), 1977

TAX, Sol „Lacandon Nasal Ornaments“ in: *AA* 53 (1): 148, 1951
TEDLOCK, Barbara *Time and the Highland Maya* Albuquerque, 1981
TERMER, Franz „Bericht über eine Reise durch das westliche Guatemala, Chiapas und Tabasco, 1925/26“ in: *MGGH* 38: 3–41, 1927
„Die gegenwärtigen wirtschaftlichen und sozialen Zustände in den mexikanischen Staaten Chiapas und Tabasco“ in: *MGGH* 38: 407–23, 1927
„Die heutigen Maya-Indianer in den Hochländern des nördlichen Mittelamerika“ in: *Forschungen und Fortschritte* 6 (33): 431, 1930
Zur Ethnologie und Ethnographie des nördlichen Mittelamerika Berlin, 1930
„Der Bericht des Pedro Alvarez de Miranda über die Lacandonen-Expedition nach Ostchiapas im Jahre 1695“ in: *MGGH* 44, 1950
Rezension von BLOM/DUBY, La Selva Lacandona, in: *ZfE* 81 (1): 151–3, 1956
„Frans Blom (1893–1963)“ in: *ZfE* 89 (1): 1–5, 1964
THOMPSON, John Eric Sydney „Sixteenth and Seventeenth Century Reports on the Chol Mayas“ in: *AA* 40: 585, 1938
„The Lacandones of the 1790's“ in: *Tlalocan* 2 (1): 70, 1945
„Dating of Structure 44, Yaxchilan, and its Bearing on the Sequenz of Texts at that Site“ in: *NMAE* 3 (71), 1946
„Some Uses of Tobacco Among the Maya“ in: *NMAE* 3 (61): 1–6, 1946
„Waxen Idols and a Sacrificial Rite of the Lacandon“ in: *NMAE* 4 (109): 193–96, 1952
„Frans Blom (1893–1963)“ in: *ECM* 3: 307–14, 1963
Maya History and Religion Norman, 1970
„A Proposal for Constituting a Maya Subgroup, Cultural and Linguistic, in the Petén and Adjacent Regions“ in: G.D. JONES (ed.), *Anthropology and History in Yucatán:* 3–42, Austin/London, 1977
„Nombres de días entre los mayas putunes“ in: *ECM* 10: 223–29, 1978
TOZZER, Alfred M. „Survivals of Ancient Form of Culture Among the Maya of Yucatan and the Lacandones of Chiapas“ in: *15. ICA*, Bd. 2: 283–88, 1907
A Comparative Study of the Mayas and the Lacandones New York, 1907
„A Spanish Manuscript Letter on the Lacandones, in the Archives of the Indies at Sevilla“ in: *18. ICA:* 497–509, 1913
A Maya Grammar Cambridge, 1921
TRENS, Manuel B. „Los indios lacandones03su vida y su historia“ in: *Boletín de la Sociedad Mexicana de Geografía y Estadística* 42 (4): 267–96, 1930
Historia de Chiapas México, D.F., 1957

UMERY, J. „Un viaje al país de los lacandones.“ *El País*, 15.9., México, 1910

VALDIOSERA BERMAN, Ramón *Bonampak* México, D.F., 1981
VILLA ROJAS, Alfonso *Notas sobre la etnografía de los indios tzeltales de Oxchuc, Chiapas, México* Chicago (Microfilm Coll. Ser. 1, H 7, no. 1694), 1942
„Kinship and Nagualism in a Tzeltal Community, Southeastern Mexico“ in: *AA* 49 (4): 578–88, 1947
„El nagualismo como recurso de control social entre los grupos mayances de Chiapas“ in: *ECM* 3: 243–60, 1963
„Los lacandones: Su origen, costumbres y problemas vitales“ in: *AI* 27 (1): 25–54, 1967
„Los lacandones: Recursos económicos y organización social“ in: *AI* 27 (3): 465–94, 1967
„Los lacandones: sus dioses, ritos y creencias religosas“ in: *AI* 28 (1): 81–137, 1968
„The Tzeltal“ in: *HMAI* 7: 195–225, 1969
„Maya Lowlands: The Chontal, Chol, and Kekchi“ in: *HMAI* 7: 230–43, 1969
Los lacandones México, D.F., 1977
VILLAGRA, Augustín „Expedición de 1951 a Bonampak“ in: *Tlatoani* 1 (5/6): 51–56, 1952
VILLAGUTIERRE Y SOTOMAYOR, Juan de *Historia de la conquista de la provincia de el Itzá, reducción y progresos de la de el Lacandón* Guatemala City, 1933
VOGT, Evon Z. „Some Implications of Zinacantan Social Structure for the Study of the Ancient Maya“ in: *35. ICA*, Bd. 1: 307–19, 1964
„Ancient Maya and Contemporary Tzotzil Cosmology: A Comment on Some Methodological Problems“ in: *A. Antq.* 30: 192–95, 1964
„Zinacanteco Souls“ in: *Man* 65 (29): 33–35, 1965
„H'iloletik: The Organization and Function of Shamanism in Zinacantan“ in: *Summa Antropológica en homenaje a Roberto J. Weitlaner:* 359–69, México, D.F., 1966
„Chiapas Highlands“ in: *HMAI* 7: 133–51, 1969
Zinacantan: A Maya Community in the Highlands of Chiapas Cambridge, 1969
„Human Souls and Animal Spirits in Zinacantan“ in: *Echanges et Communications* 2: 1148–1167, 1970
The Zinacantecos of Mexico: A Modern Maya Way of Life New York etc., 1970
Tortillas for the Gods: A Symbolic Analysis of Zinacanteco Rituals Cambridge, 1976
„On the Symbolic Meaning of Percussion in Zinacanteco Ritual“ in: *JAR* 33 (3): 231–44, 1977
Bibliography of the Harvard Chiapas Project: The First Twenty Years, 1957–1977 Cambridge, 1978
„Some Aspects of the Sacred Geography of Highland Chiapas“ in: E.P. BENSON (ed.), *Mesoamerican Sites and World-Views:* 119–42, Washington, D.C., 1981
VOGT, Evon Z. (ed.) *Los zinacantecos: un pueblo tzotzil de los altos de Chiapas* México, D.F., 1966
VOGT, Evon Z. & Alberto RUZ LHULLIER (eds.) *Desarrollo cultural de los mayas* México, D.F., 1964

WASSERSTROM, Robert „Ethnic Violence and Indigenous Protest: The Tzeltal (Maya) Rebellion of 1712“ in: *Journal of Latin American Studies* 12 (1): 1–19, 1980
WEYER, Evard jr. „To the Land of the Lacandones“ in: *Natural History* 46 (5): 253–59, 1957
„Modern Mayas“ in: *Natural History* 46 (6): 314–21, 1957
WHITTAKER, Arabelle & Viola WARKENTIN *Chol Texts on the Supernatural* Norman, 1965

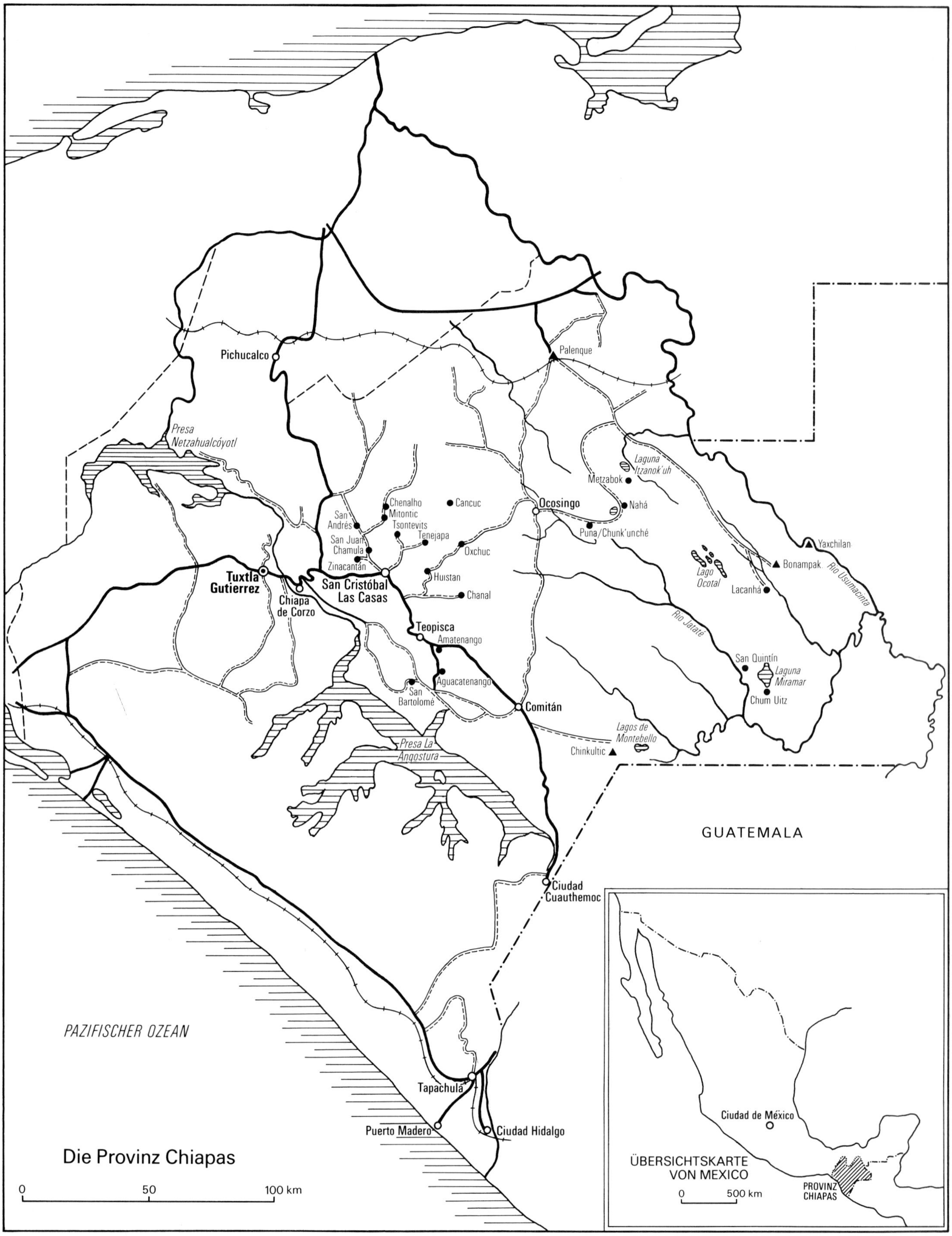

Die Provinz Chiapas

Inhalt